노자와 장자의 철학사상

金星元・安吉煥 共編著

明文堂

▲**백서**(帛書) 《노자》

마왕퇴(馬王堆) 출토. 백서(帛書) 갑본(甲本).

공자문례비(孔子問禮碑)
남성 낙양(洛陽)에 있다.
는 노자를 찾아가서
禮)에 대하여 물었다고 한다.

▲**노자출관**(老子出關)
범증(范曾) 그림 136×68cm 1983년 작

◀**장자상**(莊子像)
《집고상찬(集古像贊)》에서

▼**《장자》**〈양생주(養生之籌)〉의 한 다
위(魏) 혜왕(惠王:右)이 포정(庖丁)에
'훌륭하도다. 과인은 포정의 말을 듣고
양생하고 도를 얻었도다' 라고 말하고

머 리 말

《노자(老子)》는 우주와 인생의 근본원리를 논(論)하고 있다는 점으로 볼 때 분명 철학서(哲學書)이다. 그러나 정치문제를 다루고 있는 점에서 볼 때는 정치학의 책이라고 해도 좋을 것이다. 또 경쟁이 치열한 현세(現世)를 어떻게 살아가야 하느냐를 가르쳐 준다는 점에서는 처세(處世)의 교본(敎本)이 되기도 하고 인생교본(人生敎本)이기도 하다.

이처럼 《노자》의 내용은 극히 다면적(多面的)이다. 그러므로 읽는 사람의 입장에 따라 이렇게도 읽을 수 있고 저렇게도 풀이할 수 있다는 점이 《노자》의 매력이라고 할 수 있을 것이다.

《노자》는 처세의 요체(要諦)로서 우선 '무위자연(無爲自然)'을 들고 있다. 그러나 《노자》의 '무위자연'이란 흔히 오해를 하고 있는 것처럼, 아무 일도 하지 않고 놀고 지내는 것을 가리키는 것이 아니다. 또 자신의 주체성(主體性)을 포기하고 되어가는 대로 매사(每事)를 맡기며 살아가는 태도를 의미하는 것도 아니다.

《노자》는 자연계(自然界)와 인간계(人間界)의 맨 밑바닥에서는 보편적인 원리가 작용하고 있다고 보았는데, 이것을 '도(道)'라고 부른다. 《노자》에서 말하는 '무위자연'이란 이 '도'의 존재를 인정하고 '도'의 기능과 일체화(一體化)하는 것을 뜻한다. 바꾸어 말하면 법칙을 파악하고 그 법칙을 철두철미하게 활용하는 것을 의미한다.

이러한 '무위자연'의 주장에서 '지족(知足)', 즉 '족한 줄을 안다'고 하는 유명한 처세의 지혜가 생겨났다. '지족(知足)'이란 어떤 욕망의 대상을 얻고 만족하는 일이 아니라 있는 그대로의 현실에서 항상 만족하는 것이라고 《노자》는 설명한다. 중국 사람들의 유유자적하는 생활태도는 바로 이 '지족'의 사상에서 연유된 것으로 생각된다.

물론 이런 사고방식이 절대적으로 옳다고는 말할 수 없다. 현상(現狀)에 자족(自足)하면 매사에 소극적인 자세로 나오기 쉬운 법이다. 일반적으로 중국인들에게 그런 면이 있는 것도 사실이다.

그러나 한편으로 생각해 볼 때, 경제성장을 자랑하는 우리의 처지는 어떠한가? 오로지 이익(利益)만을 추구하며 남보다 조금이라도 더 잘 살아 보려고 안간힘을 쓰고 있다. 그 결과 세계적으로 주목받을 만큼 경제성장을 하고 있는 것만은 사실이지만, 그 반면 그것으로 말미암아 잃는 것도 얼마나 많은가.

거리에 나가 보면 온통 모두가 바쁘게 뛰고 있다. 초조와 긴장으로 일그러져 있는 얼굴들……. 친구와 친척들과 만나도 한담(閑談)을 나눌 시간조차 없다. 이 사회 속에서는 느슨한 여유를 이제 찾아볼 수가 없게 되었다. 이것은 곧 《노자》가 말하는 '지족(知足)'을 잃었기 때문이다. 현대를 살아가는 우리가 《노자》에서 강조하는 '무위자연'을 배워야 하는 이유는 바로 여기에 있는 것이다.

'상선약수(上善若水)', 즉 처세의 교훈을 물에서 찾으라고 《노자》는 말했다.

'최고의 선(善)은 물과 같은 것이다. 물은 만물을 도와서 생육(生育)시키지만 자신을 내세우는 일이 없으며 누구나 모두 싫어하는 낮은 곳으로 흐른다. 그러므로 '도'와 비슷한 점이 있다. …… 모두 약하고 부드럽기가 물과 같은 것이 없다. 그러면서도 굳고 강한 것에 이기는 것도 물을 따를 것이 없다. 그것은 물이 철저하게 약하고 부드럽기 때문이다. 약(弱)은 강(强)을 이기고, 유(柔)는 강(剛)을 제압한다. 이런 도리는 누구나 다 알고는 있지만 실행하는 자는 극히 드물다.'

우리나라 사람들은 직선적(直線的) 사고(思考)와 행동을 자랑으로 삼고 있다. 일이 순조롭게 풀리면 의기양양해하지만 어떤 벽에 부딪히면 그 자리에서 좌절하고 마는 경향이 있다. 《노자》를 숙독(熟讀)함으로써 그러한 결점을 보완해야 하지 않을까.

마음이 피곤한 사람에게 권하고 싶은 책이 《장자(莊子)》이다. 《장자》 속에서 펼쳐지는 매력적인 세계에 잠시라도 마음을 뺏기고 있노라면, 그것만으로도 세속(世俗)의 때가 씻겨져 내려가는 기분이 들고, 인간의 스케일이 커지는 것 같은 느낌이 든다.

《장자》에는 유명한 '와우각상지쟁(蝸牛角上之爭)'이라고 하는 우화(寓話)가 있다. 승리를 얻기 위하여 피투성이가 되어 싸움을 하는 이 세상의 전쟁(戰爭)도, 광대(廣大)한 우주(宇宙)의 관점(觀點)에서 바라보면, 달팽이의 좌각(左角)에 있는 촉(觸)나라와 우각(右角)에 있는 만(蠻)나라가 서로 싸웠다고 하는 아주 작다는 비유의 이야기이다.

또 《장자》를 펼치면 그 첫 페이지에 저 유명한 '대붕(大鵬)'의 이야기가 나온다. 대붕이 큰 날개를 펼치고 남쪽 바다를 향해 9만 리 상공(上空)을 날아간다. 그것을 보고 지상(地上)의 매미와 비둘기는,

'느릅나무나 다목나무 가지 위에 올라앉기도 힘이 드는데, 9만 리 상공을 날으려는 저 녀석의 마음을 이해할 수가 없다.'

라며 비웃는다. 그러나 《장자》는 유유히 대공(大空)을 나는 대붕의 모습이야말로 이상적(理想的)인 생활태도요, 매미와 비둘기의 생각은 유치하기 짝이 없다고 평한다.

이 두 가지 우화만 보더라도 《장자》가 하고자 하는 말이 무엇인지 짐작할 수 있을 것이다.

《장자》는, '노장사상(老莊思想)'이라고 한데 묶여서 불리기 때문에 《노자》와 꼭 같은 내용인 양 취급되는 일이 많다. 그러나 이 두 가지 책은 성격상 다른 점이 있다. 《노자》는 주로 강인한 처세의 지혜를 설명하고 있는데 비해서, 《장자》가 설파하고 있는 것은 오히려 초월(超越)의 사

상이다.

《장자》에 의하면 '도(道)'라고 하는 큰 관점(觀點)에 서게 되면, 이 세상 모든 것에 차별이 있을 수 없다고 한다. 시(是)도 없으며 비(非)도 없고, 선(善)도 없는가 하면 악(惡)도 없다. 가령 차별이 있는 것처럼 보이더라도 그것은 일시적인 것에 지나지 않는다. 그러므로 그런 차별에 구애받는 것은 실로 어리석은 소치라고 한다.

《장자》는 그런 쓸데없는 차별에 현혹되지 말고, 좀더 자유로운 생활태도를 취하라고 강조하고, 그것이 인간다운 생활방법이라고 역설한다. 그런 까닭에 《장자》를 읽으면 우리가 지금까지 가치가 있다고 인정했던 것들이, 진짜로 가치가 있었던 것인지 의심을 하지 않을 수 없게 된다. 그런 의미에서 보면, 《장자》는 발상(發想)의 전환(轉換)을 날카롭게 촉진시키는 책인 것이다.

세상 모든 일에는 고저(高低) · 강약(强弱) · 장단(長短) · 강유(剛柔)의 조화(調化)가 있고, 이런 조화를 잘 이루는 일은 곧 순리(順理)를 따르는 일이며 '도'와 통하는 일이다. 그런 점에서 난세(亂世)를 살아가는 현대인과 전국시대(戰國時代)를 방불케 하는 기업풍토(企業風土) 속에서 기업을 이끌고 나가는 경영인들은 이 《노자와 장자의 철학사상》을 접할 필요가 있을 것이다.

끝으로 이 작은 책자가 경영인들에게 다소나마 합리적인 경영을 하기 위한 지침서(指針書)가 되고, 또 쉴 사이 없이 뛰기만 하는 현대인들에게 유유자적하는 기쁨의 비법을 소개하는 데 이바지할 수 있다면 망외(望外)의 소득이라 하겠다. 졸저(拙著)를 상재(上梓)해 주신 명문당(明文堂) 김동구(金東求) 사장님과 관계직원 여러분께 심심한 사의(謝意)를 표한다.

2002년 가을 編著者 識

차 례

노자의 철학사상

장자의 철학사상

노자老子의 철학사상

천지(天地)의 시초는 도(道)이다

명칭이 없는 것은 천지가 시작되던 상태이다(제1장)

무명 천지지시
無名 天地之始.

노자의 근본사상을 이루는 것은 도(道)이다. 노자는 이 도를 때에 따라서는 무명(無名), 즉 명칭이 없는 것이라고 했는데 그 반대되는 개념은 명칭이 있는 것, 다시 말해서 유명(有名)이다.

그리고 노자는 이 무(無)를 천지보다 앞선 것으로 보고, 그 무(無)가 천지, 즉 유(有)를 낳았다고 생각했다. 만물 생성의 근본인 이름 없는 것, 이것이 천지 창조의 시작이며 만물의 모체(母體)라는 것이다.

사람의 이름을 예로 들어보자. 중국의 원시사회에 있어서 사람들은 날이 저물어 캄캄해지면 서로 알아볼 수가 없으므로 비로소 누구는 '아무개'라는 이름을 지어 붙이기 시작했다. 그래서 글자를 만들 때에 저녁 석(夕) 아래에 입구(口)를 붙이어 명(名)이라고 했던 것이다.

그후 다른 사물에도 이름을 붙이어 써오게 되었다. 처음에는 이름이 없었던 사물에 이름을 붙이어 써오게 되었던 것이다. 또 눈으로 볼 수 없는 것에도 이름을 붙이기 시작했다. 용(龍)·봉(鳳)이 그러했고 신(神)이 그러했으며 요(堯)·순(舜)이 그러했다.

유(有)니 무(無)니 또는 유명(有名)이니 무명(無名)이니 하는 이 두 가지는 모두 근원자(根源者)인 도(道)와 같은 것이다. 유(有) 가운데 무(無)가 있고, 무 가운데 유가 있는 것을 다같이 불가사의라고 하여 이것을 현묘(玄妙)하다고 한다. 현묘는 신비란 뜻이다.

도(道)는 삼라만상을 낳는 근본

현(玄)이 다시 현묘(玄妙)하게 작용하는 것이 미묘한 현상이 드러나게 되는 문(門)인 것이다(제1장).

현 지 우 현 중 묘 지 문
玄之又玄 衆妙之門.

현(玄)은 검은색이지만 보통 검은색이 아니라 적(赤)과 흑(黑)이 섞여있는 흑색(黑色)을 의미한다. 노자의 도(道)는 무(無)이기는 하나 그것은 유(有)에 대한 무(無)가 아니라 유무(有無)를 초월한 무(無)이므로 이런 논리를 전개하고 있다. 이같은 뜻의 도(道)는 유현(幽玄)하고 불가사의한 것으로서 그것이 우주의 삼라만상을 낳는 근본이라는 것이다.

즉 도(道)는 만물 생성(生成)의 근본임을 강조하고 있는데 여기서 말하는 현(玄)은 곧 노자의 도(道)를 가리키는 말이기도 하다. 그 도(道)에서야말로 모든 것이 태어나게 되는 것이기에 문(門)이란 표현을 쓰고 있는 것이다.

'중묘(衆妙)'란 우주간(宇宙間)의 삼라만상을 의미하며 '현지우현(玄之又玄)'이란 유현(幽玄) 중의 유현을 뜻한다.

우주와 그 우주의 한 부분에 불과한 지구(地球)에서는 우리가 알게 모르게 미묘한 현상이 벌이지고 있는가 하면 그런 현상들이 반복 순회하고 있기도 하다. 그 신비스럽고 미묘한 현상이라든가 사물(事物)이 모두 이 도(道)의 문을 통해서 생겨나고 다시 이 도의 문을 통해서 들어간다는 것이 노자의 설명이다. 이런 점이 노자의 철학사상의 근본인데 특히 무(無)와 현(玄)에 대해서 주목하기 바란다.

무위(無爲)로 처신한다

성인(聖人)은 무위로 일에 처신하고 불언(不言)으로 가르치는 것이다(제 2장).

성인처무위지사 행불언지교
聖人處無爲之事 行不言之敎.

절대적인 미(美)와 추(醜), 선(善)과 악(惡), 장(長)과 단(短), 고(高)와 하(下), 전(前)과 후(後) 등은 존재할 수 없다고 전제한 노자의 말이다.

흔한 예로서 우리는 새가 먼저냐 알이 먼저냐란 명제를 놓고 토론을 벌이는데 그 경우 노자는 어떤 결론을 내릴까? 눈앞에 보이는 알과 새의 세계에 머물러 있지 않고, 이것을 초월하여 그 배후에 있는 생명의 세계에 처하여 자연히 알과 새의 중간성(中間性)이 되고, 공통성이 되고, 근원성이 되고, 통일성이 되는 것을 노자는 '무위자연(無爲自然)의 일을 한다'라 하고, '무언(無言)의 가르침을 한다'라 하고, 또는 '하는 것이 없으면서 하지 않는 것이 없다[無爲而無不爲]'라고 한다.

'하는 것이 없다'라고 하는 것은 인위적으로 눈앞에 나타나는 일을 하지 않는다는 뜻이요, '하지 않는 것이 없다'라고 하는 것은 자연적으로 배후에서 눈에 보이지 않는 일을 한다는 뜻이다. 눈에 보이지 않는다는 일은 무엇일까? 곧 앞에서 말한 생명이 모든 생물, 예컨대 알과 새의 중간성이 되고, 공통성이 되고, 통일성이 되는 것이다. 이런 성질은 생겨나면서부터 저절로 그런 것이지, 결코 인위적인 것은 아니다. 노자의 도가 무엇인지 이해가 잘 안되는 사람은 여기서 알과 새에 대한 생명의 성질과 관계를 이해하면 대강 체득할 수 있을 것으로 생각된다.

무위(無爲)가 정치의 요체

무위(無爲)를 실천하면 다스려지지 않는 일이 없다(제3장).

위 무 위 즉 무 불 치
爲無爲 則無不治.

노자의 우민책(愚民策)인데 이 우민책은 백성들을 어리석게 만든다는, 오늘날의 우민책과는 다소 의미가 다르다. 즉 지식을 사용하지 않아도 가능한 방법을 가르치는 것으로서 그런 방법으로 정치를 하라는 것이다.

요컨대 노자가 생각했던 정치는 오늘날의 정치가들이 생각하고 있는 것 같은 이론적 정치가 아니라, 모든 국민을 순박한 모습 그대로 두면 정치는 잘되어 나간다고 그는 주장했다. 그러기에 '그 정치가 민민(悶悶)하면 그 백성들은 순순(淳淳)하다'라고 했던 것이다. 여기서 '민민'이란 아주 무지(無知)한 상태이며, '순순'이란 순박한 모습이다.

또 '그 정치가 찰찰(察察)하면 그 백성은 결결(缺缺)하다'란 말도 하고 있다. 여기서 '찰찰'이란 정치하는 방법에 빈틈이 없다는 뜻이고 '결결'이란 오히려 정치가 잘 안되며 백성들의 행동에는 결점이 많은 것처럼 보이는 그런 정치 형태를 가리킨다.

이상과 같은 이론을 생각해보면 노자가 생각했던 이상적인 정치는 우리가 생각하는 정치와는 전혀 다른 방향인 것 같다. 그러나 노자는 또 '화(禍) 속에 복이 깃들어 있고 복 속에 화가 숨겨져 있다. 누가 그 극치를 알 수 있겠는가?'라고 주장하고 있다. '인간만사 새옹지마(人間萬事塞翁之馬)'이니 이 교훈도 결코 틀린 것만은 아닌 듯하다.

무위(無爲)의 정치가 이상적이다

현명함을 숭상하지 않으면 백성들이 다투지 않게 된다. 얻기 어려운 재물을 귀하게 여기지 않으면 백성들이 도둑질을 모르게 된다. 욕심낼 만한 것을 보이지 않으면 백성들의 마음이 어지러워지지 않는다(제3장).

불상현 사민부쟁 불귀난득지화 사민불위도 불견가욕
不尙賢, 使民不爭. 不貴難得之貨, 使民不爲盜. 不見可欲,
사민심불란
使民心不亂.

노자가 이상(理想)으로 삼았던 정치는 '무위(無爲)'인데 '무위'의 정치란 구체적으로 어떠한 정치일까? 그 일단(一端)을 말하고 있는 것이, 여기에 든 말이다. 의역하면 다음과 같이 될 것이다.

'위정자(爲政者)가 현인(賢人)을 중시(重視)하지 않으면 백성들은 공명(功名)을 다투지 않게 된다. 값비싼 재화(財貨)를 귀중히 여기지 않으면 도둑질하는 자가 없어진다. 욕망을 자극하지 않으면 난(亂)을 일으키는 일이 없다.'

'무위'의 정치란 인간의 현명함이라든가, 쓸데없는 지혜를 부정(否定)하고, 강렬한 욕망을 극력 제한하는 것을 뜻함이다. 그렇게 하면 세상은 잘 다스려질 것이라고 노자는 말했다.

여기서 말하는 이상(理想)과 상당히 거리가 먼 것이 우리나라의 현실이 아닐까? 과열된 수험경쟁(受驗競爭)과 물질만능주의가 판치는 속에서 누구나 혈안(血眼)이 되어 날뛰고 있으니 말이다. 이런 상황 속에서 어찌 우리가 가장 소중한 인간성을 잃지 않을 수 있겠는가?

노자의 말은 역설(逆說)처럼 보이지만 그렇지가 않다. 적어도 일면(一面)의 진실을 날카롭게 파헤치고 있는 말이다.

'화광동진(和光同塵)' 속에서 살아가라

그 중 빛나는 것을 조화시키고 그 중의 먼지 같은 것과 함께한다(제4장).

화 기 광　동 기 진
和其光, 同其塵.

'화광동진(和光同塵)'이란 성구(成句)로 널리 알려진, 유명한 말이다. 이 성구는 불교(佛敎)에서도 쓰이는 것인데, 원래는 《노자(老子)》가 그 출전(出典)이다.

《노자》의 원문을 좀더 인용하면 다음과 같다.

'도(道)는 텅 비어 있지만 거기에 작용을 가해도 절대로 채워지지 않는다. 심원(深遠)하기가 만물의 조종(祖宗)인 듯하다. 만물 중에 예리한 것을 깎고 분규(紛糾)를 해결하며, 그 중 빛나는 것을 조화시키고 그 중의 먼지 같은 것과 함께한다.'

이것 또한 '도'의 상태에 대해서 한 말인데 의역하면 다음과 같다.

'도는 형체가 없어 공허(空虛)한 존재이지만 그 기능은 무한하다. 측량할 수 없이 깊은 곳에서 만물을 만들어 내는 힘을 비장(秘藏)하고 있다. 모난 것을 없애어, 대립(對立)을 해소하고, 재지(才知)를 둘러싸고 세속(世俗)과 동조(同調)한다.'

이것을 우리 인간생활에 인용하면 어떻게 될까?

두말할 것도 없이 '광(光)'이란, 자신이 가지고 있는 능력과 재능이다. 그것을 반짝반짝 빛나게 하는 것이 '화광'이다. 또 '진(塵)'이란 세속의 마음을 의미한다고 할 수 있다. 그것과 더불어 행동하는 것이 '동진'이다. 이런 마음가짐으로 살아간다면 어려운 현실을 타개해 나갈 수 있다고 말한 것이다.

도(道)는 만물의 어머니이다

골짜기의 신(神)은 죽지 아니하니 이를 일컬어 현묘(玄妙)한 암컷이라고 한다(제6장).

곡신불사 시위현빈
谷神不死 是謂玄牝.

노자는 도(道)를 골짜기의 신(神), 즉 곡신(谷神)이라고 했다. 골짜기는 다른 것과 다투는 일이 없는데다가 낮은 곳에 위치하므로 그 점을 높이 평가하여 이렇게 부른 것이다. 그리고 이 골짜기의 신(神)은 영원한 생명이 있다. 이른바 곡신(谷神)은 불사(不死)이다.

이어서 노자가 칭송하고 있는 것은 암컷, 즉 여자 · 부인 · 어머니 등이다. 이 암컷은 왜 칭송할 가치가 있는가? 그것은 심히 약하고 부드러우며 소극적인 점을 높이 평가했기 때문이다. 사실 여자 · 부인 · 어머니는 항상 소극적인 태도를 취하고 있지만 그 점이 또한 가장 적극적인 면의 기본이 된다. 세상에서 제일 위대하다는 사람도 알고 보면 어머니에게서 태어나지 않았느냐는 점을 은근히 암시하고 있다. 다음 말이 그것을 입증하고 있다.

"신비스러운 암컷의 문은 하늘과 땅이 생겨난 근본이라고 한다. [玄牝之門 是謂天地根]"

생명의 근원이 암컷의 신비로움이며 그것을 곡신(谷神)에 비유하고 있다. 곡신은 현대어로 표현한다면 생명신(生命神)이라고 할 수 있다.

원래 이 생명신은 넓고 깊은 골짜기처럼 텅 비어 있다. 그러나 비어 있다고 해서 아무것도 없는 것이 아니다. 우리의 눈으로 볼 수는 없지만 무형(無形)의 기(氣)와 도(道)가 숨어 있다는 것이다.

뒷전에 물러서서 살아가는 지혜

성인(聖人)은 그 자신을 뒤로 미루지만 자신이 앞서게 되며, 그 자신(自信)을 도외시(度外視)하지만 자신이 생존케 되는 것이다(제7장).

성인후기신 이신선 외기신 이신존
聖人後其身, 而身先, 外其身, 而身存.

이것 또한 성인의 생활태도에 대해서 한 말이다. 성인이란 자신은 앞장서지 않지만 오히려 사람들로부터 추앙받고 옹립된다. 자신을 도외시하기 때문에 도리어 사람들로부터 대접받게 된다는 것이다. 이 말을 한 다음 노자는 다시,

"그것은 사아(私我)가 없기 때문인데 오히려 그 사아도 완성될 수 있는 것이다."

라고 덧붙이고 있다.

이 말도 현대를 살아가는 사람들에게 지극히 실천적인 어드바이스처럼 생각된다.

예컨대 '내가 하겠다. 나라야만 된다'고 외치면 어떻게 될까? 남을 업신여기는 교만한 태도는 남의 비웃음을 사게 되며, 조금만 잘못해도 책을 잡히게 될 것이다. 또 무작정 자기 이익만 주장하면 어떻게 될까?

역시 주변 사람들의 반발을 사게 되어 고립당하고 말 것이다. 그런 생활태도는 자신을 살리는 바람직한 길이라고는 볼 수가 없다.

물론 앞장서지 않는다 함은 단순히 겸양(謙讓)의 미덕(美德)을 말하는 것이 아니다. 그렇게 하는 편이 자신의 파멸을 피할 수 있는 길일 뿐 아니라, 마침내는 남들로부터 옹립될 수 있다는 분명한 계산하에서 나온 말인 것이다. 그런 의미로 볼 때 이 말 또한 처세의 지혜가 아니겠는가.

물을 보고 인생을 배우라

최상의 선(善)이란 물과 같은 것이다. 물의 선(善)함은 만물(萬物)을 이롭게 해주고 있지만, 다투지 아니하며, 여러 사람들이 싫어하는 낮은 위치에서 처신한다(제8장).

상선약수 수선 이만물이부쟁 처중인지소오
上善若水. 水善, 利萬物而不爭, 處衆人之所惡.

'상선(上善)'이란 이상적(理想的)인 생활방법을 가리킨다. 가장 이상적인 생활태도로 살아가려면 물의 상태를 보고 배우라는 것이다. 왜냐하면 물은 만물에 혜택을 주면서도, 자신은 상대방에게 거역하는 일이 없으며, 사람들이 싫어하는 낮은 곳으로 흘러가는 성질을 가졌기 때문이다. 생각해 보건대, 물에는 세 가지의 특징이 있다.

첫째는, 둥근 그릇에 담으면 모양이 둥글게 된다. 네모난 그릇에 담으면 네모의 모양이 된다. 상대방을 거스르는 일 없이 그 어떤 모양으로도 바뀌는 유연성(柔軟性)을 가지고 있다.

둘째로, 지구상의 생물에게 큰 혜택을 주면서도 자신은 낮은 곳을 향해 흘러간다. 그 태도는 실로 겸허하다.

셋째로, 보통 때는 마냥 유연하고 부드럽기만 한 물도 급류(急流)가 되면 딱딱한 바윗돌도 부숴 버리는 힘을 비장하고 있다. 그래서 물이 불보다 무섭다고 하지 않는가.

이 세 가지 특징을 가지고 있는 물의 상태에서 배우라는 것이 곧 '상선약수(上善若水)'이다. 유연하게 살고 겸허하게는 살되, 자신의 주체성(主體性)을 잃지 말고 살라는 말이다. 그것조차 없다면 연체동물(軟體動物)에 지나지 않겠기 때문이다.

정상(頂上)에 오르거든 물러나라

공(功)을 이룩한 다음에는 자신이 물러나는 것이 하늘의 도(道)에 맞는 행동이다(제9장).

공 수 신 퇴 천 지 도
功遂身退, 天之道.

이 말도 아주 유명한 말인데 그렇다면 공을 이룩한 다음에는 물러나는 것이 왜 하늘의 도라는 것일까? 그렇게 하는 것이 그 동안 쌓아올린 공적(功績)과 명예를 보전하는 데 도움이 되겠기 때문임은 두말할 여지도 없다.

이와는 반대로 지위에 연연한다면 어떻게 되겠는가? 그릇에 가득찬 물이 넘치듯, 애써 쌓아올린 지위와 명예까지 잃고 마는 수가 있다. 그런 사태가 일어나지 않게 하기 위해서는, 오를 만한 지위에까지 올랐을 경우, 일찌감치 물러서라는 말이다.

노자는 '넘칠 만큼 부은 물은 금방 엎질러진다. 너무 날카로운 칼날은 부러지기 또한 쉽다'고 한 것처럼, 극성(極盛) 속에 전락(轉落)의 조짐이 있다고 본다. 그러므로 오를 만큼 오른 후의 반동(反動)을 경계하고 있는 것이다. 이것은 노자만의 생각이 아니라, 중국인의 일반적인 인식이라고 해도 좋다.

예컨대《회남자(淮南子)》도, '천지(天地)의 도(道)는 극(極)에 이르면 곧 반(反)하고, 가득 찬 것은 곧 이지러진다'고 하였고《역경(易經)》에도 '항룡유회(亢龍有悔)'라 하여 오를 곳까지 오른 경우의 위험함을 경고하고 있다. 정상(頂上)을 정복했으면 곧 물러난다. 이것 또한 명심해 두어야 할 인생태도의 하나라고 하겠다.

'대덕(大德)'을 몸에 익히라

생겨났다 하더라도 존재(存在)를 무시하며, 행동을 하더라도 의지하는 데가 없어야 하고, 생장(生長)토록 하면서도 지배하지는 말아야 한다. 이것을 현묘(玄妙)한 덕(德)이라고 한다(제10장).

생 이 불 유 위 이 불 시 장 이 부 재 시 위 현 덕
生而不有, 爲而不恃, 長而不宰. 是謂玄德.

'현덕(玄德)'이란 바탕에 '도(道)'를 갖추고 있는 커다란 덕(德)이다. 그것은 '생겨났다 하더라도 소유(존재)하지 아니하고, 생장되었다 하더라도 지배하지 않는', 그런 광대무변(廣大無邊)한 것이라고 말하고 있다. 그러면 '현덕'이란 구체적으로 어떤 것일까?

노자는 이렇게 말하고 있다.

'자신을 올바로 관찰하며 '무위(無爲)'의 도(道)를 지키고 있는가?

티끌만한 오점(汚點)도 없이 마음을 씻어 깨끗이 하고 있는가?

백성을 사랑하고 나라를 다스림에 있어 재지(才知)를 휘두르고 있지는 않은가?

자연의 변화에 대해 수동적(受動的)인 대응을 하고 있는가?

지모(知謀)를 많이 갖추고 있으면서 그 지모를 함부로 쓰지 않고 있는가?'

이런 여러 가지 조건에 대하여 '예스'라고 대답할 수 있는 사람이라면 그는 곧 '현덕(玄德)'을 갖추고 있는 사람이라고 말할 수 있을 것이다. 다시 말해서, 유연(柔軟)과 무심(無心), 겸허(謙虛)와 수동적인 대응을 가리킴이다. 이러한 덕들을 몸에 익히게 되면 그 어떤 상황에서도 탄력성 있게 행동할 수 있을 것이다.

무위(無爲)의 작용

오로지 정기(精氣)를 받아 유연한 마음을 가짐으로써 어린아이와 같아야 한다(제10장).

전기치유 능영아호
專氣致柔 能嬰兒乎.

노자는 표제어에 이어 다음과 같이 설명해 나간다.

"티끌조차 없는 거울처럼 마음의 욕망을 씻어 버려야 한다. 무위자연(無爲自然)으로 백성들을 사랑하며 나라를 다스려야 한다. ……도(道)는 만물을 낳고 기른다. 만물을 이처럼 생성(生成)케 하면서도 소유하는 일이 없다. 일을 하고도 공(功)을 바라지 아니한다. 자라나게 하고도 지배하는 일이 없다. 이것을 가리켜 신비스런 덕(德)이라고 한다."

표제어에서 영아(嬰兒), 즉 어린아이를 비유로 들고 있는데 어린아이는 자기가 하고 싶은 것이 있는 경우 오로지 그것에 마음을 쏟을 뿐, 다른 것에는 눈길조차 주지 않는다. 그 점이 좋다는 것이다. 노자는 그것을 포일(抱一)의 사상(思想)과 연결지어서 예찬하고 있다. 한 가지 일에 집중하라는 것이다.

그러면서도 위정자는 욕심을 버리고 무위자연으로 백성을 다스리라고 했다. 그것이 도(道)이기 때문이란 것이다.

노자의 인식은 이 도야말로 만물을 생육(生育)하는 근원인데 그러면서도 도는 자신이 생육하는 만물을 소유하는 일이 없고 그것을 자신의 공로라고 생각조차 하지 않는다. 그러기에 무위자연으로 백성을 다스리는 위정자는 백성들 위에 군림하여 지배하지 않는다는 것이다.

무(無)가 있으므로 유(有)가 있다

존재(存在)하는 것이 이익이 되는 것은, 존재하지 않는 무(無)의 효용(效用)이 있기 때문인 것이다(제11장).

유 지 이 위 리　무 지 이 위 용
有之以爲利, 無之以爲用.

'유(有)'가 '유(有)'로서 성립될 수 있는 것은 그 이면(裏面)에 '무(無)'의 작용이 있기 때문이라는 말이다.

노자는 이런 예를 들고 있다.

"서른 개의 수레바퀴살이 한 개의 수레바퀴테에 끼워져서 수레바퀴가 된다. 수레바퀴테 속이 비어 있기 때문에 수레바퀴로서의 기능을 발휘할 수가 있다. 또 진흙을 반죽해서 그릇을 만든다. 그런데 그 속이 비어 있기 때문에 물건을 담을 수 있는 것이다. 그리고 문과 창문을 내어 방을 만든다. 그 속이 비어 있으므로 그 효용을 지니는 것이다."

'무(無 : 空間)'의 기능이 있기에 비로소 그릇이 그릇으로서의 기능을 발휘할 수가 있으니, '무'가 없으면 '유(有)'도 없는 것이라고 노자는 말한다. 분명 그것은 맞는 말이다.

우리의 경우는 어떠한가? 어쨌든 '유'의 가치에만 눈길을 돌리는 것이 일반적인 사고방식이 아니던가. 물론 '유'도 무시할 수는 없다. 그러나 '유'에만 눈을 돌려 가지고는 그 한 면(面)만 보게 되는 결과를 낳기 쉽다. 다면적(多面的)인 가치관을 형성하기 위해서는 '유'와 함께 '무'의 면(面)에도 눈을 돌려야 할 필요가 있다. 그러면 우리들 인생에도 또 다른 전망(展望)이 눈앞에 열리게 될지도 모른다.

무(無)의 효용(效用)

서른 개의 수레바퀴살이 한 개의 바퀴통에 집중되어 있는데 바퀴통의 중간에 아무것도 없음으로써 효용을 지니게 된다(제11장).

삼십폭공일곡 당기무 유차지용
三十輻共一轂 當其無 有車之用.

곡(轂)은 바퀴통이며 이 바퀴통을 중심으로 30개의 바퀴살, 즉 폭(輻)이 박혀 있는데 이렇게 되어야 바퀴의 모양이 갖추어진다. 삼십폭공일곡(三十輻共一轂)이란 이 30개의 바퀴살이 모두 한 개의 바퀴통 부분에 모여 있다는 의미이다.

이렇게 수레는 바퀴살 · 바퀴통을 갖추고 그밖에 수레의 본체와 포장 등등 여러 가지가 있어야 완성되거니와 그런 수레가 움직이기 위해서 가장 필요한 부분은 어디일까? 노자에 의하면 그것은 수레바퀴의 축(軸)이 들어 있는 부분, 즉 바퀴통의 비어있는 부분이라고 한다. 그 공간이 없으면 바퀴는 구르지 못하고 수레는 움직이지 못한다. 무(無)의 공간이 있기에 비로소 수레는 제 구실을 할 수가 있다. 즉 수레라고 하는 유(有)의 기능은 바퀴통의 공허한 무(無)에서 생겨난다는 설명이다.

노자는 이어서 '진흙을 반죽하여 그릇을 만들었을 때 그 속이 비어 있기에 그릇은 효용을 지니게 된다'라는 말도 하고 있다. 또 '문과 창을 내어 집을 지을 때 그 안의 공간이 비어있음으로써 집은 효용을 지니게 된다'라고도 말했다. 요컨대 노자는 무(無)가 없으면 유(有)의 기능은 있을 수 없다, 다시 말해서 유(有)는 무(無)에서 생겨난다는 것이다.

노자의 결론은 '존재하는 것이 유익하게 되는 것은 존재하지 않는 무(無)의 효용이 있기 때문이다'라는 것이다. 음미할 가치가 있는 말이다.

욕망(慾望)은 마음을 혼란시킨다

말 달리며 사냥하는 것은 사람들의 마음을 발광(發狂)케 하는 것이며, 얻기 어려운 재물이란 사람들의 바른 행동을 방해하게 된다(제12장).

치빙전렵 영인심발광 난득지화 영인행방
馳騁畋獵, 令人心發狂. 難得之貨, 令人行妨.

이 말은 '사냥하는 즐거움은 사람의 마음을 미치게 만들고, 귀중한 재물은 사람의 행동을 훼방한다'는 의미이다.

'치빙전렵(馳騁畋獵)'이란 사냥을 의미한다. 사냥은 그 당시 대단한 즐거움의 한 가지였다. 현대에 비유한다면 골프라든가 마작(麻雀) 정도일는지 모르겠다. 그러나 즐겁다고 해서 그 일에 푹 빠져들거나 그 일에 미쳐 버리면 어떻게 될까?

그 동안 계획해 온 일들은 모두 물거품이 되어 버리고, 평소의 평온한 마음가짐은 그 즉시로 잃게 될 것이다.

또 누구든 값비싼 것을 손에 넣고 싶어한다. 그러나 욕망이 샘솟는 그대로 행동한다면 어떻게 되겠는가? 그 당장에 균형을 잃게 되고 만다.

인간의 욕망에는 끝도 없고 한도 없다. 이것이 손에 들어오면 저것이 욕망의 대상이 되며, 그 대상은 끝도 없이 펼쳐진다. 그러니 그러한 욕망에 구애받기 시작하다가는 언제까지나 마음의 풍족을 얻기 어렵게 된다.

노자는 '무욕(無慾)'을 주장한다. 인간 누구나 그런 경지에까지 들어가기는 어렵다 하더라도 항상 욕망의 컨트롤에 유의는 해야 할 것이다. 그렇지 않았다가는 애써 쌓아올린 인생의 탑을 무너뜨리겠기 때문이다.

본래의 기능을 상실하는 이유

다섯 가지의 색깔은 사람의 눈을 멀게 한다(제12장).

오 색 영 인 목 맹
五色令人目盲.

눈은 본래 보기 위해 있는 것인데 사람들은 지나치도록 푸른색·노란색·붉은색·흰색·검은색 등을 좋아하다가 그만 눈이 멀게 된다는 것이다. 노자는 이어서 다음과 같이 적고 있다.

"귀는 본래 듣기 위해 있는 것인데 사람들은 지나치게 궁(宮)·상(商)·각(角)·치(徵)·우(羽)의 소리를 좋아하다가 귀가 먹게 된다. 입은 본래 음식의 맛을 보기 위해 있는 것인데 짠맛·매운맛·단맛·쓴맛·신맛 등의 맛을 지나치게 좋아하다가 입맛 자체를 버리게 된다."

인간의 끝없는 욕망을 경계하고 있는데 노자는 또 사냥과 재물에 대해서도 경고하고 있다. 사냥은 오늘날의 경우 골프 따위의 레저와 스포츠를 너무 좋아하는 것에 비유되었다.

인간의 욕망은 한이 없는 것이다. 따라서 욕망에 빠져들면 곧 그 사람의 행동은 그릇된 길로 접어들게 마련이다. 아름다운 색깔이나 감미로운 음악, 고량진미의 음식, 지나친 레저·스포츠광, 그리고 재물 모으기에 혈안이 되면 그 인생은 끝장이라고 해도 좋다. 이러한 개념은 후세 중국의 예술관에도 큰 영향을 미치어 '졸박(拙樸)'이니 '질박(質朴)' 등 순수예술 개념을 형성케 했다. 노자는 다음과 같이 결론을 맺고 있다.

"그러기에 성인(聖人)은 실속있게 배를 채우고 겉모양을 좋아하는 눈을 위하지는 않는다."

이런 인물이 천하(天下)를 얻는다

자신(自身)을 진실로 사랑하는 사람에게는 곧 천하를 기탁해도 좋을 것이다(제13장).

애 이 신 위 천 하 약 가 기 천 하
愛以身爲天下, 若可寄天下.

안심하고 천하를 맡길 수 있는 사람이란 어떤 사람일까?

노자에 의하면 무엇보다도 먼저 자신의 몸을 아끼는 인물이라고 한다.

노자가 이런 말을 했다면 의외라고 생각하는 사람이 있을는지 모르겠다. 그러나 자신의 몸을 소중히 여기는 사람은 어떤 사태에 놓이더라도 신중하게 행동한다. 모험을 한다거나 행동을 함부로 하는 일이 없다. 그런 인물이야말로 실은 믿음직하다고 노자는 말하고 있는 것이다.

《시경(詩經)》이라는 고전(古典)에 '전전긍긍(戰戰兢兢), 여임심연(如臨深淵), 여리박빙(如履薄氷)'이란 말이 있다. 사려가 깊고 신중히 처신한다는 뜻인데, 노자가 머릿속에 그리던 것도 이런 타입이었을 것임에 틀림없다.

이 지적은 아마도 천하의 지도자뿐 아니라, 그 어떤 조직 속의 리더에게도 해당되는 말일 것이다. 리더는 책임이 무겁다. 그처럼 무거운 책임을 수행해 내기 위해서는 신중하게 대처하고 행동해야 한다. 경솔한 행동은 일을 그르치는 것이다.

정객(政客)들 중에 흔히 '몸을 바쳐서' 또는 '목숨을 바쳐서' 운운의 말을 가볍게 하는 사람이 있다. 노자에 의하면 이런 사람은 정치가로서는 실격(失格)인 셈이다.

큰 덕(德)은 어리숙해 보인다

훌륭한 선비 노릇을 한 사람들은, 마음과 몸가짐이 미묘하고도 유현(幽玄) 통달(通達)하였으며, 심오(深奧)하여, 남들은 그 뜻을 알 수가 없다(제 15장).

선위사자 미묘현통 심불가식
善爲士者, 微妙玄通, 深不可識.

'도(道)'를 체득(體得)한 인물은 너무나 신중하여 그 속을 알 수가 없고 그 깊이를 알 수가 없다고 한다. 과연 그럴 듯한 말이라는 생각이 든다. 그러나 노자는 이 정도로는 너무나 추상적이라고 생각했던지, '억지로 그것을 형용한다면 이러이러하다'며 그 인물상(人物像)을 다음과 같이 그려 내고 있다.

'얼음이 언 강을 건너는 것처럼 신중하고,
사방(四方)의 적(敵)에 대비하듯 주의 깊으며,
손님으로 초대받은 사람처럼 위엄이 있고,
얼음이 풀리는 것처럼 거침이 없으며,
나무 등걸과 같이 가식(假飾)이 없고,
흐려 있는 물처럼 포용력이 있으며
대자연의 골짜기마냥 널찍하다.'

고 표현했던 것이다.

천의무봉(天衣無縫)이라고 해야 할까, 아니면 융통무애(融通無礙)라고 해야 할까, 어쨌거나 그러면서도 활달하여 막히는 데가 없다. 그런가 하면 반드시 주관(主觀)은 뚜렷해야 한다. 평범한 우리들도 노자의 말을 들으며 이런 인물상(人物像)에 가까워지고자 노력해야 할 것이다.

도(道)와 함께하는 사람

마음을 지극히 공허하게 가지면 평온을 철저히 지킬 수 있다(제16장).

치허극 수정독
致虛極 守靜篤.

눈으로 볼 수 있는 사물의 배후에 가려져 있는 허(虛), 즉 도(道)의 세계에 이르러 고요하게 움직이지 않고 있는 정적상태(靜的狀態)를 파악한다면 천지만물의 현상이 동시에 일어나도 결국은 현상 이전의 도의 세계로 되돌아가는 것을 관찰할 수 있다.

눈으로 볼 수 있는 사물의 현상이 아무리 복잡다단하다 하더라도 각각 물자체(物自體), 즉 모든 근본으로 돌아가는 것을 고요히 움직이지 않는 정적상태라 하고, 정적상태에 가만히 있는 것을 생명의 세계로 되돌아왔다 하고, 생명의 세계로 되돌아온 것을 영원히 변하지 않는 본체계(本體界)라고 한다. 영원히 변하지 않는 본체가 무엇인지 아는 것을 현명(賢明)이라고 한다.

이 영원히 변하지 않는 본체, 즉 도(道)를 모르는 사람은 자기 욕망의 요구대로 망동(妄動)하여 좋지 않은 결과를 가져오게 된다. 이 영원히 변하지 않는 도(道 : 常道)가 무엇인지를 알게 되면 모든 것을 다 포용할 수 있다. 그러면 버릴 물건이 없고, 버릴 사람이 없으니 공평무사하게 된다.

공평무사하면 보편타당하게 된다. 보편타당하면 존재사물이 무한히 넓고 큰 지평(地平)이 된다. 넓고 큰 지평이 되면 어디든지 통할 수 있는 길, 즉 도(道)가 된다. 도는 영구성을 지니므로 도를 따라 사는 사람은 종신토록 위험성이 없다.

이상적(理想的)인 리더 상(像)이란?

뛰어난 이가 임금 자리에 있으면 백성들은 그가 존재함을 알 따름이다. 그보다 못한 임금이면 백성들은 그를 친근히 여기고 그를 기린다. 그보다 못한 임금이면 백성들이 그를 두려워한다. 그보다 못한 임금이면 백성들이 그를 업신여긴다(제17장).

태상 하지유지 기차 친지예지 기차 외지 기차 모지
太上, 下知有之. 其次, 親之譽之. 其次, 畏之. 其次, 侮之.

지도자를 4등급으로 분류하고 있다.

'가장 이상적인 지도자는 그 존재조차 부하들이 의식하지 못한다. 부하들로부터 경애(敬愛)받는 지도자는 그보다 한 단계 아래이다. 그보다 또 한 단계 아래인 사람은 부하들이 두려워하는 지도자이다. 최저(最低)인 경우는 부하들로부터 업신여김을 당하는 지도자라고 할 수 있다.'

부하들로부터 업신여김을 받게 되면 이미 논외(論外)이다. 그러나 세상에는 이런 지도자가 적지 않다고 보아야 할 것 같다. 또 그 당사자가 회사를 그만두면 회사 안의 공기가 어쩐지 썰렁해지는 리더가 있다. 굉장한 수준임에는 틀림없지만, 노자는 이런 리더도 아직 자격이 없는 리더라고 말한다. 노자는 다시 이상형의 지도자상에 대하여,

'훌륭한 지도자는 변명도, 선전도 하지 않는다. 굉장한 업적을 올리더라도 그것이 자신의 재주였노라고 인식하지 않는다. 그런 사람이 실로 이상적이다.'

라고 덧붙이고 있다. 그렇다면 자신의 업적을 자랑한다거나 자기 선전에 몰두하는 리더는 최저의 인간이라고밖에 할 수 없겠다.

'도(道)'로 돌아가는 것이 선결문제이다

위대한 도(道)가 없어지자 인의(仁義)가 생겨났다. 지혜가 생겨나면서부터 굉장한 거짓이 존재하게 되었다(제18장).

대도폐 유인의 지혜출 유대위
大道廢, 有仁義. 智慧出, 有大僞.

"위대한 도를 잃게 되자 인(仁)이다, 의(義)다 하며 외치게 되었다. 얄팍한 인간의 지혜가 생겨나면서부터 아주 큰 거짓이 유행되게 되었다."

라고 말하고 있다. 이 '대도폐(大道廢)하니 유인의(有仁義)'란 말도 《노자(老子)》 중에서 널리 알려진 말 가운데 하나이다.

앞에서도 말한 것처럼 노자는 인간의 작위(作爲)라든가 현명(賢明)을 부정했고 '무위자연(無爲自然)'의 도(道)로 돌아가라고 설파한다. 그러한 노자가 보면 인의와 지혜 등은 도에 반(反)하는 현(賢)에 지나지 않는다. 이런 역설적(逆說的) 표현을 대하게 되면 일순간 '아니, 뭐라고?'라는 생각이 들겠지만 곰곰이 생각해 보면 이 지적이 진실을 날카롭게 파헤치고 있음을 알게 된다.

예컨대, 오늘날 우리나라에서는 '사는 보람'에 대해서 여러 가지 이론이 팽배되어 있지만 노자에게 묻는다면 그는 '살아가는 보람을 잊은 무목적(無目的) 사회이기에 그런 현상이 일어나게 된다'고 대답할 것이다. 또 도덕교육을 강화시켜야 한다는 소리가 높아지는 것도 교육 현장의 황폐가 일어났을 때 보이는 현상이다. 모든 것이 그 근본을 잊었기 때문이다. 근본이란 '도'이다. 알기 쉽게 말한다면 원점(原點)이라고 해도 좋다. 그 원점으로 돌아가라고 노자는 말하는 것이다.

재지(才智)를 남용하지 마라

성인(聖人)을 끊어 버리고 지혜 있는 사람을 내버리면 백성들의 이익은 백 배로 늘어날 것이다. 인(仁)을 끊어 버리고 의(義)를 내버리면 백성들은 효도를 하고 자애로운 마음을 갖게 될 것이다. 기교(技巧)를 끊어 버리고 이익을 내버리면 도둑들이 존재하지 않게 될 것이다(제19장).

절성기지 민리백배 절인기의 민복효자 절교기리 도적무유
絶聖棄智, 民利百倍. 絶仁棄義, 民復孝慈. 絶巧棄利, 盜賊無有.

정치하는 방법에 대해서 한 말이다.

의역을 한다면,

'재지(才智)를 남용하지 않으면 백성들의 생활은 안정된다. 인의(仁義)를 휘두르지 않으면 백성들은 도덕의식을 되찾는다. 이익의 추구에 열을 올리지 않으면 도둑들은 없어진다.'

는 뜻이 될 것이다. 인간은 인간의 재지(才智)에 의해 문명을 구축하였다. 그러나 그 결과는 어떠한가? 강자가 약자를 괴롭히고 인간의 정애(情愛)는 자취를 감췄으며, 노골적인 욕망만이 판을 치고 있다. 인간 본연의 선성(善性)은 자취를 감추고 말았다.

원래 인간은 행복해지기 위해 문명을 이룩했을 것이다. 그런데 현실적으로 불행은 줄지 않고 오히려 늘 뿐이다.

노자는 그러한 문명의 실태를 응시함으로써 '도'가 숨쉬고 있는 소박한 상태로 돌아가라고 설파한다. 그곳에는 작위도 없으려니와 재지도 없다. 인간 본래의 선성(善性)만이 살아 숨쉬고 있는 것이다. 그런 상태로 돌아가기 위해서는 먼저 '나를 작게 만들고 욕심을 줄여야 한다'고 말한다.

지식(知識)에 사로잡히지 마라

학문(學問)을 끊어 버리면 걱정이 없어진다(제20장).

절 학 무 우
絶學無憂.

지식(知識)에 사로잡히지 않으면 고뇌(苦惱)도 생기지 않는다는 말이다. 이 말도 노자식의 역설(逆說)인데 한편으로는 진실을 날카롭게 찌르고 있다. 예컨대 어린이들의 세계이다. 40년, 50년 전 우리가 어렸을 때에 비하면, 오늘날의 어린이들은 지식을 훨씬 많이 습득하고 있다. 그들의 정보량(情報量)은 아마도 옛날 우리가 습득했던 정보의 수십 배에 달할는지도 모른다.

그럼 지금의 어린이들이 행복하냐 하면 절대로 그렇지가 않다. 어설픈 지식을 많이 습득하고 있을 뿐이어서 도리어 그 지식 때문에 혼란을 일으킨다. 그리고 마음의 밸런스를 잃고 있는 것처럼 보여서 딱하기까지 하다. 그것은 어린이들뿐만이 아니다. 요즈음 비지니스맨의 세계에서 자기계발(自己啓發)을 위한 공부가 유행되고 있다는 말을 듣는다. 이처럼 비약적으로 발달하는 세상이니만큼, 자기 혼자서만 허송세월하다가는 시대에 뒤떨어질는지도 모를 일이다.

그러므로 자기계발은 중요하다. 그러나 그들이 하는 공부의 대부분은 도움이 되기도 하지만, 도리어 그런 정보에 휘말려서 약삭빠른 기회주의자가 되거나, 마음의 중심을 잃고 불안에 휩싸이게 되는 것이 보통이다. 불안과 미혹을 가져오는 공부라면 하지 않는 편이 좋다.

배워야 할 것은 원리원칙, 바로 그것이다. 그 밖의 필요치 않은 정보는 용기 있게 끊어 버리는 것이 현명하다 하겠다.

쓸데없는 일에 참견하지 마라

'네' 하는 대답과 '응' 하는 대답의 차이는 얼마나 되나? 선(善)과 악(惡)도 그 차이가 얼마나 되는가?(제20장)

유지여아 상거기하 선지여악 상거하약
唯之與阿, 相去幾何? 善之與惡, 相去何若?

광대무변(廣大無邊)한 '도(道)'에 눈뜬 사람이 본다면 이 세상의 모든 사물(事物), 모든 가치관(價値觀)은 그 모두가 상대적인 것에 지나지 않으며, 고집을 내세울 가치가 전혀 없는 것이다.

그러므로 노자는,

"네 하는 대답과 응 하는 대답에 얼마만한 차이가 있느냐? 선(善)과 악(惡)에 어느 정도의 차이가 있느냐?"

를 묻고 있는 것이다. '유(唯)'는 공손한 대답이고 '아(阿)'는 소홀한 대답이다. 그러고 보니 노자의 말에 일리가 있다. 적어도 거기에 일면(一面)의 진실이 있음을 인정하지 않을 수 없다.

그러나 우리의 현실은 어떠한가?

유감스럽게도 쓸데없는 일에 왈가왈부하며 이것도 아니고 저것도 아닌 소동만 벌이고 있지 아니한가. 흑(黑)이다 백(白)이다, 이겼다 졌다며 피투성이 싸움을 벌이고 있지만 지나고 보면 어쩐지 공허함을 금치 못한다. 될 수만 있다면 흑이다 백이다 하며 날뛰고 있는 자신의 속에, 그것을 객관적으로 볼 수 있는 또 한 사람의 자신을 가지고 살아가는 자세가 필요하다 하겠다. 그렇게 하면 노자가 말하는 수준에 한 걸음 더 다가갈 수 있으리라. 또 그만큼 여유 있는 인생을 살아갈 수 있을 것이며, 그릇이 큰 인간이 될 수 있을 것이다.

덕을 쌓으려면 '도(道)'와 일체화해야……

위대한 덕(德)을 지니고 있는 사람의 모습은 오직 도(道)만을 따른다(제 21장).

공덕지용 유도시종
孔德之容, 唯道是從.

'공덕(孔德)'이란 '큰 덕'을 일컬음이다. 그것을 몸에 익히고자 한다면 '도'와 일체화하지 않으면 안 된다는 말이다. '도'에 대해서는 앞에서도 말했거니와 이 장(章)에서는 다음과 같이 설명하고 있다.

'도란 것은 그 성격이 황홀하여 종잡을 수 없다. 종잡을 수 없는 그 가운데 물상(物象)이 존재하는 것이다. 종잡을 수 없는 그 가운데 만물이 존재하는 것이다. 심원(深遠)하고 어두운 가운데 그 정수(精粹)가 존재한다.'

여기서 '황홀'이란 말이 생겨났거니와 위에서 든 말을 좀더 알기 쉽게 설명하면, 다음과 같을 것이다.

'도란 희미하고 아리송한 존재이다. 희미하고 아리송하기는 하지만 어떤 형체, 즉 실체(實體)가 있다. 그 속 깊숙이에는 어떤 영묘(靈妙)한 에너지가 비장되어 있다. 그 에너지는 분명 실재(實在)한다는 데는 의심의 여지가 없다.'

알 듯 모를 듯한 설명인데, 요는 잡힐 듯 말 듯하면서 아리송하지만 큰 것으로 이해하면 좋을 것 같다. 이러한 '도'와 일체화(一體化)됨으로써 인간도 그릇이 커질 것이다. 그릇이 큰 성인의 경지에 도달하기는 어렵다 해도, 적어도 눈앞에 놓여 있는 잡무(雜務)에 일희일비(一喜一悲)하는, 그런 수준에서 탈피할 수는 있을 것으로 생각된다.

뻗어 나가기 위해서는 먼저 굽힌다

비뚤어진 것은 온전히 되고 만다. 구부러진 것은 곧게 되고 만다(제22장).

곡 즉 전　왕 즉 직
曲則全. 枉則直.

'굽히고 있기에 생명을 온전히 보전할 수 있다. 구부러져 있기에 펼 수 있다'고 말한다. 즉 '곡즉전(曲則全)'인데, 이를 약해서 '곡전(曲全)'이라고 한다. 이것 또한 노자의 처세철학(處世哲學)을 단적으로 말해주는 구절 가운데 하나이다. 비뚤어진 상태라든가 구부러진 상태란 누구든 싫어하는 상태이다. 그러나 뻗어날 수 있다는 것은 의외로 유약(柔弱)한 성질을 가지고 있다는 말이 된다.

인생을 살아가는 데도 남의 눈에 띄지 않게 행동하고 중뿔나게 날뛰지 않는 것이 도리어 원숙한 생활태도가 될는지 모른다. 그것뿐만이 아니다. 노자에 의하면 '곡전(曲全)'에는 좀더 도움되는 장점이 있다는 것이다.

'자신을 옳다고 주장하지 않기 때문에 남들로부터 인정을 받는다. 자신을 과시하지 않기 때문에 오히려 남들이 옹립해 준다. 자신의 공적을 자랑하지 않기 때문에 남들로부터 칭찬을 받는다. 자신의 재능을 으스대지 않기 때문에 남들로부터 존경을 받는다. 성인(聖人)이란 남과 다투지를 아니한다. 그러므로 싸움을 걸어 오는 사람이 없는 것이다.'

이러한 장점을 분명히 염두에 두고 이 '곡전'의 주장이 나온 것임을 잊어서는 안 된다. 그것이 노자의 훌륭한 점이다.

과묵(寡默)이야말로 미덕(美德)이다

남에게 들리지 않는 말이야말로 자연스러운 것이다(제23장).

희언 자연
希言, 自然.

'희언(希言)'이란 잔소리를 하지 않는 것, 즉 과묵(寡默)이란 의미이다. 변명을 하지 않으려니와 선전(宣傳)도 하지 않는다. 이러한 과묵이야말로 자연 그대로인 것이며, 무위자연(無爲自然)의 '도(道)'에도 합치되는 것이라고 말한다. 이것 또한 다언(多言)의 해(害)를 경계한 말인데, 노자는 자연을 인용하여, 그 요점을 이렇게 설명하고 있다.

"질풍(疾風)이라 하더라도 한나절을 계속해서 불어 대는 일이 없고, 호우(豪雨)라 하더라도 온종일을 두고 계속해서 퍼붓는 일은 없다. 누가 그것을 관리하는가? 그것은 천지(天地)이다. 그 천지조차도 부자연(不自然)을 오래 지속시킬 수는 없는 일이다. 그렇다면 인간의 현(賢) 따위가 오래 지속될 수 없다는 것은 너무나 당연한 일이 아니겠는가."

일부러 꾸민 일은 분명 오래 지속되지 못한다. 반드시 어디선가 거짓이 드러나게 마련이다. 말이라는 것도 그런 성질을 가지고 있음에 있어서 예외는 아니다. 사람을 설득하는 경우 역량껏 모든 말을 총동원하여 상대방을 설득한다. 물론 이것도 좋은 방법의 설득인지 모른다.

그러나 그보다도 더 좋은 것은 무언(無言)의 설득이다. 말을 전혀 하지 않더라도 상대방이 납득해 준다. 그런 설득을 할 수 있다면 그것은 최고의 설득이라고 할 수 있다. 그렇게 되게 하기 위해서는 무엇보다도 덕을 갖추고 있어야 한다.

공적(功績)을 자랑하지 마라

발돋움을 하고는 오래 서있지 못한다. 스스로 뽐내는 사람은 재능의 훌륭함이 알려지지 않는다(제24장).

기 자 불 립   자 긍 자 부 장
企者不立. 自矜者不長.

'키를 조금이라도 크게 보이려고 발돋움[企]을 하면 오히려 발이 안정되지 못한다. 스스로의 공적을 자랑하다가는 남의 모함을 받고 만다.'

이 또한 맞는 말로서, 예컨대 기업(企業) 속의 인간상(人間像)을 예로 들면 쉽게 알 수 있을 것이다. 어느 기업에나 30대 정도의 사원으로서, '저 사람 한수 하는데…… 일꾼이야……'라고 자타(自他)가 공인하는 사람이 두어 명은 있게 마련이다. 그런데 그 후 10년쯤 지나면 '그 사람 어디 갔지?'라는 말이 오가는 수가 많다.

왜일까? 상당한 능력도 가지고 있는 사람이었으니 공적도 꽤 올렸을 것이다. 그것까지는 좋다. 그렇다면 그 사람의 인간 됨됨이가 문제라고 보아야 할 것이다. 그런 사람들일수록 남을 얕잡아보는 경향이 있는데, 그것은 태도와 표정에 나타나는 법이다. 그 결과 주변 사람들로부터 반발을 사게 되며, 그렇게 되면 하는 일이 순조롭게 될 리 만무하다. 그래서 애써 쌓아 놓은 공적과 지위까지도 허물어뜨리게 되는 것이다.

물론 인간인 이상 자신감과 프라이드는 꼭 필요하다 하겠다. 그러나 그런 것은 어디까지나 마음속 깊이 간직해 두어야 하는 것이다. 자랑을 하더라도 지나침 없이 자연스럽게 자랑하라는 것이 노자의 교훈이다.

경거망동(輕擧妄動)을 삼가라

가벼이 행동하면 근본(根本)을 잃게 되고, 시끄러이 행동하면 임금 자리를 잃게 된다(제26장).

경 즉 실 본　조 즉 실 군
輕則失本, 躁則失君.

이것은 톱(top)이나 리더들의 처세에 대해서 한 말이다. '경솔하게 행동하면 국정(國政)을 파탄시키고, 제멋대로 행동하다가는 왕위(王位)마저 잃게 된다'고 하였다.

《논어(論語)》에도 '군자(君子)는 그 행동이 무겁지 않으면 위엄이 서지 않는다[君子不重則不威]'고 했는데, 여기에서 노자가 말한 것도 이와 똑같은 취지의 말이다.

톱 혹은 리더란 조직의 말단(末端)에 이르기까지 세세하게 신경을 써야 하는데 그 행동은 밖에 나타나지 않도록 하는 것이 이상적인 방법이다. 그렇게 해야만 비로소 위령(威令)이 먹혀들어간다는 것이다.

항상 자기 자리를 비워 두고 이곳 저곳 돌아다니기만 하면 상사로서의 위엄이 서지 않는다. 그렇게 되면 자신의 지위를 유지하는 것조차도 어려워질는지 모른다.

물론 톱이라든가 리더는 때로 자진하여 전장(戰場)에 나아가고 진두지휘(陣頭指揮)를 하며 솔선수범하여 업무에 대처하지 않으면 안 되는 경우도 있다. 그러나 그런 때에도 '마음가짐을 공고히 하여 흔들리는 일이 없도록 하라'고 노자는 경고하고 있다. 항상 냉정한 태도로 전국(全局)의 움직임을 주시하지 않으면 안 되는 것이다. 가볍게 행동하다가는 금방 부하들에게 신뢰감을 잃고 마는 법이다.

명인(名人) · 교자(巧者)는 흔적을 남기지 않는다

길을 잘 가는 사람은 지나간 흔적을 남기지 아니하고, 말을 잘하는 사람은 트집 잡힐 게 없다. 셈을 잘하는 사람은 주판을 쓰지 아니한다(제27장).

선 행 무 철 적　선 언 무 하 적　선 수 불 용 주 책
善行無徹迹, 善言無瑕謫. 善數不用籌策.

명인(名人)이다 교자(巧者)다 하는 사람은 대체 어떤 사람일까?

노자에 의하면 '행동을 하더라도 그 움직인 흔적을 남기지 않는다. 발언(發言)을 하더라도 트집 잡힐 말을 하지 않는다. 계산을 하더라도 계산기(計算器) 따위는 쓰지 않는다'고 한다. 이런 수준은 '도'와 일체화(一體化)됨으로써 비로소 가능해지는 것인지도 모른다.

당왕조(唐王朝)의 2대째 황제인 태종(太宗)을 보좌했던 사람은 방현령(房玄齡)과 두여회(杜如晦)라는 두 재상(宰相)인데, 이 두 사람의 시정(施政)을 보면, '태종을 보좌하기 무려 30년 — 그랬건만 이렇다 할 업적이 없었다. 태종이 화란(禍亂)을 평정한 후에도 방(房) · 두(杜)의 공(功)을 말한 일이 없다'라고 했다. 즉 자신의 업적이라고 할 만한 일은 한 일도 없고 남겨놓지도 않았다는 것이다.

명재상의 시정(施政)은 '선행무철적(善行無轍迹)'이었던 것이다.

요즈음 이른바 정치가로서 정상의 자리에 올라 있는 사람이라면 공적을 남기기 위해 집착하는 일이 많다. 그렇다면 노자가 보기에는 삼류 정객(三流政客)에 불과하다 하겠다. 주어진 책임을 담담하게 수행하는 것이 바로 일류 정치가인 것이다.

최상(最上)의 문단속

문을 잘 닫는 사람은 빗장과 자물쇠 없이도 열 수 없게 한다(제27장).

> 선결무승약이불가해
> 善結無繩約而不可解.

사람은 누구나 문을 잠그려면 빗장이나 자물쇠를 사용한다. 하지만 자연의 도(道)는 이런 빗장이라든가 자물쇠가 없이도 문을 잘 잠그어 놓는다. 예컨대 물리학적 세계 안에서는 물질이 아닌 물건, 다시 말해서 관념물(觀念物)과 같은 것은 들어오지 못하는 것과 같다.

또 사람은 무엇을 묶으려면 반드시 노끈을 사용한다. 그러나 자연의 도는 노끈을 사용하지 않고서도 잘 묶어 놓는다. 예컨대 생물학적 세계에서 생명으로 모든 생명을 묶어놓는 것과 같다.

이 말에 앞서서 노자는 다음과 같이 말하고 있다.

> "도(道)에 따라 행하는 사람은 지나간 자국을 남기지 아니한다. 도에 따라 말을 하는 사람은 책잡힐 결함을 남기지 아니한다. 도에 따라 셈을 하는 사람은 산가지를 사용하지 아니한다."

요컨대 자연의 '도(道)'는 형태가 없으므로 운행을 한 뒤에도 흔적이 남지 않는다는 것이다. 또 인간의 언어에는 모순성이 있지만 '도'는 원래 말이 없으므로 언어에 대한 모순성 따위가 있을 수 없다.

그리고 인간은 무엇인가를 계산하려면, 옛날에는 산가지, 오늘날에는 계산기 등의 도구를 사용하지만 자연의 도는 그런 것들 없이도 정확하게 계산을 한다. 그러기에 오차없는 춘하추동의 운행으로 모든 생물을 길러낸다. 요컨대 잔재주에 불과한 인위적 재능을 버리고 자연의 도로 돌아가라는 말이다.

대전제(大專制)는 전제하지 않는 전제

수컷의 강함을 알고서 암컷의 연약함을 지키면 천하 만물이 귀착하는 골짜기와 같은 존재가 된다(제28장).

지기웅 수기자 위천하계
知其雄 守其雌 爲天下谿.

수컷의 성질이 어떻다는 것을 알고서 암컷을 지키고 있으면 반드시 그 수컷이 암컷에게로 되돌아온다는 것을 확인하게 된다. 이는 마치 큰 계곡이 가만히 있어도 온 골짜기의 물들이 저절로 모여드는 것과 같다는 것이다. 노자는 그런 다음 이렇게 이어나가고 있다.

"인간도 이러한 계곡의 자연적 법칙을 본뜨거나 도덕률(道德律)로 삼으면 그에게는 영구불멸의 덕(德)이 떠나지 아니하여 천진난만한 어린아이로 되돌아오게 된다.

광명의 성질이 어떠한 것인지를 알고 나서 암흑을 지키고 있으면 반드시 광명이 암흑 속에서 빛이 발한다는 것을 볼 수가 있다. 이로써 미루어 보아 모든 사물의 발전은 극에 도달하면 반드시 되돌아온다는 법임을 알 수 있겠다. 이러한 자연법칙으로 도덕을 삼으면 영구불변의 덕(德)이 되어 틀림없이 양극(兩極)을 지양(止揚)하는 무극(無極)으로 되돌아오게 된다.

영광의 성질이 어떠한 것인지를 알고서 굴욕을 지키고 있으면 반드시 굴욕이 다한 뒤에 영광이 그 꼬리를 물고 오는 것을 볼 수 있다. 이 역시 가만히 있어도 온 골짜기의 물이 모여드는 계곡과 같다. 이런 진리를 체득한 성인이 이런 도덕률로 사회에 적용한다면 백성을 영도해 나갈 수 있다."

천하는 억지로 다스려지는 것이 아니다

천하를 탈취하여 그것을 인위(人爲)로 다스리려 하는 것은 불가능한 일이라고 나는 알고 있다(제29장).

장욕취천하이위지 오견기부득이
將欲取天下而爲之, 吾見其不得已.

천하를 탈취하려는 계책을 세우는 자에게 천하가 탈취당하는 일은 없다고 했다.

또 노자는 다음과 같이 덧붙이고 있다.

'천하란 아주 이상한 것이어서 탈취하려고 해도 탈취되는 것이 아니다. 탈취하려고 하면 산산이 부서지고 붙잡으려고 하면 멀리 도망친다.'

이미 앞에서도 말한 것처럼 노자는 '무위자연(無爲自然)'을 주장하고, 있는 그대로의 소박성(素朴性)이 가장 좋은 것이라고 했다. 따라서 인간의 현(賢)이라든가 작위(作爲)를 싫어했다. 그런 데서 이런 주장이 생겨나게 되는 것이다.

우리나라와 같이 작은 나라는 탈취코자 하면 탈취할 수 있을는지도 모른다. 그러나 중국은 넓다. 섣불리 계책 따위를 써서 우롱하다가는 자기 자신이 멸망의 구렁텅이로 떨어지게 될 수도 있다. 그리고 노자가 살던 시대는 전국난세(戰國亂世)인 때여서, 유력한 라이벌들이 서로 천하를 탈취하고자 기를 쓰고 싸웠던 것이다. 그러나 천하를 수중에 넣었던 사람은 한 사람도 없다. 차례로 역사의 무대에 등장했다가는 또 차례로 역사의 물거품 속으로 사라져 갔다. 노자는 이런 현실을 응시하면서 유구한 흐름에 몸을 맡긴 채 자연 그대로 살아가라고 했다.

이 또한 난세를 살아가는 처세가 아니겠는가.

천하는 신기(神器)이다

천하는 신묘(神妙)한 그릇과 같은 것이어서 인위(人爲)로 다스릴 수 없는 것이다(**제29장**).

천하신기 불가위야
天下神器 不可爲也.

노자는 이 표제어에 앞서 다음과 같이 설파하고 있다.

"천하를 장악해 보려고 정책을 쓰는 사람도 있지만 나는 그런 사람이 천하를 얻은 예를 본 일이 없다."

그리고 표제어의 말을 기록하고 있는데 쉽게 의역하면 다음과 같다.

'천하는 신비스러운 그릇과 같아서 다루기가 어렵다. 함부로 다루고자 하지만 그렇게 되지 아니하며 손안에 넣으려고 하지만 잡히지 아니한다.'

그런 다음 또 이렇게 이어나가고 있다.

"함부로 하다가는 반드시 실패하고 손안에 넣으려고 하다가는 반드시 잃어버린다. 모든 사물은 앞으로 가는 것도 있고 뒤에서 따라가는 것도 있다. 숨을 들이쉬는 경우도 있고 숨을 내쉬는 경우도 있다. 혹은 강대한 것도 있고 혹은 약소한 것도 있다. 위에 얹히는 것도 있고 아래로 떨어지는 것도 있다. 그러므로 성인(聖人)은 격심한 것을 버리고 사치스런 것을 버리고 교만한 것을 버린다."

요컨대 세계는 신기(神器)와 같은 것이어서 어떤 한 사람의 힘으로 지배되거나 어떤 인위적 정책에 의해 다스려지는 것이 아니란 것이다. 격심을 버리고 중용(中庸)을 택하되 사치를 버리고 검소를, 교만을 버리고 겸손할 때 지도자로서의 자격을 갖추게 된다고 했다.

강한 자는 강함을 과시하지 않는다

(군사를) 잘 쓰는 사람은 어려움을 막을 따름이지 감히 강함을 드러내지 않는다(제30장).

선자 과이이 불감이취강
善者, 果而已, 不敢以取强.

진짜로 전쟁을 잘 하는 사람은 목적을 달성하면 곧 창과 칼을 거둔다. 결코 무력을 과시하는 일은 없다고 한다.

노자는 다시 덧붙인다.

'이기더라도 자랑하지 않고 재능과 공적을 내세우는 일이 없다. 진짜 강한 자는 싸움이란 상대방에서 걸어 올 경우 마지못해서 하는 것임을 잘 알고 있기 때문에, 가령 이겼다고 하더라도 무력을 과시하지 않는다.'

《손자(孫子)》를 위시한 중국의 병법서(兵法書)는 모두 전쟁이란 부득이한 경우에나 하는 것이며 '싸우지 않고 이기는 것'이 이상적인 승리라고 주장한다. 노자도 예외는 아니었다. 어쨌든 중국은 넓은 나라이다. 그 넓은 국토를 무력(武力)만으로 제압하려고 하는 것은 무리이다. 가령 일시적으로 제압한다 하더라도 오래 지속될 수는 없다. 그것을 잘 알고 있기 때문에 무력행사에는 더더욱 금욕적(禁慾的)이다. 그리고 노자는 작위(作爲)를 싫어하여 자연 그대로 살아가라고 한다. 그러한 노자의 눈으로 보면 전쟁이야말로 최대의 작위이며 최대의 부자연이었을 것이다.

그는 이렇게 말하기도 한다.

"강한 것은 반드시 쇠한다. 왜냐하면 자연에 반(反)하기 때문이다. 자연에 반하는 것은 오래 지속될 수 없다."

강성한 것은 곧 노쇠한다

모든 사물은 강성해지면 반드시 노쇠한다. 이는 사람의 힘으로는 어찌할 수 없는 자연법칙이다(제30장).

물장즉로 시위부도
物壯則老 是謂不道.

이 표제어에 앞서 노자는 다음과 같은 말을 하고 있다.

"도(道)로써 임금을 보좌하는 사람은 무력(武力)으로 천하에서 강력함을 드러내지 아니한다. 왜냐하면 이쪽 나라에서 저쪽 나라를 침략코자 하면 저쪽 나라에서도 이쪽 나라를 침략해 오기 때문이다. 군대가 주둔하는 곳에는 가시덤불이 무성해지고 전쟁이 있었던 곳에는 반드시 기아가 따르게 된다.

그러므로 진짜로 전쟁을 잘하는 사람은 전쟁의 목적을 달성할 뿐이요, 그 즉시로 적국에서 병장기(兵仗器)를 철수한다. 그 목적을 달성하고도 피정복 국민들에게 전공(戰功)을 자랑하지 않는다. 교만하지도 아니하고 뽐내지도 아니한다. 하고 싶지 않은 전쟁이었는데 부득이하여 했다고 말한다. 이쪽이 강하다는 생각도 하지 않는다."

도가(道家)의 전쟁관(戰爭觀)이라고 할 수 있는 대목이다. 병법서의 백미인 《손자(孫子)》에도 이와 유사한 구절이 여러 군데 있다. 병가(兵家)도 도가(道家)의 영향을 받았던 것이다.

도가는 내가 살기 위해 남을 죽이는 일이 있어서는 아니되고 남을 살림으로써 나도 살아야 한다고 주장한다. 이것이 자연스런 도(道)의 경지이며 내가 살기 위해 남을 죽이는 것은 인위적인 행위로써 그런 사람은 오래 지속되지 못하고 결국에는 쉽게 멸망한다고 했다.

전쟁은 최후의 수단이다

훌륭한 무기(武器)란 불길(不吉)한 연장이다. 만물 중에는 그것을 싫어하는 것들이 있다. 그러므로 도(道)를 터득한 사람은 그것을 몸 가까이에 두지 않는다(제31장).

부가병 불상지기 물혹오지 고유도자불처
夫佳兵, 不祥之器, 物或惡之. 故有道者不處.

'병자(兵者)는 불상기(不祥器)'란 말도 널리 알려진 말이다. '병(兵)'이란 글자는 이 경우, 무기(武器)라든가 전쟁(戰爭)의 뜻으로 해석을 할 수 있다. 가령 후자(後者)를 따른다면 다음과 같이 번역할 수 있을 것이다.

'전쟁은 불길한 것이다. 누구나 이를 기피하고 혐오한다. 그러므로 도(道)를 터득한 성인(成人)은 전쟁을 좋아하지 않는다.'

어느 시대에나 전쟁의 피해는 사회적 약자(弱者)에게 집중된다. 노자는 그들을 대신해서 전쟁의 어리석음에 대해 경고를 하고 있는 것이다. 그는 또 이런 말도 하였다.

"전쟁은 불길한 것이니 군자(君子)가 즐겨 행할 일이 아니다. 부득이 한 경우에는 어디까지나 무욕(無慾)으로 이를 행하되 이기더라도 찬미할 일이 아니다. 전쟁을 찬미하는 것은 살인(殺人)과 같다. 이렇게 되어 가지고서야 어찌 천하를 얻을 수 있겠느냐[兵者不祥之器, 非君子之器. 不得已而用之, 恬淡爲上, 勝而不美. 而美之者, 是樂殺人. 夫樂殺人者, 則不可以得志於天下矣]."

단, 노자는 현실주의자(現實主義者)였으므로 전쟁에 전면(全面) 반대한다는 입장은 취하지 않는다.

'도(道)'는 만물을 복속시킨다

천하에 있어서의 도(道)의 위치란, 마치 골짜기 냇물이 강과 합쳐져서 바다로 흘러드는 것과 같다(제32장).

비 도 지 재 천 하 유 천 곡 지 어 강 해
譬道之在天下, 猶川谷之於江海.

노자에 의하면 '도'란 원목(原木)과 같은 것이라고 한다. 원목은 사람의 손길이 닿지 않은 나무이다. 그러므로 환언(換言)하면 그 용도는 무한하다.

이와 마찬가지로 '도' 또한 용도가 한정되어 있지 않으므로 무한한 작용을 한다는 것이다.

약간 뉘앙스가 다르기는 하지만 공자(孔子)도,

"군자(君子)는 기(器)가 아니다[君子不器《論語》]."

라는 말을 했다.

원목을 가공해서 만든 기(器), 즉 그릇은 어떤 특정한 용도로밖에 쓸모가 없다. 군자라고 하는 것은 그런 사람을 가리키는 것이 아니라는 뜻이다. 예컨대 다목적(多目的) 댐과 같은 것인지도 모른다. 발전(發電)도 할 수가 있고 수량(水量)의 조절과 관개(灌漑)에도 도움을 준다.

공자는, 그처럼 폭 넓은 용도로 쓰이는 것이 군자라고 말했던 것이다.

노자가 말하는 '도'도 이것과 같은 것이다. 그와 같이 큰 작용을 하는 것이므로 '도'를 가지고 천하를 다스리면 모든 강이 바다로 흘러들어가듯, 자연히 만물을 복속시킬 수 있다고 했다.

현대의 리더들도 그런 수준을 목표로 해서 노력해 봄이 바람직하지 않겠는가.

자신을 아는 사람은 총명한 사람이다

남을 아는 사람은 지혜로운 사람이고, 자신을 아는 사람은 총명한 사람이다(제33장).

지 인 자 지　자 지 자 명
知人者智, 自知者明.

좀더 알기 쉽게 의역하면 다음과 같다.

'남을 아는 사람은 겨우 지자(智者)의 수준에 지나지 않는다. 자신을 아는 사람이야말로 명지(明智)를 갖춘 사람이다.'

지(智)와 명(明)은 같은 의미로서, 깊이 관찰할 수 있는 능력을 가리킨다. 통찰력(洞察力)이라고 해도 좋을 것이다. 그러나 두 가지를 비교할 경우 '명(明)'쪽이 한층 더 깊고 넓은 뜻의 능력임은 두말할 나위도 없다. 왜냐하면 남을 아는 것보다도 자신을 아는 편이 훨씬 더 어렵기 때문이다. 우리는 흔히 자기 자신의 경우는 뒷전에 미루어 두고 남의 일을 들추어 내어서 이런 저런 흉을 보기가 일쑤이다. 남의 결점은 잘 보는데 자신의 결점은 통 보이지가 않는 것이다. 그만큼 자신을 안다는 것은 어렵다.

《손자(孫子)》 병법서(兵法書)에도 '지피지기(知彼知己)면 백전무태(百戰無殆)'란 말이 있다.

전쟁에서 이기기 위해서는 적을 알기만 해서 되는 것이 아니라, 자기 자신을 알아야 한다는 것이다. 이것은 전쟁에서 이기기 위해서뿐만 아니라 인생의 그 하고많은 난국의 국면을 뚫어 나가기 위해서도 꼭 필요한 것이다. 그러기 위해서는, '지(智)'는 두말할 것도 없고 '명(明)'을 몸에 익혀 둘 필요가 있다.

무한소(無限小)와 무한대(無限大)

위대한 도(道)는 장마물처럼 왼쪽 오른쪽 어디에나 있다(제34장).

대 도 범 혜 기 가 좌 우
大道氾兮 其可左右.

표제어에 이어서 노자는 다음과 같이 기록하고 있다.

'만물은 도(道)의 구현자(具顯者)로서 생성한다. 그러나 도는 만물을 생성하면서도 자기 소유로 지배하려 하지 않는다. 도는 만물로 하여금 완성케 하고서도 자기의 공(功)이 있다고 자랑하지 않는다. 도는 만물을 길러내면서도 주권을 행사하지 않는다.'

이와 같이 사물을 지배하려는 욕망이 없지만 하찮은 티끌같이 작은 것 속에도 내재(內在)하고 있은즉 극히 작다고 말할 수 없다. 만물은 도에서 태어나 다시 도로 되돌아가지만 도는 싫다고 거절하는 일이 없이 무엇이든 간에 모두 받아들이는즉 크다고 말할 수 있다.

그러나 도는 예로부터 지금에 이르기까지 만물에 대하여 의식적으로 자기가 이 천하에서 제일 크다고 자랑한 적이 없고 또 그런 생각을 한 적도 없다. 이처럼 제 스스로 크다고 하지 않으므로 오히려 크게 될 수 있는 것이다.

요컨대 만물은 도로 말미암아 발생하고, 도로 말미암아 성장하고 도로 말미암아 쇠멸하는데 결국에는 모두 도의 세계로 되돌아간다. 그러나 도는 싫다고 거절하는 일 없이 모두 맞아들인다. 마치 모든 시냇물이 다 모여서 넓은 바다로 흘러 들어가는 것과 같다. 그러나 도는 주재자 노릇을 하지 않으니 가장 넓고 큰 것이라고 하겠다.

진리는 평범하다

큰 코끼리를 끌고 천하를 다니면 어디를 가든지 해(害)를 당하지 않고 안태(安泰)하다(제35장).

집대상천하왕 왕이불해 안평대
執大象天下往 往而不害 安平大.

큰 코끼리란 노자의 도(道)를 뜻한다. 따라서 표제어의 의미는 '큰 도의 모습을 체득하면 천하 어디를 가든지 방해가 될 것이 아무것도 없다. 그런 까닭에 언제나 마음이 평안하고 화평하여 태평하게 된다'가 될 것이다.

그러면 왜 큰 코끼리를 도에 비유한 것일까? 옛날 중국인은 코끼리를 본 적이 없었다. 그러나 코끼리란 동물이 있다는 것은 서역(西域)과의 교역 등으로 듣고는 있었다. 도 역시 존재하는 것은 분명하다. 하지만 그 도를 눈으로 볼 수 없고 귀로 들을 수 없으니 코끼리와 같은 존재였던 것이다.

그야 어쨌든 노자는 다음과 같이 이어나가고 있다.

'좋은 음악과 좋은 음식은 지나가는 손님의 발걸음을 멈추게 한다. 하지만 언어로 표현되는 도의 진리는 평범해서 무의미한 것 같다. 도는 시각(視覺)으로 볼 수도 없고 청각(聽覺)으로 들을 수도 없다. 그러나 그 도를 사용해보면 효능은 한이 없는 것이다.'

요컨대 도의 모습은 순수동작이므로 볼 수도 없고 들을 수도 없다. 굳이 언어로 표현해 보는 도의 진리는 얼핏 듣기에 아주 평범해서 아무런 의미가 없다. 하지만 온갖 사물이 이것을 다 받아가지고 체(體)를 삼아도 오히려 남음이 있는 것이 도이다.

받고자 하면 먼저 주라

만물을 오므라들게 하려면 반드시 일시적으로 그것을 불어나게 만든다. 그것을 약하게 하려면 반드시 일시적으로 강하게 만든다. 그것을 패멸(敗滅)시키려면 반드시 일시적으로 흥성케 만든다. 그것을 빼앗으려면 반드시 일시적으로 내준다(제36장).

장욕흡지 필고장지 장욕약지 필고강지 장욕폐지 필고흥지
將欲翕之, 必固張之. 將欲弱之, 必固强之. 將欲廢之, 必固興之.
장욕탈지 필고여지
將欲奪之, 必固與之.

'우그러뜨리려면 우선 늘인다. 약하게 만들려면 먼저 강하게 한다. 쫓아 내려면 우선 내 편으로 끌어들인다. 빼앗으려면 먼저 준다.'

마키아벨리를 무색케 하는 책략이다. '도'니 '덕'이니 하면서 한쪽으로는 마키아벨리즘을 설파한 점에 노자의 예측할 수 없는 면이 있다. 그리고 이 두 얼굴은 결코 모순되지도 않는다.

노자는 전국난세(戰國亂世)를 살아가면서 약자(弱者)의 편을 들었고, 그 어려운 현실 속에서 살아 남기 위해서는 어떻게 해야 좋은지를 생각했던 것이다. 그러기 위해서는 우선 '도'와 일체화하여 '도'가 가지고 있는 '덕'을 몸에 익힐 필요가 있으며, 또 이러한 마키아벨리즘도 필요하다고 강조한다.

마키아벨리즘을 바꾸어 말하면 정치성(政治性)이라고 해도 좋다. 단세포적(單細胞的)인 머리를 가지고 있으면 난세(亂世)에서 살아 남을 수 없다. 살아 남기 위해서는 이러한 정치성도 갖추고 있어야 한다는 말이다.

유약(柔弱)한 것이 강한 것에게 이긴다

유약한 것이 억세고 강한 것을 이긴다(제36장).

유 약 승 강 강
柔弱勝剛强.

강한 것이 약한 것에게 이기는 것이 보편적인 원리이다. 그런데 노자는 역설적으로 유약한 것이 억세고 강한 것에게 이긴다고 했다.

《노자》 제8장에 '상선약수(上善若水)'란 구절이 있는데 물처럼 부드러운 것이 세상에 없건만 이 물이 한 번 격랑(激浪)을 일으키면 바윗덩어리도 부순다고 했다. 혀는 치아보다 약하고 부드러운 것이지만 그 억세고 딱딱한 치아는 망가져서 의치(義齒)를 해 끼는 경우가 있으되 부드러운 혀는 그 사람이 죽을 때까지 온전하게 보존된다. 혀가 상하여 혀를 끊어내고 혀를 대용품으로 만들어 넣는 일도 없는 것이다. 강한 치아보다 부드러운 혀가 오래도록 건강하게 유지된다는 말이다.

전시(戰時)에 유탄(流彈)을 막기 위해 창문 안쪽에 이불을 쳐놓는다고 한다. 부드럽기 짝이 없는 솜이불이 엄청난 속도로 날아오는 철환(鐵丸 : 彈丸)을 막아내는 것이다. 즉 유약이 강강(剛强)을 이긴다는 말이다.

어린아이가 손에 칼을 들고 있어 위험할 때 과자를 주면 그 칼을 놓는다. 강렬한 어투로 언쟁을 벌일 때는 부드러운 말로 말릴 수가 있다.

이러한 예는 우리 일상생활 주변에서 얼마든지 볼 수 있는 일이거니와 우리는 강한 것이 약한 것을 이긴다는 고정관념에 빠져 있기에 노자의 말이 역설적으로 들릴 뿐이다.

상덕(上德)과 하덕(下德)(1)

상급(上級)의 덕은 덕을 의식하지 않는다. 그러므로 덕을 지니게 된다(제 38장).

상 덕 부 덕 시 이 유 덕
上德不德 是以有德.

노자는 자신이 말하는 덕을 상덕(上德)과 하덕(下德)으로 나누고, 그 상덕과 하덕의 구별은 단 한 가지 '위(爲 : 하다, 또는 위하다)'가 있느냐 없느냐에 달려 있다고 생각했다. 그러기에 '상덕은 하고자 하지 않으며 따라서 위하지도 아니한다. 하덕은 하고자 하며 따라서 위함이 있다'라고 했다.

즉 우리가 난 체하는 의식을 가지고 어떤 일을 하면 그것은 뭔가 '하고자 하는 바'가 있다는 것이다. 또 그 하고자 하는 의식을 가지고 그것을, 무언가를 위해서 이용하면 그것은 곧 '뭔가 위함이 있다'는 것이다. 또 뭔가 하고자 하고 뭔가 위함이 있는 것은 하덕(下德)인데 그것에 반(反)하여 하고자 함도 아니고 뭔가를 위함도 아닌 것, 그것이 상덕이라고 하는 것이다.

노자는 모든 덕을 이 상덕과 하덕이란 두 종류로 보고 이 두 가지에 의해 모두를 구별코자 했다. 인(仁)·의(義)·예(禮)·지(智)란 덕목에 대해서 생각해 보면 그 가운데 먼저 인(仁)이 가장 좋은 덕목이고 지(智)가 가장 하등(下等)이라고 했다. 그 이유는, 물론 인(仁)도 '하다'가 따른다. 그러나 '위해서 하는 것'은 아니다. '베푼다'도 '하다'임에는 분명하지만 그것에 의해서 명예를 얻는다든가 그것에 의해서 이득을 얻는 등 '위해서' 하는 것은 아니다.

상덕(上德)과 하덕(下德)(2)

도를 잃은 후에 덕이 드러나고, 덕을 잃은 후에 인(仁)이 드러나며, 인을 잃은 후에 의(義)가 드러나고 의를 잃은 후에 예(禮)가 드러난다(제38장).

실도이후덕 실덕이후인 실인이후의 실의이후례
失道而後德 失德而後仁 失仁而後義 失義而後禮.

인(仁)에 비하면 의(義)는 어떠한가? 의는 뭔가 '하기도' 하며 '위해서' 하기도 한다. 단, 그 '한다'는 것 자체는 나라를 위해서, 민중을 위해서 하는 것이므로 고귀한 것이라고 할 수도 있다. 그러나 '위하여' 하는 일이기 때문에 인(仁)에 비해서 낮은 덕목이란 것이다.

그 다음의 예(禮)는 어떠한가? 이것은 물론 뭔가를 '하는 것'이며 또 '위하여' 하는 것이기도 하다. 그뿐 아니라 예란 원래 상대적인 것이기 때문에 이쪽에서 예를 다하려고 있는데 상대방에서 이에 보답하지 않으면 그를 무례한 자라 하여 시비거리가 되기도 한다. 그러기에 노자는 '예는 충신(忠信)이 모자라서 어지럽게 만드는 근원이 된다'라고 말했다.

끝으로 지(智)는 어떠한가? 《노자》에서는 이 지(智)를 전식(前識)으로 표현하고 있는데, 이 '전식은 도의 형식적인 껍데기로서 어리석음의 시초이다'라고 혹평했다.

노자가 볼 때에는 유교에서 덕목의 으뜸으로 꼽았던 인의예지 모두가 하덕(下德)에 속하는 것에 지나지 않았다. 노자는 무형(無形)의 도, 무위(無爲)의 도로 돌아오지 않는 한, 인간 사회는 분쟁과 혼란 속에서 벗어나지 못한다고 단언했던 것이다.

무(無)가 유(有)를 낳았다

천하만물은 유(有)에서 생성되고 있지만 유(有)는 무(無)에서 생겨난 것이다(제40장).

천 하 만 물 생 어 유 유 생 어 무
天下萬物生於有 有生於無.

유는 무에서 태어난다. 그리고 만물의 현상은 극도에 달하면 반드시 되돌아온다.

예를 들면 도(道)에서 나온 만물이 다시 도로 되돌아오고, 무(無)에서 나온 유(有)가 다시 무로 되돌아오는 것과 같다. 그러나 유와 무 사이에 넘을래야 넘을 수가 없는 깊고 넓은 도랑이 있는 것이 아니며 도가 이 유와 무 사이에 교량(橋梁) 역할을 해준다.

한편 유와 무의 대립되는 관계는 모순 동일성이 아니라 모순 화합성이며 투쟁이 아니라 화평이며, 견강(堅强)이 아니라 유약(柔弱)이다. 이런 것이 바로 도의 작용이다.

예를 든다면 우리가 유개념(有概念)을 의식했다고 하자. 그것은 바로 의식의 흐름을 타고 이어서 무개념(無概念)으로 되는 것과 같다.

이런 모순 화합물은 의식 현상에서만 한정되는 것이 아니며 사물(事物)의 현상에 있어서도 적용된다. 그러기에 만물은 유에서 나오고, 유는 무에서 나온다고 한다.

노자는 표제어의 구절에 앞서 다음과 같이 말하고 있다.

"만물의 현상은 극도에 도달하면 되돌아오는데 그것은 도의 운동이다[反者道之動]. 약자가 강자를 이기는 것은 도의 작용이다[弱者道之用]."

'도(道)'를 들으면 즉시 실천하라

상급(上級)의 선비는 '도'를 들으면 부지런히 이를 실천하고, 중급(中級)인 선비는 '도'를 들으면 그 존재를 인정하는 듯도 하고 무시하는 듯도 하다. 하급(下級)의 선비는 '도'에 관해 들으면 이를 크게 비웃는다(제41장).

상사문도 근이행지 중사문도 약존약망 하사문도 대소지
上士聞道, 勤而行之. 中士聞道, 若存若亡. 下士聞道, 大笑之.

"훌륭한 사람은 '도'를 가르치면 그 자리에서 실행한다. 중간 정도의 사람은 '도'를 가르치면 반신반의(半信半疑)한다. 옹졸한 사람은 '도'를 가르치면 배꼽을 잡고 웃어댄다."

는 말이다. 아무리 훌륭하고 좋은 가르침을 들려 주더라도 귓등으로 흘려 버리거나, 일소(一笑)에 붙여 버린다면 '마이동풍(馬耳東風)' 격이 되고 말 것이다.

'도'란 형체도 없고 소리도 없는 까닭에 눈으로 볼 수도 없으려니와 귀로 들을 수도 없는, 말하자면 막연한 존재이다. 그러므로 머리로 이해하려고 하는 것은 무리이며 마음으로 깨달을 수밖에 없는 것인지도 모른다.

상급(上級)에 속하는 사람은 마음으로 깨달을 수 있는 사람, 중급에 속하는 사람은 이해하려고 노력하는 사람이라고 해도 좋다. 문제는 배꼽을 잡고 비웃는 사람, 즉 하급에 속하는 사람들이다.

개중에는 열렬한 노자 신봉자임을 자처하며 노자의 말을 써서 거실에 붙여 놓고 매일 그것을 쳐다보는 사람도 있다. 비록 실행은 못할지언정 이처럼 터득하려고 노력하는 자라면 중급에 속한다고 보아야겠다.

진짜 큰 것은 보이지 않는 법이다

크게 모가 난 물건에는 모퉁이가 없다. 큰 그릇은 더디 이룩되고, 큰 소리는 소리가 들리지 않으며, 큰 형상은 형체가 없는 듯이 보인다(제41장).

대방무우 대기만성 대음희성 대상무형
大方無隅, 大器晩成, 大音希聲, 大象無形.

'대기만성(大器晩成)'이란 말의 출전(出典)이다. 이 구절을 의역하면 다음과 같다.

'그 이상 큰 것이 없을 만큼 큰 사각(四角)은 각진 것처럼 보이지 않는다. 그 이상 큰 그릇이 없을 만큼 큰 그릇은 완성시키는 데 시간이 많이 소요된다. 그 이상 없을 만큼 큰 소리는 귀에 들리지조차 아니하며, 그 이상 큰 것이 없을 만큼 큰 형체는 눈으로 볼 수가 없다.'

예를 든다면 지구(地球)이다. 이것은 원(圓)이지만 워낙 크기 때문에 평면(平面) 혹은 직선(直線)처럼 보일 수밖에 없다. 언덕 위에 올라가서 수평선(水平線)을 바라보면 그제야 약간 둥글다는 것을 느낄 수가 있다. 큰 것이란 그런 것을 가리킴이다. 또 '천계(天啓)의 음향(音響)'이란 말이 있다. 천계란 하늘의 계시(啓示)이니 그 소리는 본디 클 것인데 실제로는 소리가 없는 상태와 같다. 따라서 들으려고 애쓰며 귀를 기울이지 않는 한, 아무것도 들을 수가 없다.

노자에 의하면 '도'또한 그처럼 큰 존재라는 것이다. 그러므로 이쪽에서 애써 귀를 기울이고 눈을 크게 뜨지 않는 한 들을 수도 볼 수도 없다. 인간이란, 언뜻 보기에 범용(凡庸)한 사람이 가능성을 지니고 있다. 단, '대기만성'이라 하더라도 노력을 하지 않는다면 미완성의 대기(大器)로 끝나게 될 것이다.

도(道)가 일(一)을 낳다

도(道)가 **일**(一)을 **낳고, 일**(一)은 **이**(二)를 **낳는다**(**제**42**장**).

도 생 일 일 생 이
道生一 一生二.

노자는 무(無)야말로 우주의 근원이며 천지(天地)보다 앞서서 이미 존재했던 절대적인 본체(本體)이다, 그러기에 그것이 또 모든 유(有)의 활동적 근원이라고 생각했다. 그러면 우주의 근원이 어째서 무라는 것을 증명할 수가 있는가?

우리는 우선 모든 만물의 최초의 것을 우선 생각해 보는 것이 좋겠다. 우리는 지극히 상식적으로 생각하여, 만물의 시초에는 그 만물을 낳은 것(어버이 등)을 생각하게 마련이다. 인간이라면 부모, 혹은 남녀(男女)를 생각한다. 그 사이에서 아이가 태어난다. 그 다음에는 손자가 태어나고 증손자가 태어나므로 계속해서 후손이 이어지게 되는 것이다.

이런 사고방식은 바꾸어 말한다면 인간의 최초는 이(二), 즉 아버지와 어머니로부터 생겨난다는 것이 된다. 이것을 우주만물로 확대해 본다면 역시 최초에는 음(陰)과 양(陽), 둘이 있어서 그것으로부터 만물이 생겨난다. 즉 우주의 최초는 이(二)라고 생각되는 것이다.

둘이란 것을 근원으로 생각하는 것은 우리가 일상생활 속에서 조우(遭遇)하는 사회현상에서도 긍정하기 쉽다. 예를 들면 앞이 있으면 뒤가 있고, 강한 것이 있으면 약한 것이 있으며, 존귀한 것이 있으면 비천한 것이 있는 등 모든 물상(物像)은 두 개씩 상대적으로 되어 있으니 말이다.

둘이서 제삼자를 낳다

이(二)**는 삼**(三)**을 낳고, 삼**(三)**은 만물을 낳는다**(**제**42**장**).

이생삼 삼생만물
二生三 三生萬物.

이(二)는 우주의 본원을 설명하는 데도, 그리고 또 우리가 평소에 조우하는 사회 사상을 설명하는 데도 아주 편리한 것인데 그러나 인간에게는 무슨 까닭인지 최초가 둘이란 점에 대하여 기분상으로 만족하지 못하고 있다. 즉, 인간은 무언가 일(一), 즉 하나의 존재가 있어서 그것이 이(二), 즉 둘을 낳았다고 하지 않으면, 사상적으로 언짢아하는 습성이라고 할까, 성벽을 가지고 있다.

그 일(一)을 혹은 신(神)이라고 해도 좋겠다. 신(神)이 우리의 최초의 남(男)과 여(女), 부(父)와 모(母)를 만들었다고 해석할 때 비로소 긍정할 수 있는 것이다. 유교(儒敎)에서는 그 일(一)을 태극(太極)이라 하고, 이 '태극이 양의(兩儀)를 낳았다'고 한다. '양의'란 음(陰)과 양(陽)이다. 이렇게 해서 음양으로부터 만물이 태어났다는 것이 아주 당연한 일로 받아들여진다.

그런데 이 최초의 일(一), 즉 신(神)이든 태극이든 이런 것을 유(有)라고 할 때 그 다음 문제가 또 생겨난다. 그 유(有)는 도대체 누가 만들었느냐이다. 신이 유(有)라고 하면 그 신을 만든 신은 누구냐란 문제이니 이렇게 되면 그 앞은 반복논리에 빠지고 만다.

이 이론상의 난점(難點)에 대해 가장 교묘한 설명을 한 것이 노자의 '도는 일을 낳고, 일은 이를 낳고 이는 삼을 낳고 삼은 만물을 낳았다'이다. 이 말 속의 일은 신(神)이며 이는 남녀 · 음양이다.

무위(無爲)의 유익(有益)

천하에서 가장 유약한 것이 천하에서 가장 견고한 것을 부리고 있다(제 43장).

천하지지유 치빙천하지지견
天下之至柔 馳騁天下之至堅.

유약한 것이라고 하면 제일 먼저 떠오르는 것이 물이다. 이 물에 대해서는 《노자》의 여러 곳에서 언급하고 있다.

물은 첫째로 부드럽기 그지없다. 모가 난 그릇에 담으면 그대로 모가 난 상태에 따라 담겨져 있고, 둥근 모양의 그릇에 담으면 그 그릇 모양대로 둥글게 담겨져 있는 것이 물이다. 즉 쓸데없는 고집을 부리지 않고 그대로 순응하는 것이 물이다.

흐르는 물은 구부러진 곳에 이르면 구부러져 흐르고, 누구나 싫어하는 아래쪽으로 아무 불평없이 흘러간다. 이처럼 온유한 것이 또한 물이다.

이처럼 유약한 것이 물이건만 한번 화가 나면 바윗덩어리도 뚫고, 아름드리 나무도 쓰러뜨리며 닥치는 대로 휩쓸어 버리고 만다. 이른바 홍수(洪水)란 것으로 우리는 해마다 장마철이면 이런 상황을 지켜보아왔다.

어디 그뿐인가, 그토록 유약한 물이지만 천하의 아무리 무거운 물건도 지배하는 것이다. 쇠붙이처럼 딱딱한 것도 물속에 넣어두면 녹이 슬고 말며, 군함처럼 크고 무거운 것도 물은 거뜬히 띄울 수 있는 힘을 가지고 있다. 물은 또 액체 상태로 있다가 기온이 높아지면 수증기로 기체화되고 기온이 낮아지면 얼음으로 고체화된다. 어디서 와서 어디로 가는지조차 모르는 물이건만 생명의 근원이 되기도 하니 물이야말로 '부활(復活)'을 생각하게 하기도 한다.

지위(地位)와 재산에 집착 마라

심히 아끼면 반드시 크게 손상을 받게 되고, 많이 지니고 있으면 반드시 크게 잃게 된다(제44장).

심애필대비 다장필후망
甚愛必大費, 多藏必厚亡.

노자는 '지위(地位)와 생명 중 어느 쪽이 중요한가? 생명과 재산 중 어느 쪽이 중요한가?'라고 물은 연후에 이 말을 하고 있다.

'지위에 너무 집착하다 보면 반드시 생명이 단축되고 재산을 지나치게 쌓으면 자신도 모르게 그것을 잃게 된다.'

는 것이다. 지위도 향상되고 재산도 늘어난다면 그 이상 좋은 일이 어디 있겠는가? 노자도 이것을 부정하고 있는 것은 아니다. 그러나 그것을 얻기 위하여 자신을 만신창이로 만들지는 말라는 말이다. 지위와 재산이란 것은 본디 인생을 충실케 하기 위해 필요한 것들이다. 그런데 그것들을 얻기 위해 자신의 인생을 쓸모없이 만든다면 그것은 주객이 전도(顚倒)된 것과 무엇이 다르겠는가.

지위와 재산이란 곰곰이 생각해 보면 선물과 같은 것이다. 상대방에서 주면 고맙게 받을 일이지만 주기 싫어하는 것까지 악착스럽게 쫓아다니며 빼앗을 수는 없는 것이다. 이런 사고방식을 가지고 살아간다면, 달인(達人)의 경지에 가깝다고 보아야 할 것이다.

남아 도는 재산은 도리어 고생의 씨앗이 될 수도 있다는 것을 잊어서는 안 되겠다. 따라서 사람이란 일반적인 욕구(欲求)를 초월하여 만족할 줄 알아야 하고 적절한 정도에서 멈출줄 알아야 한다. 이것이 '무위'의 생활철학인 것이다.

극단(極端)은 피하라

만족할 줄 알면 욕을 당하지 아니하고, 멈출 줄 알면 위태롭지 아니하다(제44장).

지족불욕 지지불태
知足不辱, 知止不殆.

마음을 비우면 욕을 당하지 않고, 멈출 줄 알면 위험을 당하지 않는다는 말이다. 욕심을 버리고 분수에 맞게 살라는 권고이다. '지족지계(止足之戒)'라고도 한다.

중국인들은 이러한 생활의 지혜로 무서운 현실 속에서 살아 남을 수 있었던 것이다. 한대(漢代)에 소광(疏廣)이라고 하는 인물이 있었다. 그는 조정의 부름을 받고 태자(太子)의 스승이 되었는데, 태자의 학문이 높아진 것을 알고는 '족한 줄 알면 욕을 당하지 않는다'며 벼슬자리를 사퇴하고 고향으로 돌아갔다.

고향에 돌아온 그는 재산을 아낌없이 털어서 친구들과 인생을 즐겼다. 걱정스러워하던 친구가 자손을 위해 전답(田畓)이라도 좀 사두라고 권하자 소광은,

"자식에게 재산을 남겨주는 것은 게으르게 살라고 가르치는 것과 같네. 현명한데다가 재산이 많으면 그 뜻을 손상케 되고, 어리석은데다가 재산이 많으면 과오를 더 많이 범하는 법……. 그렇지 않아도 부유하게 사는 자는 남의 원망을 사기 쉽거늘……."

이라며 재산을 남겨 주지 않았다고 한다. 이러한 그의 생활태도를 세상 사람들은 '지족지계(止足之戒)를 행하여 욕태(辱殆)를 면했다'고 평한다. 이런 사람이야말로 달인(達人)이 아니겠는가.

명예와 생명은 어느 쪽이 소중한가?

명예와 생명은 어느 쪽이 더 사랑스러운가(제44장).

명 여 신 숙 친
名與身孰親.

노자는 이어서 다음과 같이 설명하고 있다.

"생명과 재산은 어느 쪽이 더 사랑스러운가? 얻는 것과 잃는 것은 어느 쪽이 더 괴로운가?"

인생에 있어 결코 나쁜 것이 아니건만 자칫 잘못 생각한다든가 잘못 쓰면 나쁜 쪽으로 기울어 버리는 것이 있다. 그것에 대하여 노자는 인간의 명예심, 이욕심(利欲心), 권세욕(權勢欲) 등 세 가지를 들고 있다. 이름이 나기를 원하는 것, 이익을 구하는 것, 혹은 지위나 권세를 원하는 것 등은 정직하게 말해서 원래부터 나쁜 것은 아니다. 그러나 그 방법이 잘못되었다든가 정도가 지나치면 마침내는 도(道)를 잃고 몸을 망치고 생명까지도 잃는 경우가 있다.

세상 사람들은 총욕(寵辱)에 의해 마음이 흔들리게 마련인데 그것을 지나치게 중시(重視)하는 것은 곧 대아(大我)를 망각하는 것인즉 도(道)에 어긋나는 것이다. 명예와 생명 중 어느 것이 중요하냐 하면 두말할 것도 없이 생명이 중요하다. 또 재물과 생명 중 어느 것이 중요하냐 하면 역시 정답은 생명이다.

이런 점을 생각하지 않고 살아간다면 그 인생 자체가 잘못이다. 그러나 세상 사람들은 그런 우(愚)를 많이 범하고 있는 것 또한 사실이다. '천하를 얻고도 네 목숨을 잃는다면 무슨 유익이 있으리요'라는 성구(聖句)를 생각하게 하는 대목이다.

말을 잘하는 사람이란?

극도로 교묘한 것은 졸렬한 것처럼 보이고, 극도로 말 잘하는 것은 말을 더듬는 것처럼 보인다(제45장).

대교약졸 대변약눌
大巧若拙, 大辯若訥.

누가 보아도 자연 그대로처럼 보이는 모습, 언뜻 보기에는 평범하고 치졸(稚拙)한 것처럼 보이는 것이야말로 기교의 극치이다. 이와 마찬가지로 눌변(訥辯)이야말로 참된 웅변(雄辯)이라고 볼 수 있다. 서투른 능변보다도 오히려 눌변이 설득면(說得面)에서는 훨씬 효과가 있기 때문이다. 왜 그런 것일까? 그것에는 세 가지의 이유를 들 수가 있다.

첫째, 일방적으로 몰아붙여 가지고는 상대방의 반응을 캐치할 수가 없다. 상대방의 기분을 무시하고 이쪽 이야기만 늘어놓는다면 상대방에서 받아들일 리 만무하다. 그렇게 되면 공들인 능변도 효과가 없을 것은 너무나 당연한 일이다.

둘째, 재잘거리며 잔소리만 늘어놓는다면 아무래도 경박한 인간이라는 인상을 주게 된다. 경박한 인간이 하는 말 따위를 믿을 사람은 없을 것이다.

셋째, 능변인 경우, 자칫하다가 앞뒤가 모순되는 말을 한다든가, 이치에 맞지 않는 말을 하기 쉽다. 한번 뱉은 말은 다시 고칠 수도 없을 것이고…….

노자는 '천하의 어떤 것도 무언(無言)의 가르침, 무위(無爲)의 이익에는 따를 수 없다'고도 말했다. 과묵하다고 하는 정도가 그저 무난하다고 보아야 할 것 같다.

‘청정(淸靜)’은 유력한 정치수단이다

맑고 고요한 몸가짐으로 천하를 바르게 다스려야 한다(제45장).

청 정 위 천 하 정
淸靜爲天下正.

‘청정’이란 ‘무위자연(無爲自然)’과 거의 같은 의미로서 노자의 정치철학(政治哲學)을 극명(克明)하게 대변해 주는 말이다. 알기 쉽게 풀이한다면, 첫째, 위에서 내리는 지시라든가 명령은 가급적 적게 하고, 둘째, 적극적으로 정책을 전개하지 않고, 민간(民間)의 활력에 떠맡기는, 그런 정치체재를 가리키는 것이다.

노자에 의하면 이런 정치체재를 갖추는 것이 바람직할 뿐 아니라 또 잘 되어갈 것이라고 했다. 위의 말을 직역하면 ‘청정에 철두철미하면 천하의 규범이 될 수 있다’란 뜻이 되리라.

옛날 유방(劉邦)의 공신(功臣)에 조삼(曹參)이란 사람이 있었다. 한(漢)나라가 천하통일을 한 다음, 조삼은 제(齊)나라 재상에 임명되었는데 정치에는 수완이 없었다. 어떤 정치를 해야 좋을지 생각하던 끝에 노장의 정치철학에 통달한 사람이 있다는 이야기를 들었다. 조삼은 곧 그 사람을 초청하여 가르침을 청했던바,

“치도(治道)는 청정을 귀히 여기는 것이오니 백성 스스로가 정하도록 내버려두십시오.”

라며 정치의 비결을 가르쳐 주었다. 조삼이 그의 가르침을 따라 정치를 한 결과 제나라는 잘 다스려졌고, 그는 후세에까지 명재상으로 이름을 떨치게 되었다. 물론 ‘청정’이 어느 시대에나 통한다고는 볼 수 없다. 그러나 유력한 정치수단의 하나임에는 틀림없다.

족(足)한 줄 모르면 화(禍)를 당한다

화(禍)는 만족할 줄 모르는 것보다 더 큰 것이 없고, 허물은 물건을 획득하려는 것보다 더 큰 것이 없다(제46장).

화막대어부지족 구막대어욕득
禍莫大於不知足, 咎莫大於欲得.

앞에서도 말한 것처럼 노자가 말하는 처세철학(處世哲學)의 요체(要諦)는 '지족(知足)', 즉 만족할 줄 아는 것이다. 그런데 노자는 거기에서 일보 전진하여,

"이 세상에서 최대의 재액(災厄)이라고 할 수 있는 것은 족할 줄을 모르는 데서 기인(起因)하며, 최대의 죄악은 이익을 무조건 추구하는 마음에서 기인한다."

고 말하고 있다. 인간인 이상 그 누구라도 욕심은 있게 마련이다. 무욕(無欲)한 사람이라 하더라도 그 무욕에는 한도가 있는 것인지 모를 일이다. 그러나 욕심이 생긴다고 해서 그 욕심대로 행동하다가는 어떻게 될 것인가? 언제 어디서 그 욕심 때문에 멸망의 구렁텅이로 빠져들는지 알 수가 없다. 노자는 바로 그 점을 경계한 것이다.

노자뿐이 아니다. 이것은 중국인들의 일반적인 인식이라고 해도 좋다. 예를 들면 《채근담(菜根譚)》에도 이런 말이 있다.

'사업이든 공명(功名)이든 오로지 추구(追求)만 하고 멈출 줄 모르면 어떻게 되는가? 안에서는 발목이 잡히고 밖에서는 밀어제쳐져 결국은 실패를 면할 수가 없게 된다.'

욕심대로 행동하는 것은 대개 일이 잘 풀려 나갈 때이다. 그럴 때일수록 더욱 신중하게 경계하고 대응하는 것이 바람직하다는 말이다.

도(道)만 제대로 파악하고 있으면……

성인(聖人)은 아무 데도 가지 않건만 알 수 있게 되고, 보지 않고서도 올바로 식별하게 되며, 작위(作爲)를 하지 않으면서도 일을 성취하게 되는 것이다(제47장).

성인불행이지 불견이명 불위이성
聖人不行而知, 不見而名, 不爲而成.

도(道)를 터득한 성인(聖人)이면, 밖에 나가지 아니하고도 사물을 이해하고, 눈으로 보지 않고도 사물을 식별하며, 작위로 농간을 부리지 않고도 성과를 올릴 수 있다고 말했다. 왜냐하면 앞에서도 말한 것처럼 '도'는 만물의 근원이며 만물을 지배하고 있는 근본원리이다. 그것만 제대로 파악하고 있으면 사물의 움직임을 찰지(察知)하는 것은 조금도 어렵지 않다. 노자는 또 이런 말도 하고 있다.

"밖에 나가지 않더라도 천하의 동정을 알 수가 있고, 창문을 열지 않더라도 천체(天體)의 이법(理法)을 알 수가 있다. 멀리 나가면 나갈수록 지식은 점점 산만해질 뿐이다."

뛰어다니면서 정보(情報)를 수집하면 수집할수록 점점 혼미해지는 것은 왜일까? 그것은 근본을 파악하고 있지 못하기 때문이다. 성인은 그 근본을 분명히 파악하고 있다는 것이다.

우리 주변에도 성인의 경지에까지는 미치지 못했지만 웬만큼은 정확한 판단을 내리는 인물이 있다. 그들의 경우 경험의 축적에 의해 일종의 후각(嗅覺) 같은 것이 발달해 있는 것이 아닐까.

그 위에 '무위'하면서도 모든 만물을 생성케 하고 변화케 하는 '도'까지 파악할 수 있다면 완벽에 가까우리라.

지식을 줄이는 데 힘쓰라

학문을 닦으면 날로 지식이 늘어나지만 도(道)를 닦는 일을 하면 날로 지식이 줄어든다. 지식이 줄고 또 줄어서 무위(無爲)의 경지에 이르게 되는데, 그 경지에 달하면 되지 않는 일이 없다(제48장).

위학일성 위도일손 손지우손 이지어무위 무위이무불위
爲學日盛, 爲道日損. 損之又損, 以至於無爲, 無爲而無不爲.

우리는 지식을 늘리고 싶어하고 재산을 늘리고 싶어하는 등, 늘 늘리는 일에만 급급하다. 노자는 이 같은 일이 헛됨을 지적하여 그 반대로 하라고 말한다.

'학문을 닦는 자는 날마다 지식을 늘려 가지만 '도'를 닦는 자는 날마다 지식을 줄여 나간다. 줄이고 또 줄이면 나중에는 무위의 경지에 도달하게 된다. 거기까지 도달하면 어떤 일이든 아니 되는 것이 없다.'

노자뿐만 아니다. 《채근담(菜根譚)》에도 약간 현실적이기는 하지만 줄여 나가는 것의 효용을 설파하고 있다.

'인생에 있어서는 무엇이든지 줄여 나가는 것을 생각하면 그만큼 속세(俗世)에서 벗어 날 수가 있다. 예컨대 교제(交際)를 줄이면 분쟁을 면할 수가 있다. 말수를 줄이면 비난받는 일이 적어진다. 분별을 줄이면 마음의 피로가 가벼워진다. 지혜를 줄이면 본성(本性)을 유지할 수가 있다. 줄이는 일을 생각하지 않고 늘리기만 생각하는 사람은 자기 인생을 얽매 놓는 사람인 것이다.'

지식은 물론 지각조차 없이 무위하여야만 온 세상을 올바로 다스릴 수 있게 된다는 것이다. 줄이기에 성공한 사람이야말로 인생의 달인(達人)이라고 할 수 있지 않을까.

'무심(無心)'으로 돌아가라

성인(聖人)은 일정한 마음을 갖지 아니하고, 백성들의 마음을 자기 마음으로 삼는다(제49장).

성 인 무 상 심　이 백 성 심 위 심
聖人無常心, 以百姓心爲心.

'도(道)'를 터득한 성인(聖人)이란 언제나 무심(無心)이며, 백성들의 마음을 그대로 자기 마음으로 삼는다고 하였다.

노자는 이렇게 말한 다음, 다시 다음과 같이 덧붙이고 있다.

"선(善)이건 불선(不善)이건 간에 선(善)으로 받아들인다. 그러므로 언제나 선(善)을 체현(體現)하고 있다. 신(信)이건 불신(不信)이건 간에 신(信)으로 받아들인다. 그러므로 언제나 신(信)을 체현하고 있다."

노자가 여기에서 말하는 선(善)은 맹자(孟子)의 성선(性善)의 선과는 성격이 다르다. 맹자는 선악(善惡)을 기준으로 한 '선'이지만, 노자의 '선'은 상대적인 악이 존재하지 않는, 절대적인 '선'인 것이다.

위대한 기회주의자처럼 보일지 모르지만 참 주체성(主體性)이란 이런 것인지도 모른다. 바다의 푸르름, 하늘의 푸르름에도 물들지 않는 것이라고나 할까. 거기까지는 용이하게 이르지 못한다 하더라도 '무심(無心)'에는 나름대로의 효용이 있다. 마음속 가득 잡념이 쌓이게 되면 아무래도 판단력이 흐려지고 유연한 대응(對應)을 할 수 없어진다. 외부의 정세는 항상 변한다. 그 변화에 대응하기 위해서는 가급적 잡념을 없애고 마음에 빈 공간을 만들어 놓지 않으면 안 된다. 물론 정보의 수집은 필요하다. 그러나 정보에 휘말려서는 안 된다. 결단을 성공시키기 위해서는 '무심'으로 돌아가느냐 못 돌아가느냐가 큰 포인트가 된다.

자연에서 태어나고 자연으로 돌아간다

나오는 것이 삶이고 들어가는 것이 죽음이다(제50장).

출생 입사
出生 入死.

도(道)를 하나의 생명이라고 하면, 그것이 생명의 현상계로 나오는 경우 그것이 바로 생(生)이요, 본체계(本體界)로 들어가면 그것이 바로 죽음이다. 다시 말해서 생(生)과 사(死)는 생명류(生命流)의 기류(氣流)와 복류(伏流)인 것이다.

사는 것도 생명을 이어가는 것이고 죽는 것도 생명을 이어가는 것이다. 비유하건대 새가 알을 낳는 것도 생명을 유지하기 위함이요, 알이 부화되어 새가 되는 것도 생명을 지속해 나가기 위함이다. 알만 보면 그 알이 부화된 다음에는 껍질만 남았다가 없어지는 것 같지만 그 알의 생명은 새에게로 옮겨가는 것이다. 또 알을 낳고 죽은 새는 아주 죽어 없어진 것 같지만 그 새의 생명은 알에게로 옮겨가는 것이다.

이렇게 해서 생명은 영원히 지속되어진다. 사람이 죽고 사는 것도 이와 마찬가지 현상이다. 생과 사를 초월하여 생명의 관점(觀點)에서 본다면 사는 것이 곧 죽는 것이요, 죽는 것이 곧 사는 것이다. 노자는 이렇게 이어나간다.

"죽음을 자연으로 받아들이며, 오히려 오래 사는 사람이 열 명 중 서너 명, 삶에 너무 애착을 가짐으로써 도리어 빨리 죽는 사람이 열 명 중 서너 명, 삶에 애착도 없고 생사를 초월할 줄도 몰라 초목처럼 태어나 사지(死地)로 가는 사람이 열 명 중 서너 명쯤 된다."

어느 쪽을 택하느냐는 각자의 선택에 있다.

노자의 양생법(養生法)

삶을 잘 유지해 나가는 사람은 육지(陸地)를 여행해도 외뿔소나 호랑이를 만나지 아니하고 군대에 들어가도 무기의 피해를 입지 아니한다(제50장).

선 섭 생 자 육 행 불 우 시 호 입 군 불 피 갑 병
善攝生者 陸行不遇兕虎 入軍不被甲兵.

노자는 표제어 다음에 이런 말을 덧붙이고 있다.

"외뿔소도 그 뿔로 들이받을 여지가 없고 호랑이도 그 발톱으로 할퀼 여지가 없으며, 무기도 그 날을 들이밀 여지가 없게 되기 때문이다. 그것은 왜일까? 그에게는 사지(死地)가 없기 때문이다."

앞 절(節)에서도 언급한바 있거니와 도(道)를 하나의 생명이라고 할 때, 생명이 현상계로 나오면 그것이 바로 생(生)이요, 본체계(本體界)로 돌아가면 그것이 곧 사(死)이다. 다시 말하자면 생(生)과 사(死)는 생명류(生命流)의 기류(起流)와 복류(伏流)와 같다. 생도 생명을 이어가는 것이요 사 역시 삶을 이어가는 것이다.

노자의 양생법은 이런 면에서 보통사람의 양생법과 다르다. 노자의 양생이란 개념은 단순히 육체를 양성하는 것뿐만이 아니라 처세상의 보신술(保身術)도 이 양생이란 말 속에 포함시키고 있는 것이다.

노자가 '삶을 잘 유지해 나가는 사람은……'이라며 어떤 해(害)도 받지 않는다고 언명한 표제어의 설명이 곧 육체를 양생하는 것뿐만이 아니라, 인생 전체를 통한 보신의 도(道)를 가리키고 있음을 극명하게 시사하고 있다.

다시 말해서 보통 의미의 건강을 유지하는 것 외에 인생의 모든 집착에서 벗어나 유유히 처세하는 양생법을 가리키고 있는 것이다.

도둑의 정치

큰 도(道)는 심히 평탄하건만 백성들은 좁은 길 가기를 좋아한다(제53장).

대 도 심 이 이 민 호 경
大道甚夷 而民好徑.

노자는 이 표제어 앞에서 다음과 같은 말을 하고 있다.

"나로 하여금 정치적 지식을 가지게 하여 큰 도(道)에 따라 정치를 하도록 하면 다른 것은 거리낌 없지만 오직 어떻게 하면 허영에 들뜬 백성들을 사도(邪道)에 들어가지 않도록 할까 하는 것만이 걱정이다."

그리고 다음과 같은 말로 이 장(章)을 끝맺고 있다.

"나라의 관청은 매우 깨끗하고 화려한데 농촌에는 논밭이 황무지로 바뀌어 있고 백성들의 곳간은 텅 비어 있다. 관리들은 비단옷을 입고 허리에는 날카로운 칼을 차고 다니며 실컷 먹고 마시는가 하면 집에서는 귀중한 재물을 소비하고도 남아돌아간다. 이런 정치를 하는 사람을 일컬어 힘 안들이고 먹는 도적이라고 한다. 도(道)에 어긋나는 짓이 아닌가!"

인간의 권세욕이 나쁜 것이라고 노자는 말하지 않는다. 다만 그것을 잘못 구한다든가 얻은 권세를 잘못 쓸 때 폐해는 본인에게 돌아올 것은 물론이고 그 사람이 살고 있는 사회와 국가에도 부정적인 영향을 끼치게 된다고 했다.

따라서 명예욕이든 이재욕(利財欲)이든 권세욕이든 자신의 능력을 살피어 억제하는 것이 최상이라고 가르치고 있는 것이 《노자》이다.

도(道)는 사물의 기초

제대로 세운 것은 빠지지 아니하고 제대로 안은 것은 벗겨지지 아니한다(제54장).

선 건 자 불 발　선 포 자 불 탈
善建者不拔 善抱者不脫.

표제어에 이어 노자는 이렇게 부연설명하고 있다.

"이처럼 잘 지키고 놓아주지 않는 사람은 자손이 그치지 않아서 제사가 끊어지지 않는다. 도덕으로 자신을 닦아 나가고 그 덕으로 가정을 다스린다면 그 덕이 남음이 있고, 그 덕으로 마을을 다스린다면 그 덕이 장구하고 그 덕으로 나라를 다스린다면 그 덕이 풍부하고, 그 덕으로 천하를 다스린다면 그 덕이 널리 보편화될 것이다."

기초가 중요함을 일깨워주는 말이다. 한 개인이건, 가정이건, 마을이건, 국가건, 천하건 간에 그 기초가 튼튼하면 안태(安泰)해지는 법인데 그것은 도(道)를 깨닫고 도를 지키며 덕스러움을 기초로 삼아야 한다는 것이다.

유교(儒敎)에서 말하는 '수신제가 치국평천하(修身齊家 治國平天下)'와 맥을 같이하는 내용인데 요는 수신을 하되 도와 덕(德)을 기초로 삼고 철저하게 수신을 하여야 한다는 것이다.

사상누각(砂上樓閣)이 되지 않기 위해서는 기초가 든든해야 하거니와, 그렇지 못한 사람이 다스리는 가정과 기업, 사회와 국가는 그 결과가 뻔한 노릇이다. 노자가 말하는 도는 우주만물의 창조자이자 주관자이자 운행의 원리를 말함이다.

갓난아기처럼 살아가라(1)

덕(德)을 두터이 지니고 있는 사람은 갓난아기에 비유할 수 있다(제55장).

함덕지후 비어적자
含德之厚, 比於赤子.

노자는 '도(道)'와 일체(一體)가 된 이상(理想)의 경지를 자주 갓 난아기에 비유하고 있다. 이 말도 그 중 한 가지로서 '깊은 덕을 비장한 인물은 갓난아기와 같다'고 한 것이다.

'왜냐하면'이라고 전제를 하고 나서 노자는 다음과 같이 말하고 있다.

"갓난아기는 독충(毒虫)에 물리지 아니하고 맹금(猛禽)이나 맹수(猛獸)에게 습격당하는 예도 없다. 뼈는 말랑말랑하고 몸은 부드럽지만 주먹은 꽉 쥐고 있으며 남녀간의 교제도 모르는데 성기(性器)는 힘있게 발기(勃起)되어 있다. 정기(精氣)가 충만해 있다는 증거이다. 하루 종일 울더라도 목이 쉬지 않는 것은 조화가 잡혀 있다는 증거이다. 조화가 잡혀 있다는 것은 '도'와 합치되어 있다는 증거이고……."

노자의 이러한 주장을 몇 가지로 요약해 보면 다음과 같이 말할 수 있다.

1. 무심(無心)이다.
2. 유연하다.
3. 활력이 있다.
4. 조화를 이루고 있다.
5. 말을 하지 않는다.

이런 점을 종합해서 갓난아기의 모습과 행동이야말로 이상(理想)에 가깝다고 보았던 것이다.

갓난아기처럼 살아가라(2)

독충에 물리지 아니하고 맹수(猛獸)라든가 맹금(猛禽)에게 습격당하는 예도 없다(제55장).

독 충 불 석 맹 수 불 거 확 조 불 박
毒蟲不螫 猛獸不據 攫鳥不搏.

갓난아기는 표제어와 같은 자연적(自然的) 위해(危害)를 당하지 않는다는 것이다. 사나운 짐승, 즉 맹수의 대표적인 동물은 예로부터 호랑이였다. 우리나라에서는 이 호랑이는 아기를 해치지 않는다는 전설이 전해온다.

맹수인 이 호랑이가 사람에게 덤벼드는 것은 상대방이 해코지하려는 것을 느꼈을 경우, 혹은 상대방이 호랑이를 무서워하는 동작을 보였을 경우에 한한다는 것이다. 그런데 갓난아기는 호랑이를 해코지하겠다는 생각은 추호도 하지 않을 것이며, 그렇다고 해서 호랑이가 나타난 경우 특별히 무서워하지도 않는다. 호랑이가 나타나더라도 그 수염을 붙잡고 놀 정도의 여유를 가지고 있는 것이 아기들이다. 따라서 그런 아기들에게는 호랑이도 덤벼들지를 않는다는 것이다.

이처럼 아기들은 모든 것에 대하여 두려워하지도 않으려니와 또 해코지하려 하지도 않는다. 그런 까닭에 표제어처럼 독충이나 맹수·맹금 따위의 습격을 당하지 않는다는 것인데 바로 이런 점이 덕(德)있는 사람의 모습과 비슷하다고 노자는 말하고 있다

또 노자는 '갓난아기는 뼈가 말랑말랑하지만 주먹은 단단히 쥐고 있다'고 했는데 그것은 덕있는 사람은 자신의 도념(道念)을 굳게 지킨다는 비유의 말이다.

깊이 아는 사람은 말이 없다

정말로 아는 사람은 말을 하지 않는다. 말하는 사람은 알지 못하는 사람이다(제56장).

지자불언 언자부지
知者不言, 言者不知.

"'도(道)'를 터득하고 있는 사람은 지식을 함부로 드러내지 않는다. 잘난 체하며 나불거리는 사람은 '도'를 터득했다고 볼 수 없다."
라고 한 것인데, 이것이 반드시 '도'에 국한되는 이야기는 아닐 것이다.

무엇이든 그 한 가지에 정통하고 있는 사람은 일반적으로 과묵(寡默)하다. 함부로 수다를 떨지 않는다는 말이다. 아리송하게 아는 사람이야말로 그저 금방 듣고 본 것을 재잘거릴 수 있게 되어 득의만면해지는 법이다. '구이지학(口耳之學)'이란 말이 있다. 귀로 들은 것을 곧바로 입에 담는 천박한 지식과 학문을 가리키는 말이다. 실로 자계(自戒)하지 않는 한 이렇게 되고 마는 법이다.

매스컴에 자주 등장하는, 내로라하는 평론가 중에도 이런 분들이 더러 있는 것 같다.

노자는 말한다 — '도'를 터득한 사람일수록 '지자불언(知者不言)'이라고. 그리고 이렇게 덧붙이고 있다.

"이렇게 살아가는 인물에 대해서는, 친하게 지내야 할지, 소원하게 지내야 할지, 이익을 주어야 좋을지, 손해를 주어야 좋을지, 존경해야 좋을는지, 경멸해야 좋을는지, 전혀 짐작조차 할 수가 없다. 이런 인물이야말로 가장 이상적이다."

가능하다면 우리도 그런 수준을 목표로 삼아야 할 것이다.

문명이 가져다 주는 병폐

천하에 꺼리어 금하는 게 많으면 백성들은 더욱 가난해진다. 백성들에게 편리한 기구가 많아지면 국가는 더욱 혼란해진다. 사람들에게 기교(技巧)가 많아지면 기이한 물건이 생겨난다. 법령(法令)이 많아질수록 도둑이 많아진다(제57장).

천하다기휘 이민미빈 민다이기 국가자혼 인다기교 기물자기
天下多忌諱, 而民彌貧. 民多利器, 國家滋昏. 人多伎巧, 奇物滋起.

법령자창 도적다유
法令滋彰, 盜賊多有.

자연의 소박함이 최상이라고 말한 노자는 문명이 가져다 주는 병폐를 예리하게 파헤치고 있다. 이 말은 그 가운데 대표적인 것이라고 할 수 있다. '금령(禁令)이 늘어날수록 백성들은 빈곤해지며 기술이 진보할수록 사회는 혼란해진다. 인간의 지혜가 더해 가면 더해 갈수록 불행한 사건이 끊이지 않고, 법령이 생겨나면 생겨날수록 범죄자는 늘어만 간다'고 말한 것이다.

문명의 진보는 인류에게 많은 이득과 편리를 가져다 주었다. 이 사실은 솔직하게 시인하지 않을 수 없다. 그러나 그것에 따라 마음의 평안함이라든가 마음의 여유 등, 인간에게 있어 꼭 필요한 것을 잃게 된 것도 사실이다. 이것은 근래 우리의 경제가 성장됨에 따라 뼈저리게 느끼는 일이기도 하다.

노자는 자연으로 돌아가라, 무욕(無欲)으로 돌아가라고 말한다. 이 주장이 오늘날 어느 정도의 실효성을 갖고 있는지는 알 수 없다. 그러나 문제의 핵심을 찌르고 있음은 인정해야 한다.

적당히 빈틈을 보여라

그 나라의 정치가 어수룩하면 그 백성은 순박해진다. 그 나라의 정치가 빈틈이 없으면 그 백성들은 불안해한다(제58장).

기정민민 기민순순 기정찰찰 기민결결
其政悶悶, 其民淳淳. 其政察察, 其民缺缺.

'민민(悶悶)'이란 어수룩한 것, '순순(淳淳)'이란 순박하다는 뜻도 있고 만족한다는 뜻도 있다. 또 '찰찰(察察)'이란 빈틈없이 살피는 것, '결결(缺缺)'이란 욕구불만(欲求不滿) 상태를 가리키고 있다. 그러므로 이 말을 의역한다면 다음과 같은 뜻이 될 것이다.

'무위(無爲)의 정치를 행하면 백성들은 별로 신경을 쓰지 않고 유유히 살아갈 수가 있다. 가혹한 정치를 하면 백성들은 외면하고 교활하게 행동할 것이다.'

노자가 이상(理想)으로 삼았던 것은 물론 전자(前者)의 정치인데, 현실의 정치는 후자(後者)에 가깝다고 볼 수 있다.

그 어느 나라든 현대의 정치에는 적어도 그런 일면이 있음을 부정할 수가 없다. 그것이 정치라고 말한다면 할 말이 없겠지만, 그런 경향이 강해지는 것은 다스리는 쪽이나 다스림을 받는 쪽이나 불행해진다는 것을 알아야 한다.

이것은 정치뿐만이 아니라 기업과 같은 조직의 관리술(管理術)에도 해당되는 부분이 많다. 너무나 지나치게 빈틈없이 살피면 한때는 활력 같은 것이 생겨날는지 모르겠으나 무리를 하면 어디서든지 좋지 못한 현상이 나타나게 마련이다.

'찰찰'에 '민민'을 배합하면 균형이 잡힐지도 모르겠다.

화(禍)와 복(福)은 돌고 돈다

화(禍) 속에 복(福)이 깃들어 있고, 복 속에 화가 숨겨져 있는 것이다(제58장).

화혜 복지소의 복혜 화지소복
禍兮, 福之所倚. 福兮, 禍之所伏.

인생에는 분명 복(福)도 찾아오지만 화(禍)도 찾아온다. 그것을 도표(圖表)로 그릴 경우 기복(起伏)의 차이는 있을지라도 평탄하게 인생을 마치는 사람은 드물다. 화(禍) 속에 복(福)이 깃들어 있고 복 속에 화의 싹이 잠재해 있으므로 앞일이 어떻게 전개될지는 아무도 모른다는 말이다.

과연 '인간만사 새옹지마(人間萬事 塞翁之馬)'의 사상이다.

인간이란 원래 그런 것이 아니던가. 그렇다면 당연한 말이겠지만 다음과 같은 생활태도를 취하는 것이 현명할 것 같다.

먼저 무슨 일엔가 실패하여 밑바닥에까지 떨어진 인생, 그런 경우가 우리에게는 반드시라고 해도 좋을 만큼 일생에 한 번은 찾아오게 마련이다. 그러나 화에는 복이 깃들여 있다고 생각하면 쉽게 낙담하거나 포기하지 않는다.

반대로 지금은 무슨 일이든 호조(好調)를 띠는, 그래서 세상 모든 것이 장밋빛으로 보이는 때도 한두 번은 찾아오게 마련이다. 그러나 복 속에 화가 깃들어 있다고 생각하면 잠시도 마음을 놓을 수가 없다. 그런 때일수록 더욱 신경을 곤두세우고 복을 지속시켜 나가는 것이 바람직하지 않겠는가. 그런 생활태도를 마음 속에 간직하면 인생의 경주에서 성공리에 완주(完走)할 수 있을 것임에 틀림없다.

너무 달지도 짜지도 않게……

성인(聖人)은 사물에 대하여 대범함으로써 구별을 하지 않는다. 청렴하면서도 남을 해치지는 않는다. 곧기는 하면서도 뻗지는 않는다. 빛은 있으면서도 반짝이지는 않는다(제58장).

성인 방이불할 염이불귀 직이불사 광이불요
聖人, 方而不割, 廉而不劌, 直而不肆, 光而不燿.

이 또한 '도(道)'를 터득한 성인(聖人)에 대해서 한 말이다. 알기 쉽게 의역하면 다음과 같다.

'성인은 방정(方正)하면서도 남을 판단하지 않는다. 또 청렴결백하면서도 남을 비판하지 않는다. 곧기는 하지만 남에게는 그 곧음을 고집하지 않고 구부리며 따른다. 명지(明知)하면서도 남에게 자랑하지 않는다.'

우리들의 경우는 아무리 애써도 이렇게 되지가 않는다. 예컨대 굽신거리는 것을 싫어하는 성격이라고 하자. 이것은 분명 미덕(美德)이지만 그것을 내세워 남을 비웃기 쉽고 남을 밀어제치기 쉬운데 그렇게 되면 그 미덕은 미덕이 아니다. 성인은 이처럼 치우치는 예가 없다는 말이다.

이것을 조금 쉬운 말로 표현한 것이 《채근담(菜根譚)》에 나오는 다음 말이다.

"청렴하면서도 포용력이 있다. 동정심이 있으면서도 결단력이 뛰어나다. 통찰력이 있으면서도 남의 흠을 들추어 내지 않는다. 순수하면서도 과격하게 행동하지 않는다. 이런 사람이야말로 '꿀을 써도 지나치게 달지 않으며 소금을 쓰더라도 지나치게 짜지 않다'고 말하며 이상(理想)에 가까운 사람이라고 한다."

우리도 이런 수준에 오르도록 노력해야 할 것이다.

이상적인 정치에는 두드러짐이 없다

사람을 다스리고 하늘을 섬기는 일은 농사를 짓듯이(남의 눈에 띄지 않게) 하는 것이 좋다(제59장).

치 인 사 천　막 약 색
治人事天, 莫若嗇.

'색(嗇)'이란 글자는 원래 농작물(農作物)을 수확한다는 의미이다.

농사를 짓는 일은 사람의 행위 중에서도 가장 자연의 도를 따르는 일이다. 작물은 단숨에 거둬들일 수 없다. 씨를 뿌리고 자라기를 기다리고 열매를 맺어야 수확할 수 있다. 즉 도시 생활의 낭비라든가 사치 등과는 대조적인, 농촌의 질박(質朴)한 생활을 의미하는 말인 듯하다.

그런 데서 낭비를 억제하고, 남의 눈에 띄지 않게 하고, 남에게 피해를 입히지 않는 등의 의미가 파생(派生)된 것 같다. 여기서는 '남의 눈에 띄지 않게'라고 해석하는 것이 제일 적당할는지 모르겠다. 어쨌든 노자에 의하면 그것이 정치하는 자세 가운데 제일 이상적이라고 한다.

예컨대 재상(宰相) 자리에 앉아 있다고 하자. 누구든 자신의 임기(任期) 중에 이 일도 하고 싶고 저 일도 하고 싶은 등 포부가 많을 것이다. 그것은 그런대로 좋지만 함부로 움직이다가는 쓸데없는 마찰과 혼란을 야기시킬 염려가 있다. 그 결과 자신의 지위까지도 잃게 되고, 국민들까지 도탄 속에 빠뜨리고 만다. 노자는 이런 점을 우려했던 것이다.

원(元)나라의 명재상인 야율초재(耶律楚材)가 지켰던 좌우명은, '일리(一利)를 얻은 것은 일해(一害)를 제(除)함만 못하다'였다고 한다. 노자가 말한 이상정치에 가까운 것인지도 모르겠다. '남의 눈에 띄지 않는 정치'에도 매력이 있지 아니한가.

위정자(爲政者)들이 지녀야 할 마음가짐

큰 나라를 다스리는 것은 작은 생선을 굽는 것과 같다(제60장).

치대국 약팽소선
治大國, 若烹小鮮.

이 말도 널리 알려진 말 가운데 하나로서 《노자》에 관심이 있는 사람이라면 이 말을 모르는 사람은 없을 것이다. '소선(小鮮)'이란 작은 물고기로서, 나라를 다스리는 비결을 이 작은 물고기 굽는 일에 비유한 것이다.

작은 생선을 구울 때, 함부로 뒤집거나 옮겨 놓으면 그 모양이 일그러지고 맛도 떨어지고 만다. 손을 너무 대지 말고 서서히 구워 가는 것이 비결이다.

나라를 다스리는 방법도 이와 같다. 지시(指示)라든가 금령(禁令)을 마구 내리고 지나치게 간섭을 하게 되면, 첫째, 불만과 반발을 사게 되어, 잘 될 일도 어그러지고 만다. 둘째, 국민의 자주적인 의욕을 상실케 만들어서 활력이 떨어지게 된다.

이상과 같은 결과를 초래하지 않기 위해서는, 위정자 된 자가 가급적 윗자리에서 간섭을 하지 말고 국민들의 자주성에 맡기어 활력이 샘솟게 하는 것이 좋다는 말이다.

이 또한 노자가 주장한 '무위(無爲)'의 정치를 말한 것이다.

그렇다고 해서 이것은 방임주의(放任主義)를 의미하는 것은 아니다. 여기서 말하는 위정자는 말단까지 신경을 써서 정세를 파악하고 전국(全局)의 움직임을 주시하되 손은 대지 말라는 것이다. 이와 같이 올바른 '도'를 지녀야 한다는 조건이 전제되어 있음을 잊어서는 안 된다.

큰 나라는 강물의 하류(下流)와 같다

광대한 국가는 강물의 하류(下流)이다(제61장).

대 국 자 하 류
大國者下流.

대국은 모든 세류(細流)를 받아들이는 하류(下流)에 있어야 한다는 것이 노자의 말이다. 강대국은 약소국들 위에 군림하는 것이 우리네 상식인데 노자는 결코 그렇지가 않다고 역설하고 있다. 그 이론은 다음과 같다.

하류에 있는 것은 누구나 싫어하는 것이지만 천하의 작은 강물들, 즉 세류(細流)들을 받아들이어 모으기 위해서는 제일 낮은 하류에 있어야 한다는 것이다. 대국으로 군림하려는 나라들에게 일침(一針)을 가하고 있는 이 말에는 가슴에 와닿는 것이 분명 있다.

이것이 노자의 정치사상 중 하나인데 그는 제81장에서 자신이 살고 싶은 이상적 사회를 가리켜 '소국과민(小國寡民)'이라고 했다. 이런 소국과민의 나라에서는 비록 위대한 사람이 있다 하더라도 격별하게 그 위대함을 구사할 수가 없다. 백성들은 모두 자기네가 살고 있는 곳에 만족하고 먼 곳으로 옮겨 가고자 하지 않는다. 또 비록 배라든가 수레가 있다 하더라도 그것을 타려고 하지 않는다. 무기가 있더라도 그것을 사용할 필요가 없다.

노자가 원하는 정치는 약육강식으로 작은 나라를 쳐서 큰 나라로 발전하고 교만한 가운데 군림하는 그런 체제가 아니다. 작은 나라에서 오순도순 평화롭게 살아가는 나라, 그것이 행복이라고 했다.

큰사람은 겸손해야 한다

강대한 자는 모름지기 몸을 낮출 줄 알아야 한다(제61장).

대 자 의 위 하
大者宜爲下.

개인이건 조직이건 국가건 간에 강대해지면 약소한 쪽 위에 군림하고 지배하고자 한다. 그것이 어쩌면 인지상정인지 모르겠다.

그러나 노자에게 물어보면 천만의 말씀이라고 대답한다. 그것은 왜일까? 이 세상에는 영원한 강국도 없고 영원한 강조직이나 강자(强者)도 없는데, 강자가 쇠미(衰微)해질 수밖에 없는 것은 자신의 강대함만 믿고 약자 위에 군림하기 때문이다. 따라서 강자일수록 약자에게 덕을 베풀고 사랑해야 하는데 그렇게 하면 약한 쪽에서는 심복(心服)하게 되므로 강한 쪽은 강대함을 유지해 나갈 수 있다는 것이다.

역사를 살펴보면 강대국들 가운데 거의 모두가 약소국들을 협박하며 종속시켜오다가 끝내는 멸망의 길을 걸었다. 더러는 약소국에 덕을 베푼 일이 없지 않았지만 그것은 명분을 내세운 것일 뿐 내막은 그렇지가 못했다는 것을 우리는 역사를 통해서 알고 있다.

오늘날에도 강대국들은 평화와 화평을 내세우고 있지만 그것이 약소국과 평등한 위치에서 그야말로 국경이 없는 인류사회, 오순도순 살아가는 인류사회를 진정코 만들겠다는 것인지 의심스럽다.

이는 비단 나라와 나라 사이의 문제뿐만이 아니라 개인과 개인 사이에도 마찬가지이다. 요컨대 큰 사람이 진실로 겸손해진다면 진정한 세계평화와 개인간의 화목이 이루어지련만…….

사소한 일도 소홀히 마라

천하의 어려운 일이란 반드시 쉬운 일로부터 생겨나고, 천하의 큰일이란 반드시 조그마한 일로부터 생겨난다(제63장).

천하난사 필작어이 천하대사 필작어세
天下難事 必作於易, 天下大事 必作於細.

'아무리 곤란한 일도 실은 용이한 일로부터 생겨나는 것이고 제아무리 큰 일이라 하더라도 실은 사소한 일로부터 시작된다.'

는 의미의 말이다. 즉, 큰 일을 성취하기 위해서는 사소한 일이라 하여 소홀히 하는 일이 없어야 하며, 사소한 일이 쌓이고 쌓여서 이윽고는 큰 일과 연관된다는 말이다.

뒤집어 말한다면 처음부터 단판 승부로 나온다든가 금시발복(今時發福)을 꿈꾼다면 일이 잘 될 리 만무하다.

언뜻 보기에는 평범한 하루하루의 일을 하나하나 해나가야만, 처음에 가진 큰 포부도 차츰 이루어져 간다는 말이다. 이것은 평범한 진리이다.

우리의 경우는 이런 원리원칙을 자칫 잊어버리기가 쉽다. 눈앞의 일만 오로지 추구하며 일확천금을 꿈꾼다든가, 기초를 잊어버린 채 한 단계 뛰어서 응용문제를 풀려고 한다. 노자는 그런 일을 말렸다. 모두가 무리(無理)라면서…….

매일같이 하는 일이란 대개의 경우 단조롭고 평면적(平面的)이다. 누구든 지루함을 느끼게 될 것이다. 그러나 그런 일을 야무지게 처리하지 못하면 장래의 전망도 열리지 않는 법이다. 노자는 '도를 터득한 성인(聖人)은 처음부터 큰일을 성취하려 들지 않는다. 그러므로 성취할 수 있는 것이다'라고 강조했다.

인간관계(人間關係)를 원활하게 하는 비결

덕(德)으로써 원한에 보답하여야 한다(제63장).

보 원 이 덕
報怨以德.

누구든 한두 번쯤은 주변 사람에게서 억울한 일을 당하고 화가 나서 잔뜩 별렀던 일이 있을 것이다. 그런 경우 여러분은 어떻게 대응(對應)해 나가겠는가? 상처를 입음으로써 생긴 원한을 배가(倍加)시켜 가지고 상대방에게 보복을 가한다. 이런 사람도 없지 않겠는데 이것은 인간학(人間學)상으로 볼 때 너무나 단순하다고 볼 수밖에 없겠다. 대부분의 사람은 아마 화를 내며 한바탕 싸우고 말 것이다. 그런 해결 방법은 그런대로 이해가 간다. 그러나 원망스런 마음은 두고두고 꼬리를 물며 가슴속에 남아있을 것이다.

노자는 그런 경우, 받게 된 원한에 대하여 '덕(德 : 善行)'으로 갚는 것이 가장 이상적이라고 말한다.

예컨대 A라는 사람에게 원한이 있다고 하자. 그런 때 제삼자로부터,

"A씨는 어떤 사람인가요?"

라는 질문을 받게 되는 경우, 자기도 모르는 사이에 상대방의 결점을 들추어 내는 것이 인지상정이다. 그러나 그것은 아직 사람이 안 되었다는 증거이며, 제대로 된 사람이라면 그런 경우에도 원한과는 상관없이,

"A씨요? 아주 좋은 분이죠."

라며 상대방을 칭찬해 준다. 이런 대응 방법이 곧 '덕'인 것이다. 이것은 인간관계를 원활하게 하는 비결인데 노자는 '도'를 터득해야 비로소 그렇게 된다고 했다.

경솔한 승낙은 불신의 근원

일을 쉽게 떠맡게 되면 반드시 어려움을 많이 당하게 되는 법이다(제63장).

경 낙 필 과 신
輕諾必寡信.

'경낙(輕諾)'이란 사정을 깊이 생각해 보지도 않고, 경솔하게 '알았습니다' 또는 '그렇게 하겠습니다'라고 약속하는 것을 의미한다. 즉 경솔한 승낙을 일컬음이다. '신(信)'이란 거짓말을 하지 않는다. 또는 약속한 것은 반드시 지킨다는 말이다. 그러므로 위의 구절을 알기 쉽게 의역한다면,

'경솔히 승낙하는 것은 불신(不信)의 근원이다.'

라는 말이 될 것 같다.

경솔한 승낙은 마이너스가 될 뿐, 단 한 가지도 이로울 것이 없다.

첫째, 자신을 괴롭힌다. 단순한 립 서비스(lip service)라면 이야기는 다르지만, 보통의 경우 승낙한 이상 실현시키고자 노력하는 것이 일반적이다. 그러나 어떤 경우에는 자신의 힘이 미치지 못하는 것까지 약속하는 경우가 있으므로 고생을 하면서도 그 보람이 없는 경우가 있다. 나중에야 '왜 그런 승낙을 했었던고?'라며 후회하게 마련인데 때는 이미 늦는다.

둘째, 승낙한 일을 이행해야지, 그렇지 못할 경우, 주변 사람들로부터 신용을 잃기까지 한다. 이렇게 되면 승낙하지 않으니만 못할 것은 당연한 일이다. 그렇게 되지 않기 위해서는 신중히 발언할 필요가 있다. 승낙을 하든 약속을 하든, 그럴 경우에는 앞뒤 사정과 자신의 역량을 충분히 검토하지 않으면 안 된다.

인위적인 것을 하지 마라

인위적인 것을 하지 말고, 인위적인 일도 하지 말고, 인위적 취미도 가지지 마라(제63장).

위무위 사무사 미무미
爲無爲, 事無事, 味無味.

인위적인 것을 피하고 자연적인 것을 행하라는 노자의 교훈은 《노자》 여러 곳에서 볼 수 있다.

노자는 제25장에서 이 세상에는 네 가지의 위대한 것이 있다고 했다. 그 네 가지는 도(道)와 하늘, 땅, 그리고 왕(王)이라고 했다. 그런데 이 네 가지도 마지막에는 자연으로 돌아올 수밖에 없다고 했다.

이어서 노자는 말한다.

"사람(이 경우는 王이다)은 땅을 법도로 삼고, 땅은 하늘을 법도로 삼으며, 하늘은 도(道)를 법도로 삼는다(자연으로 돌아간다)."

즉 천지간의 네 가지 위대한 것들도 결국에는 자연으로 돌아갈 수밖에 없다는 것이다. 따라서 이 자연에 따르는 것이 인간의 도리라며 표제어의 말을 했다.

노자는 또 '이는 아무 형체도 없고 소리도 없지만 홀로 존재하며 바뀌어지지 않고 모든 것에 두루 행해지면서도 위태롭지 않으니 천하의 모체(母體)라고 할 만하다'라고 했다. 득도(得道)한 사람이 일반 사람과 다른 점은 바로 이 모체(母體)의 존재를 귀히 여긴다는 점이다. 여기서 말하는 모체란 자연을 가리킴인즉 그 자연의 품속에서 자연적으로 살아가되 인위적인 것을 극력 피하는 것, 그것이 곧 노자의 이상적인 처세술이었던 것이다.

뒤얽힌 문제를 푸는 방법

일이란 평안한 상태일 때 유지하기가 쉽고, 문제의 조짐이 드러나기 전이라야 도모하기가 쉽다(제64장).

> 기안이지 기미조이모
> 其安易持, 其未兆易謀.

'안정되어 있는 것은 유지하기가 쉽고 엉클어지지 않은 문제는 해결하기가 쉽다', 그러므로 '어려워지기에 앞서 쉬울 때에 해결을 도모하고, 문제가 커지기 전에 풀도록 하는 것'이 사물을 처리하는 비결이라고 말했다.

예컨대 화재(火災)라든가 질병(疾病)도 그러하다. 불이 크게 번진 연후에야 끄려고 한다면 불길이 잘 잡히지 않는다. 불씨가 타기 시작할 때 발견하고 대처하면 비교적 간단히 불을 끌 수가 있다.

질병 역시 조기발견(早期發見), 조기치료(早期治療)를 하도록 노력하면 치료효과도 오르고 치료비도 싸게 먹힌다. 늦게서야 발견하면 제아무리 명의(名醫)라 하더라도 손을 쓸 수가 없다.

일도 마찬가지이다. 뒤엉킨 문제는 제아무리 지혜가 있는 사람이라 할지라도 해결하기가 어렵다. 얽히고 설키기 전에 문제점을 발견하고 손을 쓴다면 비교적 간단히 해결할 수 있지 않겠는가.

단, 그것을 가능케 하기 위해서는, 첫째, 문제의 소재(所在)를 그런 조짐이 있을 때에 발견하는 깊은 통찰력(洞察力)이 있어야 하고, 둘째, 발견했으면 즉시로 대책을 강구하는 기민한 대응능력이 있어야 한다.

이 두 가지가 절대 필요한 것은 두말할 나위도 없다.

천리길도 한 걸음부터

한아름의 큰 나무도 터럭만한 싹으로부터 생겨난 것이고, 9층의 높은 누대(樓臺)도 한줌의 흙을 쌓는 데서부터 세워진 것이며, 천리길도 한 발자국을 내딛는 데서부터 시작되는 것이다(제64장).

합포지목 생어호말 구층지대 기어누토 천리지행 시어족하
合抱之木 生於毫末, 九層之臺, 起於累土, 千里之行, 始於足下.

'천리길도 한 걸음부터'라는 속담도 있듯이 모든 일을 이루는 데는 지속적인 노력이 가장 필요한 것임을 강조한 말이다.

우리는 자칫 남이 이루어 놓은 성과에만 눈길을 돌릴 뿐, 그 이면에 숨어 있는 그의 간단없는 노력에 대해서는 생각해 보지도 않는다. 나는 어떤 젊은 여성이 하는 말을 듣고 깜짝 놀란 일이 있다.

"요즈음 노인들 정말 팔자가 좋으시더라구요. 관광여행이나 다니구……. 어떤 분들은 해외여행도 잘 다니시더라구요. 화려한 인생의 막을 내릴 수 있으니 얼마나 행복할까요. 우리는 언제나 자식들을 키워놓고 한가하게 외국 여행을 다닌담?"

그런 노인들이 없는 것은 아니다. 그러나 그 사람도 젊었을 때는 고생을 많이 해가며 그들의 행복을 쌓아올린 것이 아니겠는가? 젊은 세대가 그것을 무시하고 '나도'라는 생각을 하는 것은 응석이라고밖에 여겨지지 않는다.

남을 부러워할 시간이 있거든 자신의 수족을 움직이고 머리를 써서 한 걸음 앞으로 전진하는 것이 현명하지 않겠는가.

마무리를 더욱 신중히 하라

끝마무리를 신중히 하되 처음 시작할 때와 같이 하면, 실패하는 일이 없게 될 것이다(제64장).

신 종 여 시　즉 무 패 사
愼終如始, 則無敗事.

누구나 새로 일을 시작할 때는 그 나름대로의 긴장감을 가지고 임하지만 그 일에 길들여져 감에 따라 자기도 모르게 마음이 느슨해지게 된다.

자동차 운전을 그 예로 들어 보자.

초보운전이란 표지를 달고 다닐 때는 무리를 하지 않으며 신중하게 운전하도록 마음을 쓰는 까닭에 사고도 그만큼 적다. 위험한 것은 그 초보운전이라는 표지를 뗄 때다. 무슨 일이든 대개가 그러하지만 어느 정도 익숙해졌을 때, 마음은 해이해지고 그것이 실패와 연관되기 쉬운 법이다.

노자는 그 점을 경고하고 있는 것이다.

《전국책(戰國策)》이라는 고전(古典)에,

'백리(百里)를 가는 사람은 90리를 반(半)으로 삼는다.'

고 하였다. 백리길을 여행하는 나그네는 90리를 갔을 때야 비로소 반쯤 왔다고 생각하라는 것이다. 여행에 익숙하지 못한 사람은 90리쯤 오면 얼마 안 남았다며 자기도 모르는 사이에 속도를 내거나 해서 사고를 낸다는 것 ―. 90리를 반쯤으로 생각한다면 힘을 저축해 가며 유유히 걸을 것임에 틀림이 없다. 《전국책》의 이 말도 끝마무리를 잘하라는 경고인 것이다.

'초심(初心)을 잊지 말라'는 유명한 격언도 있지만 끝마무리야말로 초심의 긴장감을 가지고 해내야 할 것이다.

도(道)로 나라를 다스리라

백성들을 다스리기 어려운 것은 지혜가 많기 때문이다(제65장).

민 지 난 치 이 기 다 지
民之難治 以其多智.

언뜻 보기에는 우민정책(愚民政策)을 쓰라는 말 같으나 실은 그렇지 아니하다. 노자의 정치관은 유교(儒敎)의 덕치(德治)라든가 묵가(墨家)의 평등 · 겸애(兼愛)와 달리 도(道)로 다스리라는 것이다. 이는 위정자뿐 아니라 국민들 역시 지식이라든가 지혜에 너무 의존하지 말고 인간본연의 자연으로 돌아갈 때 그 나라가 잘 다스려진다는 뜻이다. 왜냐하면 지식이나 지혜에 너무 치우치게 되면 거기에는 반드시 거짓과 위선과 기만이 따르기 때문이다.

역사를 되돌아볼 때, 어떤 정체(政體)나 제도든 간에 그 정체와 제도 자체가 나빠서 정치가 안되고 백성들이 고통을 받았다기보다, 위정자들의 기만과 위선이 있어서 국민들은 도탄에 빠지고 국가는 멸망의 길을 걸었었다. 위정자나 측근자들 또는 국민들이 지혜가 없고 자신이 없어서 그런 패망의 길을 걸었던 것은 아니다.

노자는 이런 점을 지적하면서 주지주의(主知主義)를 버리고 자연주의(自然主義)로 돌아가라는 것이다. 위정자는 말할 것도 없고 국민들까지 가급적 지식과 지혜를 버리고 자연성과 인간성을 회복하라는 주장이다. 이러기에 노자는 이렇게 이어나가고 있다.

"지혜로 나라를 다스리는 것은 나라를 해치는 도적이요, 지혜로 나라를 다스리지 않는 것이 나라를 행복하게 만드는 것이다."

지도자(指導者)인 척하지 않는 지도자

바다가 모든 강(江)과 계곡(溪谷)의 왕자(王者)가 될 수 있는 까닭은 그것이 낮은 자리를 차지하고 있기 때문이다. 그래서 모든 계곡의 왕자가 될 수 있는 것이다(제66장).

강해소이능위백곡왕자 이기선하지 고능위백곡왕
江海所以能爲百谷王者, 以其善下之. 故能爲百谷王.

대하(大河)와 대해(大海)가 하천(河川)의 왕자(王者)가 되는 것은 낮은 곳에 위치하면서 여러 하천의 물줄기를 받아들이기 때문이라고 말하고 있다. 이는 두말할 것도 없이 윗자리에 있는 사람은 겸허(謙虛)해야 한다는 경고이다.

노자는 다음과 같이 덧붙이고 있다.

"훌륭한 위정자(爲政者)는 국민을 통치할 때, 겸허한 태도로 국민 앞에서 자신을 낮춘다. 국민을 지도할 때에는 자신이 뒤로 물러서서 지도자인 체하지 않는다. 그러므로 윗자리에 앉아 있더라도 국민은 중압감을 느끼지 않고 앞에 서있더라도 방해물로 생각하지 않는다.

이처럼 국민들이 기꺼이 환영하는 것은 위정자가 재능과 공적(功績)을 다투려고 하지 않기 때문이다. 그러므로 국민은 스스로 복속해 오는 것이다."

이것은 민주주의를 하고 있는 현대에도 해당되는 말이니, 금일성(今日性)을 가지고 있는 말이라 하겠다. 단, 현대의 정치가는 선거 때는 머리를 숙이지만 선거가 끝나면 그 즉시로 목에 힘을 주는 사람이 적지 아니하다. 이쯤 되면 겸허한 자세라기보다 비굴한 자세이며 노자의 말과는 거리가 먼 것이니, 정치가로서 각성해야 할 것이다.

인생길의 세 가지 지침(指針)

나에게는 세 가지 보배가 있는데 나는 그것을 받들어 보배로 삼아 왔다. 첫째는 자애로움이요, 둘째는 검소(儉素)함이요, 셋째는 감히 천하에서 앞서지 않음이다(제67장).

부아유삼보 지이보지 일왈자 이왈검 삼왈불감위천하선
夫我有三寶, 持而寶之. 一曰慈, 二曰儉, 三曰不敢爲天下先.

여기에서 '아(我)'란 '도(道)'가 의인화(擬人化)되어 자기자신을 가리키는 말이다. 그 '도'에는 아주 중요하게 지키는 세 가지가 있다고 했다.

첫째, 자(慈), 즉 남을 긍휼히 여기는 것.

둘째, 검(儉), 즉 사물을 검소하게 보는 것.

셋째, 남의 선두(先頭)에 서지 않는 것.

이 중에서 첫번째의 자애로움은 나라를 다스리는 사람이 백성을 대하는 기본 태도로서 특히 얘기되고 있는 듯하다. 노자는 '도'를 위의 세 가지로 요약한 다음, 그 이유를 다음과 같이 설명하고 있다.

"사람들을 긍휼히 여기기 때문에 용기가 용솟음친다. 사물을 검소하게 보기 때문에 막히는 법이 없다. 사람들의 선두에 서지 않기 때문에 지도자의 자격이 있는 것이다. 이제 긍휼히 여김을 잊고 용기만을 과시한다든가, 검소한 태도를 버리고 앞으로만 달려나가며, 물러서는 것을 잊고 선두에 서려고만 생각한다면 어떻게 될 것인가? 그때는 파멸이 있을 뿐이다."

어떻게 생각하면 오늘날의 경제성장은 이러한 노자의 세 가지 가르침에 모두 반(反)하는 것이란 생각이 자꾸만 든다. 바라건대 파멸의 길에 빠지지 않았으면 하는 마음 간절할 뿐이다.

힘의 대결(對決)은 피하라

적(敵)과 싸워 잘 이기는 사람은 다투지를 아니하고, 사람을 잘 쓰는 사람은 남보다 아랫자리에서 처신한다(제68장).

선승적자 부쟁 선용인자 위하
善勝敵者, 不爭. 善用人者, 爲下.

'잘 이기는 명수(名手)는 힘의 대결로 치닫지 아니한다. 사람을 잘 쓰는 명인(名人)은 상대방의 밑에서 처신한다'고 했다. 이것을 노자는 '부쟁(不爭)의 덕(德)'이라 부르고 있다. 그렇게 하는 편이 오히려 확실하게 목적을 달성할 수 있을는지도 모른다.

단, 힘으로 하는 대결을 기피하는 것은 노자뿐만이 아니라 중국인 전체의 인식이라고 해도 좋다.

예를 들면 《손자(孫子)》에도 '싸우지 않고 이기는 것이 가장 이상적인 승리'라고 주장했고 《삼국지(三國誌)》 또한 '용병(用兵)의 도(道)는 마음을 공격하는 것을 상(上)으로 치고 성(城)을 공격하는 것은 하(下)로 친다'고 역설했다.

실로 천하를 손아귀에 넣을 만한 리더들은 모두 무용(無用)의 쟁(爭)을 피하면서 싸우지 않고 이기는 방법을 모색했었다.

뭐니뭐니해도 중국은 넓다. 그 넓은 대륙을 무력만으로 제압하려는 것은 아무래도 무리이다. 그러므로 천하를 넘보는 리더는 모두 상대방의 마음을 공략하여 심복(心服)시키는 방법, 이 수법을 우선적으로 내세웠었다. 이 방법은 부하를 부리는 데에도 적용된다. 윗사람이 힘으로 밀어붙이면 우선은 그 명령에 따를는지는 모른다. 그러나 심복은 하지 않는다. 사람을 잘 다루는 사람일수록 그런 졸렬한 수법은 사용하지 않는다.

물러서는 것도 전략(戰略)의 하나

자기 편에서 감히 주도권(主導權)을 잡지 아니하고 손님처럼 행동하며, 자기 편에서 감히 한 치라도 전진하지 아니하고 한 자[尺] 정도 물러서는 태도를 취하여야 한다(제69장).

오불감위주이위객 불감진촌이퇴척
吾不敢爲主而爲客, 不敢進寸而退尺.

'이쪽에서는 적극적으로 나아가지 않으면서, 상대방에서 그렇게 나오기를 기다린다. 나아가서 싸우기보다는 물러서서 굳게 지킨다.'

는 의미이다. 노자는 이 말에 자신의 해설을 곁들여서,

"이는 곧 함부로 진격(進擊)하지 않는다. 함부로 팔을 걷어붙이지 않는다. 함부로 무기를 잡고 공격하지 않는다는 것이다."

라고 말하고 있다.

그렇다고 해서 오해는 없기 바란다. 노자가 주장하고 있는 것은 현대식의 반전(反戰)이라든가 비전(非戰)의 사상은 아니다. 다만 그는 싸움이란 함부로 할 것이 못되며 부득이한 경우에나 싸우는 것이라고 말하는 것이다. 또 부득이해서 싸울 때일지라도 나아가는 것만이 능(能)이 아니라 때로는 뒤로 물러서는 것도 훌륭한 전술이라고 주장하고 있다.

우리나라 사람은 일반적으로 볼 때 앞으로 나아가는 것만을 중요시하고 뒤로 물러서는 것은 바보짓으로 본다. 그러나 중국인들은 물러서는 것에도 앞으로 전진하는 것과 똑같은 비중을 둔다. 노자도 예외는 아니다. 물러서는 것을 중시하는 노자식 발상(發想)을 몸에 익힐 수 있다면 우리도 그만큼 더 강해질 수 있을 것이다.

적(敵)을 얕보는 것은 자기 무덤을 파는 짓이다

화난(禍難)은 적을 가벼이 여김으로써 닥치는 것보다 더 큰 것이 없다. 적을 가벼이 여기다가는 우리 편의 소중한 것을 거의 잃게 될 것이다(제69장).

화 막 대 어 경 적　경 적　기 상 오 보
禍莫大於輕敵. 輕敵, 幾喪吾寶.

"적을 경시(輕視)하여 무작정 공격하는 것만큼 어리석은 짓은 없다. 그런 짓을 하면 나라를 멸망시키고 말 것이다."
라고 한 말이다.

《손자(孫子)》 병법서(兵法書)의 기본원칙에도 '승산(勝算)이 없는 싸움은 하지 말라'고 했다. 이길 가능성이 없는 싸움은 하지 마라, 싸울 바에는 이 정도라면 이길 수 있다는 가능성이 있을 때에 하라는 말이다. 승산도 없는데 제아무리 명령을 내려 보았자 공염불에 지나지 않는다. 그것은 자신의 생명에 위협을 줄 뿐만 아니라 나라까지 멸망시키는 결과를 초래하게 된다.

그렇다면 승산이 없을 경우 어떻게 하면 좋을까? 일단 뒤로 물러나서 전력(戰力)을 보강하고 정세의 변화를 기다리는 것이다. 정세는 반드시 변화하게 마련이다. 그 찬스를 기다리라고 《손자》는 말한다.

노자가 하고자 하는 말도 기본적으로는 이에 가깝다.

적을 경시하는 것은, ①엉성한 전력분석(戰力分析), ②일면적(一面的)이고 주관적인 판단, 이 두 가지에서 오는 자신과잉(自信過剩)에 근거한다. 전쟁에서 자신감을 갖는 것은 좋다. 단, 근거가 없는 자신감은 없는 편이 낫다. 아군에게 이(利)가 된다면 후퇴도 용기있게 할 줄 아는 지혜가 필요하다 하겠다.

나를 알아주는 이가 적은데……

나를 이해하는 사람이 적다면 그만큼 내 존재는 귀한 것이다(제70장).

지아자희 즉아자귀
知我者希 則我者貴.

노자는 시종 무위자연(無爲自然)의 진리를 설파했다. 그런데 이 무위자연의 진리를 이해하는 사람은 결코 많지 아니했다. 현실적으로 본다면 노자의 무위자연은 너무나 고원했기 때문이다.

"언어의 본질은 의미에 있고, 하는 일의 본질은 힘에 있다. 의미가 있는 언어는 알기 쉽고, 힘이 있는 일은 행하기 쉽다."

이렇게 전제한 노자는,

"내 말은 심히 알기 쉽고 심히 행하기 쉽지만 세상 사람들은 알아듣지도 못하고 행하지도 못한다. 나는 다만 무(無)에 대한 지식을 가지고 있기 때문에 세상 사람들이 이해하지 못하는 것이다."

라며 한탄한 다음 표제어의 말을 했던 것이다.

이 대목 역시 역설적인 이론 같은데 노자는 '백성들이 지혜로우면 다스리기 어렵고, 위정자는 백성을 지혜로 다스리지 마라'고 했다. 즉 지각(知覺)은 인위(人爲)의 출발점인즉 무위(無爲)를 위해서는 무지(無知)라야 한다는 것이며, 이 오묘한 진리를 이해하는 자가 적다는 것이 노자의 말이다. 그리고 다음과 같이 말을 맺고 있다.

"그런 까닭에 성인(聖人)은 겉으로 보면 어리석은 사람 같지만 속으로는 현명한데 그것은 마치 몸에는 베옷을 걸치고 있지만 속에는 귀중한 보옥을 품고 있는 것과 같다."

알면서도 모르는 체하라

알면서도 알지 못하는 체하는 것이 훌륭한 태도이다. 알지 못하면서도 아는 체하는 것은 병폐이다(제71장).

지 부 지 상　부 지 지 병
知不知上, 不知知病.

"잘 알고 있는 일이건만 모르는 체한다. 이것이 최상의 태도요 방법이다. 알지도 못하면서 아는 체한다. 이것은 커다란 결점이다."

라고 노자는 말했다.

공자(孔子)는 '안다'는 것에 대하여,

"아는 것을 안다 하고 모르는 것을 모른다고 하는 것이 참앎인 것이다[知之爲知之, 不知爲不知, 是知也 〈爲政〉]."

라고 《논어(論語)》 속에서 말하고 있다. 이런 태도에 의해 인간의 인식이 진보되고 자신을 계발(啓發)할 수 있다고 하는 것이 공자의 입장이었다. 이것은 어디까지나 이성적(理性的)인 태도라고 해도 좋다.

이에 비하여 '알고도 모르는 체하라'는 노자의 주장은 훨씬 차원 높은 것으로서, 경쟁이 치열한 현대 사회에서 살아가는 처세의 지혜로 활용할 만하다. 예컨대 상사(上司)의 입장으로서 부하에게 임하는 경우이다. 부하의 능력과 생활상(生活相)을 일단은 파악하고 있지 않으면 상사로서의 책임을 다할 수가 없다. 그러나 그것을 겉으로 나타내는 것은 알고 있는 것을 상쇄시키는 일－알고도 모르는 체하는 데에 무언(無言)의 압력이 생기는 것임을 잊어서는 안 된다.

인생의 여러 국면에서 '알고도 모르는 체하는 것'을 효과적으로 사용할 수 있으면 그는 이미 달인(達人)이라고 해도 좋을 것이다.

내 삶을 즐거워하라

자기 삶을 싫어하지 마라. 싫어하지 않으면 자연히 모든 것을 싫어하지 않게 된다(제72장).

무염기소생 부유무염 시이불염
無厭其所生 夫唯無厭 是以不厭.

표제어의 말에 앞서 노자는 이렇게 말하고 있다.

“사람들이 권위를 무서워할 줄 모르면 큰 천벌이 닥칠 것이다.”

여기서 권위란 인위적인 권위가 아니라 사람의 힘으로는 어찌할 수 없는 자연의 위력을 가리킴이다. 이 위대한 자연의 권위를 두려워하지 않다가는 큰 재앙이 내릴 것이라고 했다. 오늘날의 산업사회에 던져주는 경고라고 해도 좋겠다. 자연을 정복했다고 오만한 말을 해대는 인간들, 그러면서 눈앞의 이익을 위해 자연을 마구 파괴하는 인간들 ―. 그 결과 무서운 재앙이 지구 곳곳에서 일어나고 있음을 우리는 가슴 아픈 마음으로 지켜보고 있지 아니한가.

그러면서 노자는 개인의 삶도 자연에 맡기면서 즐기라고 했다. 자연 속에서 자연스럽게 태어난 인생이 아닌가. 그런즉 자연스럽게 즐기면서 살아가다가 자연스럽게 죽는 것이 최선의 방법이란 것이 노자의 이론이다. 하루하루를 근심·걱정 속에서 살아가며 자신의 인생을 비관하고 불평하고 고민해서는 안된다는 것이다. 즉 염세관(厭世觀)을 가져서는 안된다는 말이다.

요컨대 자연스럽게 태어난 인생, 그래서 오늘이 있고, 자기가 존재한다는 것을 깨닫고 무위자연의 삶을 기쁨 속에서 즐기라는 고차원의 교훈이다.

필부지용(匹夫之勇)은 자멸(自滅)의 근본

용감하면 죽음을 부르게 되고, 용감하지 않으면 살아남게 된다(제73장).

용어감즉살 용어불감즉활
勇於敢則殺, 勇於不敢則活.

'같은 용기일지라도 앞으로 나아가는 용기는 내 몸을 망치고, 뒤로 물러서는 용기는 내 몸을 살린다'고 말했다.

'용(勇)'이란 두말할 것도 없이 용기, 혹은 결단력(決斷力)이다. '용'이 없으면 경쟁이 치열한 현실 속에서 이길 수 없고 살아 남을 수 없다. 이것은 누구에게나 바람직한 일인데 특히 조직의 리더에게 있어서는 불가결(不可缺)의 조건인 것이다. 결단해야 할 때에 우물쭈물하며 결단을 내리지 못해 가지고는 리더로서의 자격이 없다고 해도 과언이 아니다.

우리나라 사람들은 '용'이라든가 결단이라고 하면 덮어놓고 앞으로 나아가는 것만을 생각하기 쉽다. 이것은 근본적으로 잘못된 생각이다. 앞으로 나아가는 결단은 그래도 내리기가 쉽다. 어려운 것은 뒤로 물러서는 결단 쪽이며, 일단은 남이 볼 때도 우스워 보인다. 그렇기 때문에 이것이야말로 내리기 어려운 결단이며 진짜 '용'이라고 노자는 말하는 것이다.

중국인들은 앞으로 나아가기만 하는 '용'을 오히려 경멸한다. 그것을 단적으로 표현한 말이 '필부지용(匹夫之勇)'이다. 즉 나아갈 줄만 알고 물러설 줄 모르는 용기, 이것이 '필부지용'이다. 이런 것을 리더된 자가 지니고 있으면 큰일인 것이다. 왜냐하면 자기자신을 멸망시킬 뿐 아니라 조직까지도 위험하게 만들겠기 때문이다.

노자는 그 점을 경고하고 있는 것이다.

하늘은 반드시 선(善)의 편을 든다

하늘의 그물은 광대(廣大)하여 성긴 듯하지만 아무것도 빠뜨리는 법이 없다(**제73장**).

천망회회 소이불실
天網恢恢, 疏而不失.

이것은 잘 알려진 말이다. '천망(天網)'이란 하늘이 악인(惡人)을 잡기 위하여 쳐놓은 그물이란 뜻이며, '회회(恢恢)'란 넓고 크다는 뜻, 즉 그물눈이 엉성하다는 의미이다. '소이불실(疏而不失)'이란 비록 그 그물눈은 성기어서 잡힐 것 같지 않지만 하나도 놓치는 일이 없다는 의미이다.

중국인은 신(神)을 가지지 않는 민족이라고 한다. 그러한 그들이 신(神) 대신 마음을 의지하던 것이 곧 '하늘'이며 '천도(天道)'였다. 그들은, '하늘'의 기능과 작용은 인간으로서 측량할 수 없는 것이며, 항상 높은 곳으로부터 인간세계를 내려다보고, 선(善)을 도우며 악(惡)을 징계하는 것이라고 생각했다.

노자도 이렇게 말하고 있다.

"하늘의 도는 싸우지 않고도 승리를 거두며, 명령하지 않고도 복종시킨다. 또 부르지 않아도 상대방 스스로 오게 만들고, 느슨한 것같이 보여도 매사를 기막히게 도모한다."

현실세계는 언뜻 보기에는, 악(惡)이 번영하고 선(善)이 고통을 받는 것처럼 보이지 않는 바도 아니다. 그러나 그것은 일시적인 일이고 긴 안목으로 보면 하늘은 반드시 선(善)의 편에 서서 악(惡)을 징벌하며 철두철미한 결산을 행하고 있는 것이다. 이 말은 치열한 현실을 살아 왔던 중국인의 사회적 약자에게 마음의 지주가 되었을 것임에 틀림없다.

단죄(斷罪)는 하늘만이 하는 것

대목(大木)을 대신해서 도끼를 휘두른다(제74장).

대 대 장 착 자
代大匠斲者.

여기서 대장(大匠 : 大木)이란 사람의 죽음을 다스리는 자, 즉 노자의 말에 의하면 하늘, 또는 하늘의 도(道)를 의미한다. 노자는 표제어에 앞서 이런 말을 하고 있다.

"백성들이 죽는 것을 무서워하지 않는다면 어찌 죽임으로써 그들을 두려워하게 할 수 있겠는가? 만약 백성들에게 항상 죽음을 무서워하게 하는데도 나쁜 짓을 하는 자가 있다면 그런 경우 그 사람을 잡아 죽일 수는 있지만 누가 감히 죽이겠는가. 언제나 그 죽이는 일을 맡아보는 자가 있다. 그러나 만약 그 죽이는 일을 맡아보는 자를 대신하여 자기가 죽인다면 이는 마치 대목(大木)을 대신하여 나무를 다듬는 것과 마찬가지이다. 대개 대목을 대신하여 자기가 나무를 다듬는 사람치고 손을 다치지 않는 자가 별로 없다."

악법(惡法)과 학정(虐政)으로 다스리는 나라, 그런 나라에서는 백성들이 차라리 죽음을 택하는 경우가 있다는 것이다. 죽음을 두려워하지 않는 백성은 그 어떤 처벌도 무서워하지 않으므로 아무리 무시무시한 법률이 있더라도 그 법률에 저촉되는 것을 우습게 여기는 것이다.

위정자는 그런 경우 위법자를 사형에 처하는데 그것은 사의(私意)에 의한 것인즉 도리어 응징을 당하게 된다는 말이다. 인간의 생명을 좌지우지할 수 있는 것은 하늘뿐이요, 자연뿐이란 의미의 교훈이다.

백성은 작위(作爲)로 다스려지지 않는다

백성을 다스리기가 어렵다는 것은, 그들을 다스리는 사람들이 인위적(人爲的)인 정치를 하기 때문이며, 그래서 다스리기 어렵게 되는 것이다(제75장).

민지난치 이기상지유위 시이난치
民之難治, 以其上之有爲, 是以難治.

백성이 통치(統治)에 복종하지 않는 것은 위정자가 작위(作爲)로 우롱하기 때문이다. 그러므로 '무위(無爲)'의 정치야말로 가장 이상적이라고 노자는 말한다.

그렇다면 위정자의 작위(作爲)란 무엇을 가리키는 것일까? 여기서 노자가 말하고자 한 것은 다음과 같은 점들이다.

첫째, 세금 징수에만 혈안이 되어 백성들을 불안하게 만든다.

둘째, 윗사람이 간섭과 억압을 강화하여, 그 결과 민심의 이반(離反)을 초래한다.

셋째, 함부로 백성들의 욕망을 자극하는 정책으로 사회의 경쟁을 격화시킨다.

이 세 가지 점이 강화되면 아랫사람들은 끊임없이 무엇인가에 쫓기는 기분이 되어 안정된 생활을 즐길 수가 없게 된다. 그렇게 되면 사회의 안정성도 유지되지 못한다. 그것은 요즈음의 우리나라 실태만 보아도 어렴풋이나마 짐작이 갈 것이다.

침체되어 활력이 없는 사회가 되어도 곤란하지만, 그렇다고 해서 무용(無用)의 활력만이 겉도는 사회도 바람직하다고는 할 수 없다.

오늘날과 같이 물질만능주의가 판치는 것은 활력의 낭비에 지나지 않는 것으로 보인다.

유약(柔弱)함은 견강(堅强)함보다 낫다

굳고 강한 것은 죽음의 무리[徒]이고 부드럽고 약한 것은 삶의 무리이다(제76장).

견강자 사지도 유약자 생지도
堅强者, 死之徒, 柔弱者, 生之徒.

부드러운 것이라든가 약한 것이 굳고 강한 것보다 좋다고 하는 것이 노자의 인식이었다. 왜냐하면 부드럽고 약한 쪽에는 오히려 생생한 활력이 깃들어져 있기 때문이라고 한다. 그것을 경고한 말이, '견강(堅强)은 죽음의 친구요, 유약(柔弱)은 삶의 친구'라는 말이다.

노자는 이런 예를 들고 있다.

"인간의 몸은 살아 있는 동안에는 부드럽지만 죽고 나면 굳어진다. 초목(草木)도 살아 있는 동안에는 부드럽지만 죽으면 마르고 딱딱해진다. 군대도 강(强)한 군대는 패하는 법이며 나무도 강한 나무는 부러지고 만다."

그러고 보니 버드나무 가지는 부드럽기 짝이 없지만 눈이 그 위에 쌓여도 부러지지 않는다. 유약한 것일수록 강한 생명력을 가지고 있는지도 모를 일이다. 노자는 다시 이것을 처세의 도에 적용하여 경쟁이 치열한 현실에서 살아남기 위해서는 '유약'에 철저하지 않으면 안된다고 주장한다.

예컨대 자기를 주장하며 양보하지 않는 생활태도, 나아가기만 할 뿐, 물러설 줄 모르는 생활태도, 함부로 자신의 재능을 과시하는 태도 등은 모두 '유약'의 도(道)에 반(反)하는 것들이다. 그런 생활태도를 취하다가는 반드시 앞길이 막히게 된다고 노자는 경고하고 있다.

사회적 균형을 회복하는 길

하늘의 도(道)는 남음이 있는 것은 덜어 주고 부족한 것은 보충해 준다(제77장).

천지도 손유여이보부족
天之道, 損有餘而補不足.

이것도 또 '천도(天道)'에 대해서 한 말이다. 하늘의 도란 여유가 있는 자의 것은 감(減)하고, 부족되는 자의 것은 늘려 준다고 한다. 그렇게 함으로써 사회적인 공평(公平)이 유지되며 사회적인 균형이 회복되는 것인지도 모르겠다.

노자의 이 말은 사회의 현실이라기보다도 그렇게 되었으면 좋겠다는 인간의 바람일 것이다. 현실적으로는 어느 시대이든 간에 귀천(貴賤)과 부귀(富貴)의 차이가 엄연히 존재해 왔다.

그리고 그때마다 불운(不運)에 휩싸여서 울던 쪽은 지위도 재산도 없는 사람들이었다. 노자도,

"인간들이 하는 것은 이와 정반대이다. 부족되는 자에게서 빼앗은 것을 여유있는 자에게 보태주고 있으니 말이다."

라며 한탄하고 있다. 노자는 그런 현실에 견딜 수가 없었던 것이다. 그리하여 그가 마지막으로 기대를 걸었던 것이 '천도(天道)'였다.

그런데 화교(華僑)의 부호(富豪)들 가운데는 여유가 있으면, 만년(晚年)에 자기 재산을 학교 등 공공단체에 기부하는 사람이 적지 아니하다. 그들에게도 노자의 이 사상이 면면히 이어져 왔고 살아 숨쉬고 있는 것이다. 이런 점은 우리도 배워야 할 게 아닌가 하는 생각이 든다. 우리나라에도 그런 독지가가 없는 것은 아니지만…….

물은 견강(堅强)과 싸워 이긴다

천하의 부드럽고 약한 것으로는 물보다 더한 것이 없다. 그러나 굳고 강한 것을 공격하는 데 있어서는 물보다 더 나은 것을 알지 못한다(제78장).

천하막유약어수 이공견강자 막지능승
天下莫柔弱於水, 而攻堅强者, 莫之能勝.

앞에서 노자는 '상선약수(上善若水 : 제8장)'라 하여 처세의 이상(理想)을 물의 상태에서 구했었다. 여기서는 다시 그 물이 가지고 있는 유약성(柔弱性)에 착안하여, 그 유약한 물이 반대로 견강(堅强)한 것을 공격하는 데 아주 유효한 무기(武器)가 될 수 있다는 점을 강조하여 역설하고 있다.

'이 세상에서 물만큼 약한 것은 없다. 그런데도 강한 것에 이기기로는 물을 따라갈 것이 없다.'

다시 '그 이유는 물이 철저하게 약하기 때문이다'라고 못을 박는다.

이상적인 전쟁을 물의 모습에서 찾은 사람은 노자뿐이 아니라 《손자(孫子)》도 이렇게 말하고 있다.

'물에는 일정한 모양이 없는 것처럼, 전쟁에도 불변(不變)의 태세란 있을 수 없다. 적의 태세에 따라서 변화하며 승리를 거두는 것, 그것이야말로 절묘한 용병(用兵)이라고 할 수 있다.'

또 《위료자(尉繚子)》라는 병법서(兵法書)를 찾아보면 이런 말이 나와 있다.

'정강(精强)한 군대는 물에 비유할 수가 있다. 물은 지극히 유약하지만 앞길을 가로막는 것은 비록 구릉(丘陵)이라 하더라도 물리치고 만다. 그것은 물의 성질에 집중성(集中性)과 불변성(不變性)이 비장되어 있기 때문이다.'

약한 것이 강한 것을 이긴다

약한 것이 강한 것을 이기고, 부드러운 것이 억센 것을 이긴다는 것을 천하에서 알지 못하는 사람이 없으나, 그 도리대로 행할 수 있는 사람은 없다 (제78장).

약지승강 유지승강 천하막부지 막능행
弱之勝强, 柔之勝剛, 天下莫不知, 莫能行.

'유(柔)는 강(剛)을 제(制)한다'란 《삼략(三略)》이라는 병법서(兵法書)에 있는 유명한 말인데, 노자의 사상도 이와 꼭같다. 노자는, '약(弱)은 강(强)에게 이기고 유(柔)는 강(剛)에게 이긴다. 이런 원칙을 알지 못하는 사람은 없지만 실행하고 있는 사람은 없다'고 말했던 것이다.

강한 자는 아무래도 힘을 앞세워서 상대방에게 임하게 마련이다. 겉치레라도 '덕(德)'을 체현(體現)하는 예는 드물다. 이에 비해서 약한 자는 약하기 때문에 '덕'을 체현하고 있다.

그러므로 약함에 철두철미하면 저절로 활로(活路)가 열려질 것으로 노자는 생각했었다.

실제로 약이 강을 쳐부순 예는 중국의 전사(戰史)에서만도 결코 한두 번이 아니다. 예를 들면 '관도지전(官渡之戰)'과 '적벽대전(赤壁大戰)' 등은 모두가 그런 예이다.

물론 약이 언제나 무조건 강에게 이겼었다는 것은 아니다. 아니, 확률상으로 본다면 반대되는 예가 훨씬 많을 것이다. 약이 강에게 이기기 위해서는 그것을 가능케 하는 전략전술(戰略戰術)이 확고히 세워져 있지 않으면 안 된다.

나름대로의 연구가 있어야만 비로소 약이 강에게 이길 수 있는 법이다.

원한을 사는 것은 어리석은 일이다

큰 원한은 부드럽게 달래주어도 반드시 얼마간 원한이 남게 된다. 어찌 그것을 훌륭하다고 할 수 있겠는가?(제79장)

화대원 필유여원 안가이위선
和大怨, 必有餘怨. 安可以爲善.

'크게 원한을 사게 되면 비록 화해를 한다 해도 반드시 그 응어리가 남게 된다. 남에게 원한을 산다는 것은 결코 현명한 처세가 아니다.' 라는 의미이다.

즉, 남에게 원한을 살, 그런 처세는 하지 말라는 말이다. 남에게 원한을 사는 일만큼 바보스런 일은 없다.

중국인은 일반적으로 인간관계의 대응(對應)에 있어 아주 신중한 편이다. 그것은 첫째로 남에게 원한을 사지 않으려는 배려에서 나온 것이다. 그 점에 있어서 우리나라 사람들은 약간 소홀함이 없지 않나 생각된다.

예사로 남의 마음에 상처를 입힐 말을 하거나 행동을 한다. 그러고도 자신은 그것을 깨닫지 못한다 — 인간학(人間學)에 그만큼 미숙하다고나 할까.

그럼 어떻게 하는 것이 남에게 원한을 사지 않는 길이 될 것인가? 《채근담(菜根譚)》에 아주 실천적인 지적이 있다.

'작은 과실(過失)은 나무라지 않는다. 숨겨진 것은 파헤치지 않는다. 지나간 잘못은 잊어버린다. 남에 대하여 이 세 가지를 마음쓰면 자신의 인격을 높일 수 있을 뿐 아니라 남의 원한을 사는 일도 없게 된다.'

이 충고를 마음속에 새기기만 해도 남에게서 원한을 사는 일은 줄어들 것이다.

천도(天道)를 진심으로 믿는다면……

하늘의 도(道)는 특히 친한 사람 없이, 언제나 선(善)한 사람의 편을 든다(제79장).

천도무친 상여선인
天道無親, 常與善人.

'천도(天道)'에 대해서는 앞에서 '천망회회(天網恢恢) 소이부실(疏而不失)', 그리고 '천지도(天之道), 손유여이보부족(損有餘而補不足)' 등의 유명한 말을 소개했는데, 여기서 든 '천도무친(天道無親), 상여선인(常與善人)'도 그 말들과 함께 널리 알려진 말이다. '하늘이 취하는 도리에는 특별히 편드는 법이 없다. 언제나 선인(善人) 쪽이다'라고 했다.

중국인은 예부터 신앙의 대상을 이 '천도'에서 구하였고, 마음의 지주(支柱)로 삼았다. 세상이 아무리 구부러져 있어도 이 천도만은 항상 정당하며 공평한 재판을 내려 준다고 믿어 왔고, 그렇게 믿으면서 전국(戰國)의 시대를 살아갔다.

하지만 현실적으로는 선(善)이 반드시 번영하고 악(惡)이 멸망하지는 않았다. 오히려 그 반대인 예가 훨씬 더 많았는지도 모른다.

한(漢)나라 때의 사가(史家)인 사마천(司馬遷)도 정의(正義)가 정당하게 보상되지 않는 현실을 전제해 놓은 다음에 '천도(天道)는 시(是)냐? 비(非)냐?' — 과연 천도란 존재하는 것인가라는 한탄의 말을 했었다. 그러나 그 사마천도 최종적으로는 '천도'에 대한 믿음을 버릴 수는 없었다. 현실이 아무리 냉혹하다 하더라도 '천도'의 존재를 믿을 수만 있다면 자포자기하는 일도 없을 것이며 원망하는 일도 없을 것이다. 그것이 '천도'를 믿는 이유(효과)라고 해도 좋다.

말은 신중히 골라서 하라

내실(內實)이 있는 말은 아름답지 못하고, 아름다운 말은 내실이 없다(제 81장).

신언불미 미언불신
信言不美, 美言不信.

'신언(信言)'이란 알맹이가 있는 말이다. 즉 '진실미(眞實味)가 있는 말은 꾸밈이 없다. 꾸밈이 있는 말은 진실미가 없다'고 번역할 수 있을 것 같다. 의미도 그러하려니와 대구(對句)도 꼭 들어맞는다.

앞에서도 말한 바 있거니와 노자는 다변(多辯)이라든가 능변(能辯)의 폐해를 경계하면서 '능변(能辯)은 눌변(訥辯)과 같다'고 말했었다. 과언(寡言)이나 불언(不言)이야말로 덕(德)의 근원이라고 생각했던 것이다. 물론 이쪽의 의사를 상대방에게 전하기 위해서는 말을 해야 한다. 주장을 해야 할 때는 주장도 해야 한다. 그런 것까지 노자가 부정(否定)하고 있는 것은 아니다. 꼭 주장해야 할 경우에도 말을 하지 않고 우물쭈물한다면 그 사람은 사회인으로서 실격(失格)이라 해도 좋을 것이다.

그러나 필요 이상으로 다변(多辯)이라든가 능변(能辯)이 되면 아무래도 신(信)이 부재(不在)하고 만다. 그렇게 되면 인간성까지도 의심받게 되며 사회인으로서 치명적인 평가를 받지 않을 수 없다.

남에 대한 설득력을 가지기 위해서는 '신(信)'이 결여된 '미언(美言)'만으로는 안 된다. 미언으로 일시적인 효과를 거둘 수 있을는지 모르지만, 그것이 언제까지 지속될는지 의문이다. 발언에 설득력이 있게 되기 위해서는 신언(信言)을 해야 하는데 그렇게 하려면 신중한 말을 골라서 해야 한다.

담담한 자세로 책임을 완수하라

하늘의 도(道)는 이롭게 해주되 해치지 않고, 성인(聖人)의 도는 일을 하되 다투지 않는다(제81장).

천지도 이이불해 성인지도 위이부쟁
天之道, 利而不害. 聖人之道, 爲而不爭.

"하늘의 도(道)는 만물에게 은혜를 줄 뿐, 해치지 않는다. 사람의 도는 주어진 책임을 완수할 뿐, 남과 다투지 아니하는 것이다."

라고 노자는 말한다. 노자의 주장을 총괄한 듯한 말이다.

거의 모든 생애를 보상받지 못하는 정치활동과 교육사업에 헌신했던 공자(孔子)도 만년에는 하늘에 모든 것을 맡긴 듯한 경지에 달했던 것 같다. 자신의 심경을 다음과 같이 말하고 있다.

"하늘이 무슨 말을 하리오. 사시(四時)가 돌고 돌아 만물을 생장시킨다. 하늘이 무슨 말을 하리오."

사계(四季)는 돌면서 만물을 성장시키고 있지만, 그래도 하늘은 아무 주장도 하지 않는다는 말이다. 큰일을 하고 있으면서도 자기 주장을 하지 않고 공적(功績)을 자랑하지도 않는다. 그것이 곧 하늘이라고 말한 것이다. 그러한 하늘의 태도를 내 것으로 만들 수 있다면 인간도 다투지 않는 수준에 도달할는지 모른다.

여기서 '다투지 않는다' 함은 사회인으로서 각기 주어진 일터에서 담담히 맡겨진 일을 해낸다는 뜻이다.

비록 불우한 처지에 놓이더라도 불평하지 않고 포기하지 않으며 전진하는 자세로 살아간다. 그런 생활태도와 마음가짐을 갖는다면 인생은 새로운 활력소와 전망(展望)을 가지게 되지 않겠는가.

장자莊子의 철학사상

대공(大空)을 비상하는 대봉(大鵬)과 같이

북녘 바다에 물고기가 있다. 그 이름을 곤(鯤)이라고 한다. 곤의 크기는 몇천 리나 되는지 알 수가 없다. 그것이 변하여 새가 되는데 그 이름을 붕(鵬)이라고 한다(소요유편).

북명유어 기명위어곤 어곤지대 부지기기천이야 화이위조
北冥有魚, 其名爲魚昆. 魚昆之大, 不知其幾千里也. 化而爲鳥,

기명위붕
其名爲鵬.

《장자(莊子)》의 권두(卷頭)를 장식하고 있는 문장이다. 여기서 '북명(北冥)'이란 북해(北海)를 가리키는 것이다. 한편 이 대붕(大鵬)은 그 동체(胴體)의 길이만도 수천 리나 된다고 하는데 바람이 불어 바다의 파도가 심해지는 계절에 그 날개를 바다에 퍼덕이며 날아오른다. 그리고 바람을 타고 9만 리 높이까지 날아오르며, 일로(一路) 남쪽 바다를 향해 날아간다. 매미와 비둘기는 그 대붕을 보고 비웃는다.

"우리는 느릅나무 가지에 올라가 앉기도 힘이 드는데…… 또 실수해서 땅바닥에 떨어지는 수도 있잖아. 그런데 9만 리 상공에까지 올라가서 남쪽을 향해 날아가다니……. 저놈 머리가 좀 이상해진 것 아닐까?"

그들은 대붕이 정신이상(精神異常)이나 된 것으로 여긴다.

이는 두말할 것도 없이 세속적(世俗的) 가치관이 매미와 비둘기로 상징되어 있는 것이다. 그에 비하여 유유히 대공을 비상하는 대붕의 모습은 세속의 가치에 사로잡히지 않는 자유의 경지를 나타내고 있다. 이것이야말로 장자(莊子)의 세계인 것이다. '작은 세계에 사는 자로서는 상상도 할 수 없는 큰 세계가 있다'고 장자는 말하고 있다.

세속(世俗)의 가치관을 초월하여……

지인(至人)에게는 사심(私心)이 없고, 신인(神人)에게는 공적(功績)이 없으며, 성인(聖人)에게는 명예가 없다고 한다(소요유편).

지인무기 신인무공 성인무명
至人無己, 神人無功, 聖人無名.

그 어느 것에도 사로잡히지 않고 유유히 대공(大空)을 나는 대붕(大鵬), 그것을 보고 비웃는 지상(地上)의 매미와 비둘기 — 매미와 비둘기는 분명 세속(世俗)의 가치관을 대표하는 데 비하여 대붕은 그러한 일체의 가치관에서 초월한 모습을 시사하고 있다.

대붕과 같은 태도를 체현(體現)하고 있는 것이 여기서 말하는 지인(至人)이라든가 신인(神人), 또는 성인(聖人)이다. 이들이야말로 장자가 목표로 삼고 있는 인간상(人間像)인 것이다.

그러면 그들은 어떠한 사람들일까?

'지인(至人)은 자신에게 구애받지 않는다. 신인(神人)은 공적에 사로잡히지 않는다. 성인(聖人)은 명예에 관심을 나타내지 않는다.'

고 했다. 세속(世俗)의 세계에 사는 자기자신, 그리고 공적과 명예 — 그런 것들은, 장자가 말하는 보다 큰 입장에 설 경우, 그야말로 '작고 하찮은 것'이며 고집할 가치조차 없는 것인지도 모른다. 그러나 그렇다 하더라도 우리들 범인(凡人)은 여간해서 그런 수준에 도달하기가 어렵다고 하겠다.

언제나 냉혹스런 현실에 사로잡혀 있으니 어찌할 수가 없으며, 일희일비(一喜一悲)하고 있는 것이 우리들 현실의 모습이다. 그러나 때로 장자의 세계를 생각함으로써 생활 범위의 폭을 넓혀 보는 것이 어떻겠는가.

욕심을 실컷 부려 보았자……

뱁새가 깊은 숲속에 둥지를 짓는다 해도 불과 나뭇가지 하나면 족하고, 두더지가 강물을 마신다 해도 그 작은 배를 채우는 데 불과하다(소요유편).

초료소어심림불과일지 언서음하불과만복
鷦鷯巢於深林不過一枝. 偃鼠飮河不過滿腹.

옛날 요(堯)라는 천자(天子)가 허유(許由)에게 천자의 자리를 물려주려고 했을 때 허유는 이 말을 인용하며 거절했다고 한다. 즉 '뱁새는 깊은 숲속에 둥지를 틀지만 필요한 것은 단지 한 개비의 나뭇가지요, 두더지는 황하(黃河)의 물을 마시지만 배만 부르면 더 이상 마시지 못하는 법'이라고…….

한 인간이 무한정한 욕심을 부려 보았자 유구(悠久)한 역사와 광대(廣大)한 천지(天地)에 비하면 하찮은 것이다. 가령 거만(巨萬)의 부(富)를 쌓아 보았자 저 세상으로 가져갈 수는 없다. 그렇다면 자손들에게 싸움의 불티만 남겨 주고 태만의 습관을 심어 주는 것이 아닌가.

한(漢)나라의 소광(疏廣)은 말했다. '유산을 똑똑한 자식에게 물려주면 게으름뱅이를 만드는 것이요, 못난 자식에게 물려주면 난봉꾼을 만드는 것이다'라고 —. 생각해 보면 이것처럼 무모하고 바보스런 일도 없다. 그렇건만 우리네들은 남보다 많은 이익을 얻으려 하고, 그래서 악착같이 뛰고 있다. 어쩐지 허무하다는 생각이 들지 않는가.

물론 헐벗고 굶주린 정도의 생활을 한다면 그것은 문제가 된다. 인간답게 여유가 있는 인생을 보내기 위해서는 역시 최저한도의 물질적 보장이 있어야 한다. 그러나 그 이상의 것을 무리하면서까지 가지려는 태도는 자칫 인생을 망칠 염려가 있으니 조심할 일이다.

쓸모없는 상품(商品)

송나라 사람이 장보관(章甫冠)을 듬뿍 사가지고 월(越)나라로 행상(行商)을 떠났다. 월나라 사람들은 머리를 깎고 몸에는 문신(文身)을 하고 있었다(소요유편).

송 인 자 장 보　이 적 제 월　월 인 단 발 문 신
宋人資章甫, 而適諸越, 越人斷髮文身.

장보관(章甫冠)이란 은(殷)나라 시대에 제정된 관이라고 하는데 중국에서 상용하던 대표적인 관으로서 후세에까지 전해 왔다고 한다. 여기서 말하는 월(越)나라는 양자강 남쪽의 해안 지방에 있던 만이(蠻夷)의 나라이며 송(宋)나라는 중원에 있었던 소국(小國)이다.

이 송나라의 어떤 사람이 당시는 귀한 물건이었던 장보관을 잔뜩 사가지고 월나라에 팔러 갔다는 것이다. 그런데 월나라 사람들은 머리를 빡빡 깎고 있을 뿐 아니라 온몸에 문신(文身)을 하고 있어서 장보관이 팔리지 않았다는 내용이다.

돼지에게 진주란 속담이 있다. 인간들이 보석이라며 귀히 여기는 진주이지만 돼지에게는 먹이조차 안된다는 것이 진주이다. 즉 가치관의 차이가 너무나도 심하다는 의미이다. 장자는 표제어 다음에 이런 말을 덧붙이고 있다.

"요(堯)임금이 선정을 베풀어서 천하는 잘 다스려지고 있었다. 요임금은 어느 날 기세도 당당하게 막고야(藐姑射)의 산에 살고 있는 4명의 신인(神人)을 방문했다. 그러나 요임금은 그들에게 압도되어 도읍 교외의 분수(汾水) 강가에까지 와서도 망연자실한 채 나라의 일 따위는 까맣게 잊고 있었다."

큰 박의 용도(用途)

다섯 섬이나 들어가는 박이 있다면 왜 그것을 배로 만들어서 강에 띄우지 아니했는가(소요유편).

오석지호 하불려이위 대준이부호 강호
五石之瓠, 何不慮以爲, 大樽而浮乎, 江湖.

혜자(惠子 : 惠施)와 장자의 대화 중 일부이다. 혜자가 말했다.

"전에 위왕(魏王)으로부터 박씨를 받아서 심은 적이 있는데 열린 박이 어찌나 큰지 다섯 섬의 곡식이 들어갈 수 있을 정도였소. 그것을 쪼개어 바가지로 쓰려 해도 너무 커서, 독 속에 들어가지 않는 거요. 그래서 그 쓸모없는 박을 부숴 버렸소이다."

장자가 대답했다.

"송(宋)나라에 대대로 삼을 바래는 일을 생업으로 하는 사람이 있었는데, 직업상 손이 트지 않는 묘약을 만드는 비법을 알고 있었소. 한 나그네가 그 소문을 듣고 약의 제조법을 백 냥에 샀다오. 사나이는 받은 백 냥을 다 써버리고 품팔이 일꾼으로 전락했는데 약 제조법을 알아낸 나그네는 오(吳)나라에 가서 그 비법을 빌미로 하여 장군이 되었소. 오왕(吳王)은 월(越)나라를 쳐야겠는데 그러려면 수상전(水上戰)이 필요하고 수상전에서는 장병들이 손이 트지 않는 약을 발라야겠기에 그 나그네를 장군으로 발탁했던 거라오.

어떻소? 똑같은 약 제조법으로 한 사람은 장수가 되고 한 사람은 품팔이가 되었으니……."

그리고 장자가 한 말이 표제어의 말인데, 요는 고정관념에 사로잡히지 말라는 뜻이다.

생각을 바꾸라

쓸모가 없다고 하여 어찌 괴로워할 일인가(소요유편).

무소가용 안소곤고재
無所可用, 安所困苦哉.

이 항(項)도 혜자(惠子)와 장자 사이에 있었던 대화 내용이다.
"내가 사는 곳에 엄청나게 큰 나무가 있소. 남들이 말하기를 가죽나무라고 합디다. 그 줄기는 울퉁불퉁해서 먹줄을 칠 수가 없고, 그 가지는 비비 꼬여서 곱자를 가지고도 도저히 잴 수가 없소이다. 그런 까닭에 이 나무는 길가에 있건만 목수들이 거들떠보지도 않는답니다. 그대가 말하는 바는 넓고 큰데 결국에는 이 나무와 같아서 세상사람들이 상대해 줄 리 없을 것이외다."
혜자의 이같은 말에 장자가 대답했다.
"혹, 족제비라는 짐승을 알고 있소? 이놈은 꼼짝도 않고 웅크리고 있으면서 사냥감을 노리다가 재빨리 덥친다오. 언제나 날렵하게 뛰어다니면서 사냥감을 찾기도 하는데 그러는 것이 화가 되어 덫이나 그물에 걸리기도 하오.

그것에 비한다면 검은소는 마치 하늘을 뒤덮을 만한 큰 몸집을 가지고 있소이다. 검은소는 큰 것만이 쓸모일 뿐 쥐 한 마리도 잡지 못하지만 그처럼 무능한 까닭에 죽음을 당하지 않는 거라오. 그대가 사는 곳에 그처럼 큰 나무가 있다면, 쓸모가 없다고 한탄만 할 일이 아니라 그 나무 아래에서 편안히 쉰다면 그 아니 좋겠소? 쓸모가 없으니 베어질 염려도 없고 누가 해칠 리도 만무할 것이외다."

인간은 지(知)의 포로

훌륭한 지혜는 한가롭고 너그럽지만 하잘것없는 지혜는 사소한 것을 따지며, 훌륭한 말은 담담하지만 세속적이고 쓸데없는 말은 시끄럽다(제물론편).

대지한한 소지간간 대언염염 소언첨첨
大知閑閑, 小知閒閒, 大言炎炎, 小言詹詹.

대인(大人)과 소인(小人), 큰 지혜와 보잘것없는 지혜를 비교 분석하며 소인배들의 아집을 비판한 구절이다.

장자는 표제어에 이어서 다음과 같이 말하고 있다.

"세속적인 소인은 잠이 들어도 꿈을 꾸어 마음이 쉴 사이가 없고, 깨어나면 또 육체가 활동을 시작하여 쉴 사이가 없다. 사회생활을 하는데도 분쟁을 일으키고 날마다 다툼질로 속을 썩이는데 개중에는 우유부단한 자도 있고 음흉한 자도 있으며 깐깐한 자도 있다. 두려움이 작을 때는 흠칫 놀라지만 그것이 커지면 그만 넋을 잃고 기운을 못차린다…… 탐욕에 빠져 버리면 본래의 순수한 모습으로 되돌아갈 수가 없다. 또한 그들이 늙어서도 욕심이 많아질 때 그 억눌려 있는 모습이란 단단히 봉해서 막아놓은 것과 같다."

인간의 지혜라든가 말은 참으로 다양하다. 포괄적인 인식이 있고, 분석적인 탐구가 있고, 간결한 표현이 있고 번다(繁多)한 요설(饒舌)이 있는 등, 사람에 따라서 그리고 경우에 따라서 각양각색으로 나타난다. 어쨌든 한평생 살아가기 위해 나름대로의 지혜를 짜내고 언설로 표현하는 게 인생인데 장자는 대지(大知)를 가지는 대인(大人)이 되는 것이 순리라고 역설한다.

마음과 몸을 지배하는 것은?

그것(감정)이 없으면 내가 있을 수 없고 내가 없으면 그것(감정)이 나타날 데가 없다(제물론편).

비피무아 비아무소취
非彼無我, 非我無所取.

인간은 기뻐하는가 하면 성을 내고, 슬퍼하는가 하면 즐거워한다. 그런데 그러한 인간 심리의 모든 양상(樣狀)은 도대체 무엇에서 생기는 것일까? 장자는 이렇게 설명하고 있다.

"우리의 심리는 빈 구멍에서 울려나오는 피리 소리처럼, 그리고 습기 찬 데서 생겨나는 곰팡이처럼 끊임없이 변천하지만, 무엇이 그 궁극의 원인인지는 모른다. 그러나 아침저녁으로 심리가 변하는 것을 보건대 역시 무엇인가가 그것을 움직이고 있을 것이다.

일설에 의하면 외물(外物)이 존재하지 않는다면 자기라는 의식은 생기지 아니한다. 따라서 외물과 자기와의 교섭에 의거하여 자기의 내면(內面)에 생기는 것이 마음의 움직임이라고 한다. 이 설(說)에는 일면의 진리가 포함되어 있으나 충분한 것이라고는 할 수가 없다. 왜냐하면 이 설에 의한다 할지라도 심적(心的) 기능이 부여되고 있는 이상, 부여한 무엇인가가 존재한다는 것은 틀림이 없다. 다시 말해서 진재(眞宰 : 道)의 존재를 전제로 하지 않으면 아무리 해도 논리가 통하지 않는다. 그럼에도 불구하고 그 존재를 명시할 수는 없다."

장자는 나 자신과 내 몸의 각 기관 장기(臟器)와의 관계도 이와 같다며 도(道)에 따른 삶, 즉 진재(眞宰)에 입각한 삶을 강조했다.

성형(成形)과 성심(成心)

사람으로서의 형태를 받은 이상 목숨을 해치는 일 없이 그대로 자연히 죽어가기를 기다리라(제물론편).

일 수 기 성 형 불 망 이 대 진
一受其成形, 不亡以待盡.

우리는 하나의 성형(成形 : 가지고 태어난 몸체)이 있다. 그리고 우리의 모든 기관(器官)은 죽음에 이르기까지 외물(外物)을 물리친다거나 받아들이는 등의 활동을 그치지 아니한다. 요컨대 외물과의 갈등을 반복하면서 외곬으로 죽음을 향하여 돌진하는 것이 곧 인간이 살아가는 과정인 것이다.

생애를 통하여 악착같이 심신을 수고롭게 하고서도 아무런 보람이 없고 피곤할 뿐 조금도 편안하지 못하다. 사람에 따라서는 '투쟁이야말로 삶의 증표이다'라고 설명하기도 하는데 어찌 그토록 무의미한 설명을 할 수 있단 말인가? 살기 위해 심신을 수고롭게 하고 외물과 다투는데 그로 인하여 심신을 바싹 마르도록 해서 멸망해가는…… 이 움직일 수 없는 모순을, 이 불가해(不可解)한 인생을 사람들은 무엇이라고 해명할 것인가?

인간에게는 또 성심(成心 : 타고난 마음)이 있다. 이 성심에는 지혜롭다든가 어리석다는 구별이 없다. 그러나 이 성심은 생활의 과정에 있어, 변형되고 외물과 대립하는 지(知) 쪽으로 변질되어간다. 이처럼 성심이 변질되어가는 데에 문제가 있다.

그런즉 우주(인간도 포함된다)를 지배하는 근본 원리인 도(道)를 따라 살고자 힘쓰는 자만이 성심을 가지고 성형(成形)을 지탱해 나갈 수 있다는 것이 장자의 인식이다.

수단(手段)의 목적화(目的化)

말이란 단순히 소리를 내는 것만은 아니다. 말에는 의미가 있다(제물론편).

부언비취야 언자유언
夫言非吹也, 言者有言.

말은 공동(空洞)에서 울려나오는 아무 뜻도 없는 소리가 아니라는 것이다. 말에는 반드시 어떤 뜻이 담겨져 있는 법이니 말이다.

그러나 그 의미가 불확정(不確定)된 것이라고 하면 말은 성립될 리가 만무하다. 그렇게 되는 경우 병아리가 삐약삐약 하며 우는 소리와 다르다고 주장해 보았자, 사실상 양자간(兩者間)에 차이가 없는 것이 된다.

당초부터 도(道)에 진위(眞僞)의 구별이 생기고, 말에는 시비(是非)의 구별이 생긴 것은 무엇 때문이겠는가? 본래 도(道)란 만물에 널리 펴져 있는 것이며, 말도 도(道)와 형영상반(形影相伴)하는 관계에 있어, 그것을 지(知)로써 구속하려는 데 원인이 있다.

유가(儒家)와 묵가(墨家) 등, 여러 학파간에 논쟁을 벌이는 것도 결국은 이런 데서 비롯되는 것이다. 이렇게 해서 인간은 서로 다른 학파간에 학설을 내세워 논쟁을 벌이는데 그 논쟁으로 날이 새고 해가 저물게 마련이다.

즉 본디 수단에 지나지 않았던 말이 자기 목적화(目的化)되어 더욱더 도(道)에서 멀어지는 결과를 초래하고 있다. 그렇다면 이런 오류(誤謬)를 극복하는 방법이란 무엇인가?

그것은 지(知)의 한계를 초월하는 진지(眞知), 즉 명(明)에 의할 수밖에 없다는 게 장자의 주장이다.

명(明)에 따라야 하는 이유

사물(事物)은 저것 아닌 것이 없고 또 이것 아닌 것이 없다(제물론편).

물 무 비 피 물 무 비 시
物無非彼, 物無非是.

모든 존재는 '저것'과 '이것'으로 구분된다. 그러나 '저것' 쪽에서 보면 '이것'은 '저것'이고, '저것'이 '이것'이다. 즉 '저것'이란 개념은 '이것'이란 개념과 대비할 때 비로소 성립되며, '이것'이란 개념은 '저것'이란 개념과 대비할 때 비로소 성립된다는 것이 피아상대설(彼我相對說)이다.

그런데 상대적인 것은 '저것'과 '이것'에 한정된 것은 아니다. 예컨대 생(生)과 사(死), 가(可)와 불가(不可), 시(是)와 비(非)의 관계 또한 그러하다. 모든 사물은 서로 의존하는 동시에 서로 배척하는 관계에 있다.

그러므로 성인(聖人)은 이것이냐 저것이냐를 선택하는 입장을 취하지 않고, 항상 변화하는 자연 그대로 수용하고자 한다. 이 또한 한 가지 입장에 기초한 판단임에 틀림없지만 이런 입장에서라면 '이것'은 동시에 '저것'이고 '저것'은 동시에 '이것'이다. '저것'은 시(是)인 동시에 비(非)이다. 이처럼 자타의 구별을 잃음으로써 개별존재(個別存在)가 아닌 것으로 되는 것이 도(道)의 요체(要諦), 즉 도추(道樞)이다. 도(道)를 체득(體得)란 사람은 문짝의 돌쩌귀를 꽂는 문둔테의 구멍을 중심으로 해서 무한히 회전하는 것처럼 끝없이 변하면서 이 끝없는 변화에 대응해 나갈 수 있는 법이다.

이 '도추'의 경지에 올라 있어야만 시(是)와 비(非)의 대립은 본디 모습 그대로 긍정된다. 명(明)에 따른다는 것은 곧 이것을 말함이라고 장자는 강조했다.

자연 그대로에 맡기라

무위자연(無爲自然)**에 맡기라**(**제물론편**).

무적언인시이
無適焉因是已 .

표제어에 앞서서 또 장자의 말을 인용하면 다음과 같다.

"일체의 모순과 대립을 초월한 도(道)의 세계에 있어서는 큰 것의 대표격인 것인 태산(泰山)도 짐승의 솜털보다 작고, 8백여 세를 살다간 팽조(彭組)도 태어나자마자 바로 죽은 갓난아기보다 단명(短命)하다.

천지(天地)와 자기(自己)와는 일체이며 만물(萬物)과 자기와는 일여(一如)이다.

여기서 말하는 '일(一)', 다시 말해서 주객일체(主客一體)의 세계에서는 개념이 개입할 여지가 없는 것처럼 보인다. 그러나 이것을 1이라고 판단하면 이미 거기에 1이라는 개념이 생긴 것이다. 뒤이어서 1인 세계와 1이라는 개념에서 2라는 개념이 생기면 2라는 개념과 1이라는 개념에서 3이라는 개념이 생긴다.

거기에서 먼저 생겨나는 수개념(數槪念)의 무한함은 어떤 계수의 달인이라 할지라도 완전하고 완벽하게 밝혀낼 수는 없을 것이다. 주객미분(主客未分)인 상태의 체험이 1이라고 판단된 순간에 이미 3까지의 개념이 생겨난 것이다.

하물며 개념에 의하여 구분된 세계가 어떤 개념의 독주를 낳고 복잡다기(複雜多岐)하게 분화(分化)되어가는지는 미루어 짐작할 수 있다. 이 끝도 없고 한도 없는 미로에 발을 들여놓지 말고 무심(無心)으로 돌아가야 한다."

아침에 세 개, 저녁엔 네 개

아침에는 세 개, 그리고 저녁에는 네 개를 주겠다(제물론편).

조삼모사
朝三暮四.

옛날, 원숭이를 기르는 사육사(飼育師)가 어느 날 원숭이에게 도토리를 주면서 이렇게 말했다.

"자, 이제부터는 아침에 세 바가지, 그리고 저녁에는 네 바가지를 주겠다."

원숭이들은 이에 일제히 반대했다. 그래서 사육사는,

"그럼, 아침에 네 바가지, 저녁에 세 바가지를 주마."

라고 하자, 원숭이들은 좋다며 킥킥대고 웃어댔다.

이와 같이 실질적으로는 아무 차이도 없건만 목전(目前)의 차이에 사로잡혀서 노(怒)하기도 하고 기뻐하기도 하는 모습을 조롱한 것이 '조삼모사(朝三暮四)'라는 말이다. 장자는 원숭이들의 이야기를 인용한 다음,

"노하고 기뻐하는 것, 이 모든 것은 역시 자신이 옳다고 생각하는 것에 사로잡혀 있기 때문이다."

라며 경고하고 있다. 이것 또한 그럴 듯한 말임에 틀림없다.

이 '조삼모사'는 정치수법의 하나로 사용되어 왔었다. 예컨대 소득세(所得稅)를 감세(減稅)해 준다고 해서 기뻐하고 있으면 이번에는 부가가치세를 올린다. 저소득층은 감세(減稅)를 받은 것이 아니라 오히려 증세(增稅)가 되는 셈이다. 이런 것 또한 '조삼모사'라 해도 좋을 것이다.

그런 일에 일희일우(一喜一憂)하고 있는 우리들은 사육사에게 속은 원숭이와 다를 바가 없는 것인지도 모른다.

지(知)와 진지(眞知)

대저 참된 도(道)는 개념으로 나타낼 수 없고 참된 변론은 말로 할 수 없다(제물론편).

부 대 도 불 칭 대 변 불 언
夫大道不稱, 代辯不言.

표제어에 이어지는 장자의 말을 계속해서 들어보자.

"참된 사랑에는 사랑을 한다는 의식을 동반하지 않는다. 참된 염결(廉潔)은 염결하고자 노력하지 않는다. 참된 용(勇)은 남과 다투지 않는다. 도(道)는 도라고 판단될 때는 도가 아니다.

말(개념)은 성립될 때 사물의 실상에서 떠나 버린다. 사랑은 특정한 대상에 쏠린 때는 사랑이 아니다. 염결(廉潔)은 의식적으로 행해지면 거짓이 된다. 용(勇)을 믿고 남과 다툴 때, 이미 용은 용이 아닌 것이다.

이상 다섯 가지 예에서도 알 수 있듯이, 본디 원(圓)인 것을 원으로 만들려고 하는 것이 인간의 지혜이며 작위(作爲)이다. 더욱이 원(圓)인 것을 원으로 만들고자 하면 할수록 그 결과는 더욱더 원에서 멀어진다는 숙명을 지니고 있는 것이다.

다시 말해서 인간에 있어 최고의 '지(知)'란 지의 한계를 깨닫는 일이라고 할 수 있다. 그렇다 하더라도 이 '부지(不知)의 지(知)'를 체득한다는 것은 얼마나 어려운 일이란 말인가? 만약 이것을 체득한 사람이 있다고 한다면 그 지(知)는 무진장한 '하늘의 곳간'에 비유할 수 있을 것이다. 모두를 수용하고 사물과 더불어 추이(推移)해서 왜 그렇게 되는지, 의식하지 않는 이것이야말로 명(明)이란 것을 의식하지 않는 명, 즉 무심의 명이다."

꿈이 현실인가? 현실이 꿈인가?

장주(莊周)는 나비가 된 꿈을 꾸었다(제물론편).

장 주 몽 위 호 접
莊周夢爲蝴蝶.

'장주몽위호접(莊周夢爲蝴蝶)'이란 구절은 《장자(莊子)》 속에서도 널리 알려진 설화(說話)의 한 가지이다. 그 전문(全文)을 여기에 소개해 본다.

昔者, 莊周夢爲蝴蝶. 栩栩然蝴蝶也, 自喩適志與, 不知周也. 俄然覺, 則蘧蘧然周也. 不知周之夢爲蝴蝶與. 蝴蝶之夢爲周與. 周與蝴蝶, 則必有分矣. 比之謂物化.

언젠가 장주는 나비가 된 꿈을 꾸었다. 훨훨 날아다니는 나비가 된 채 유쾌하게 즐기면서도 자기가 장주라는 것을 깨닫지 못했다. 그러나 문득 깨어나 보니 틀림없는 장주가 아닌가 — 도대체 장주가 나비가 된 꿈을 꾼 것일까, 아니면 나비가 장주가 된 꿈을 꾼 것일까? 장주와 나비에는 반드시 구별이 있을 것이다. 이러한 변화를 물화(物化 : 만물의 변화)라고 한다.

세상 상식에 따르면 장주와 나비는 분명 별개이다. 그러나 '물화(物化)' — 곧 생생유전(生生流轉)하는 실재(實在)의 세계에 있어서는 꿈 또한 현실이며, 현실 또한 꿈이다.

장주도 또한 나비이며 나비 또한 장주여서, 그곳에는 아무런 구별도 있을 수 없다. 그러므로 주어진 현실을 있는 그대로 받아들이고 유유히 즐거운 마음으로 살아가는 것으로 족하다고 장자는 말하고 있다.

망량(罔兩)과 그림자

어째서 그런지 알 수가 없고, 어째서 그렇지 않은지도 알 수가 없다(제물론편).

> 오식소이연 오식소이불연
> 惡識所以然, 惡識所以不然.

망량(罔兩)이 그림자에게 물었다는 말로 이 대목은 시작되는데 망량이란 그림자의 바깥 가장자리에 생기는 희미한 테두리 그림자이다.

"너는 걷는가 하면 멈춰 서고, 앉는가 하면 일어서는데 어찌하여 그토록 주체성 없이 움직이는 거냐?"

망량의 물음에 그림자가 대답했다.

"너는 내가 주인[形]이 움직이는대로 움직인다 하여 비난을 하는데 몰라서 하는 말이다. 내 주인 역시 무엇인가 다른 것에 의하여 움직여지고 있는지도 모를 일이야. 뱀의 비늘이나 매미의 껍질처럼 빈 껍데기와 같은 것인지도 모를 일이지."

그리고 장자는 표제어의 말로 결론을 내렸다. 즉, 어찌하여 자기 스스로가 움직이고 있는 것인지, 그리고 움직이지 않고 있는 것인지 분간하기 어렵다는 결론이다.

이 이야기는 상대적인 세계를 그대로 긍정하고 인지(人知)에 의한 분석을 거부한 것이라고 할 수 있다. 어떤 사물의 존재라든가 운동은 그 자체로서 성립되는 것이 아니라, 반드시 원인이 있고 또 그 원인에는 한층 더 높은 원인이 있는데 그것을 캐고 들어가자면 끝이 없다는 것이다.

결국 인간의 지혜를 초월한 멀고 먼 곳에 그 궁극적인 원인이 있다고 할 수밖에 없다. 그것이 곧 도(道)이다.

'지(知)'에 치닫는 것은 위험하다

우리의 삶에는 끝이 있지만 앎에는 끝이 없다. 끝이 있는 것으로써 끝이 없는 것을 좇으면 위태로울 뿐이다. 그런데도 알려고 한다면 더욱 위태로울 뿐이다(양생주편).

오생야유애 이지야무애 이유애수무애 태이 이이위지자
吾生也有涯, 而知也無涯. 以有涯隨無涯, 殆已. 已而爲知者,
태이이의
殆而已矣.

좀더 자세히 의역하면 다음과 같은 말이 될 것이다.

'인간의 생명에는 한계가 있지만 지적(知的) 기능에는 한계가 없다. 이 생명의 유한성(有限性)을 도외시하고 지(知)를 무한히 추구하면 평안할 때가 있을 수 없다. 우리는 이 도리를 알고 있으면서도 지(知)에서 떠나지를 못한다.'

인간의 역사는 분명 그러한 것이었다. 새 지식은 새 욕망을 낳게 했고, 새 욕망은 다시 새 지식을 낳게 해서 지식과 욕망은 한없이 확산(擴散)되어 왔다. 정보화(情報化) 사회라고 하는 현대에도 이런 경향은 수그러들기는커녕 점점 가속화(加速化)되고 있다.

그 덕택에 인류는 고도의 문명과 문화(文化)를 구축할 수 있었다. 이 일은 십분 인정해야 할 것이다. 그러나 그 반면 그로 말미암아 마음의 평안이라든가 생(生)의 충족 등의 면은 점점 훼방을 받게 되었다. 이 점 또한 인정하지 않을 수 없다.

장자는 그러한 위험성(危險性)에 눈을 돌리고 지(知)의 무한정한 확충(擴充)에 대하여 날카롭게 경종(警鐘)을 울리고 있는 것이다.

치우치지 않는 생활방법을 터득하라

(선악에 얽매이지 않는) 중간의 입장을 따라 그것을 기준으로 삼는다면 몸을 온전히 지킬 수 있고, 평생을 무사히 보낼 수 있으며, 부모를 공양하고 천수(天壽)를 다할 수가 있다(양생주편).

연독이위경 가이보신 가이전생 가이양친 가이진년
緣督以爲經, 可以保身, 可以全生, 可以養親, 可以盡年.

인생을 생각해 보면 짧다고도 할 수 있고, 길다고도 할 수 있다. 그야 어쨌든 소중한 생명을 얻은 바에는 온전히 보전하고 충실된 인생을 보내야 할 것이다. 그러기 위해서는 어떤 생활방법을 택해야 하는 것일까? 장자에 의하면 '연독이위경(緣督以爲經)'이라고 한다.

이 경우 '독(督)'이란 가운데, 혹은 중앙(中央)이라는 의미로서 선(善)에도 치우치지 않고 악(惡)에도 치우치지 않는 상태를 가리킨다. 선하지도 않고 악하지도 않은 무심(無心)의 경지라고 해도 좋다. 또 '경(經)'이란 생활의 근본 원리, 혹은 기본 원칙이다. 그러므로 세상의 선악에 구애받지 말고, 자연의 리듬에 따라서 살아가는 것이 곧 '연독이위경'의 생활방법인 것이다.

그렇게 살도록 노력하면 자연히 여유있게 인생을 보낼 수 있으며 부모에게도 효도를 다할 수 있고, 주어진 수명(壽命)을 다 누릴 수 있다고 하였다.

우리도 세상의 가치관에 사로잡히지 않는 생활방법, 한 가지 일에 구애받지 않는 생활태도, 그런 생활방법으로 살아갈 수 있다면 장자의 이상(理想)에 접근할 수 있을 것이다. 그러나 물질만능 시대인 오늘날에는 이런 생활방법이 무리한 주문일는지도 모르겠다.

명요리사(名料理師)의 칼솜씨

훌륭하도다. 나는 포정(庖丁)의 말을 듣고 양생(養生)의 도(道)를 터득하였도다(양생주편).

선재 오문포정지언 득양생언
善哉. 吾聞庖丁之言, 得養生焉.

옛날 포정(庖丁)이라는 명요리사가 위(魏)나라 혜왕(惠王) 앞에서 소를 잡아 그 각을 뜨고 있었다. 포정이 소에 손을 대고 어깨에 힘을 넣은 다음, 발의 위치를 잡고 무릎으로 소를 눌렀는가 생각했더니 금방 쇠고기와 쇠뼈가 분리되어간다. 재치 있는 포정의 솜씨는 리듬을 타고 마치 우아한 댄스라도 하듯 보기에 시원했다. 혜왕은 무의식중에,

"오오, 훌륭하도다. 실로 신기(神技)로구나."

라며 감탄했는데 포정은 칼질을 멈추고 이렇게 대답했다고 한다.

"옛날 처음으로 이 일을 시작했을 때는, 소신(小臣)의 눈에는 소의 외형(外形)만 보였었나이다. 3년쯤 지나자 소의 외형은 사라지고 뼈와 근육이 보이게 되었습지요. 지금은 소를 보면 소신의 마음이 작용하고 기능하나이다. 이미 감각은 그 기능을 멈추었고 마음만이 활발하게 작용하는 것입지요. 그 다음에는 자연의 섭리에 따를 뿐이옵니다. 소의 몸뚱이에 자연적으로 생긴 틈바구니를 잘라 내는 것입지요. 그런 까닭에 큰 뼈는 물론이요, 근육과 고기 사이에 있는 부분까지도 칼로 도려낼 수 있사옵니다."

혜왕은 이 말을 듣고 '훌륭하도다. 나는 포정의 말을 듣고 양생을 터득했다'고 말했다는 것이다. '양생'이란 참되게 사는 것을 의미한다. 포정의 칼솜씨는 인생을 무리없이 살아가는 방법을 가르쳐 준 것이다.

외다리야말로 자유롭다

하늘 탓이지 사람 탓이 아닐세. 하늘이 나를 외다리로 만들어 주었다네 (양생주편).

천야 비인야 천지생시사독야
天也 非人也. 天之生是使獨也.

공문헌(公文軒)이란 사람이 있었는데 그의 친구가 죄를 짓고 한쪽 다리를 잘리는 형(刑)에 처해졌다. 얼마 후 외다리로 걸어온 친구를 보고 공문헌이 놀라며 물었다.

"그 다리는 대체 어떻게 된 건가? 하늘 탓인가? 사람 탓인가?"

그러자 친구가 대답했다.

"놀랄 것 없네. 형(刑)을 받은 게야. 이처럼 된 것도 내가 타고난 운명의 일부로서, 사람의 힘으로는 어쩔 수 없는 것이지. 하늘의 탓이지, 사람의 탓이 아니란 말일세. 하늘이 나에게 외다리를 만들어 주었다는 말이야. 인간은 외다리로 태어나고자 해서 외다리가 되는 것은 아니지. 자네의 두 다리도 자네야 어떻게 생각하든 간에 하늘이 두 다리를 주신 것임이야. 그러고 보면 내가 외다리가 된 것도 천명(天命)으로서 인간의 힘으로는 어쩔 수가 없는 일이잖은가.

자네는 꿩의 처지를 이해하는가? 꿩은 먹이를 찾아 헤매고 물을 찾아 야산을 뛰어다니지. 아무튼 고생스런 삶을 살아가는데 그러면서도 새장 속에 갇히어 살아가기를 원하지 않는다네."

천명에 순종하며 살아가되 자연의 자유로움 속에서 사는 즐거움을 설명한 것으로서 양생(養生)의 소중함을 강조한 대목이다.

자연의 흐름에 순응하라

때에 편안히 머물러 자연의 도리를 따라간다면 기쁨이나 슬픔 따위, 감정이 끼어들 여지가 없는 것이다(양생주편).

안시이처순 애락불능입야
安時而處順, 哀樂不能入也.

"시류(時流)에 맞도록 몸을 맡기고 자연의 흐름에 따라서 살아간다면, 슬픔도 기쁨도 마음을 혼란케 만들지 않는다."

라고 말하고, 이런 생활방법이야말로 이상(理想)적인 것이라고 장자는 강조한다.

옛날, 진실(秦失)이라는 사람이 친구인 노담(老聃 : 老子)의 죽음을 듣고 조상하러 갔는데, 영전(靈前)에 절을 한 번 하고는 곧바로 돌아서서 자리를 떴다. 그것을 본 노담의 제자들이 '친구인 당신이 그처럼 조상을 해도 되는 겁니까?'라고 불평을 토로하자, 진실은 이렇게 말했다고 한다.

"그대들의 선생이 이 세상에 태어난 것은 태어날 만한 때를 만났기에 태어났던 것이며, 또 이 세상을 떠난 것은 떠나야 할 필연적인 일이 있기에 떠난 것이 아니겠소? 그런데 아까 빈소에 들어가 보니 늙은이건 젊은이건 모두 마치 자기네 육친이 죽은 것처럼 비통해하고 있습디다. 그렇다면 평소부터 그대들의 선생은 암암리에 그렇게 해주기를 바랐었던 것이 아니겠소? 내가 그를 잘못 보았었지."

진실의 말에 의하면 노담은 '시류에 맞게 살고 자연의 도리에 따라 산다'는 생활태도에 어긋났다는 것인데, 이것은 두말할 것도 없이 장자의 주장일 것이다. 이 세상에 태어난 것이 자연의 섭리라면 죽어 가는 것도 자연의 섭리이다. 그렇다면 기뻐하고 즐거워해야 할 것이 무엇이겠는가?

명예심도 지식도 흉기이다

덕은 명예심 때문에 녹아 없어지고, 지식은 경쟁심에서 생긴다. 명예란 헐뜯는 것이며, 지식이란 다투기 위한 도구이다. 이 두 가지는 흉기여서 두루 순조롭게 진행되어서는 안 되는 것이다(인간세편).

> 덕탕호명 지출호쟁 명야자상알야 지야자쟁지기야 이자흉기
> 德蕩乎名, 知出乎爭. 名也者相軋也. 知也者爭之器也. 二者凶器,
>
> 비소이진행야
> 非所以盡行也.

인간의 덕은 명예에 사로잡히게 됨으로써 잃어버리게 되고, 지(知)는 경쟁이 있음으로써 발달되어 왔다. 명예심에 사로잡히고 지식에 의지하는 한, 인간 사이의 대립항쟁은 격해질 뿐이다. 명예심도 지식도 상대방에게 상처를 주고 스스로를 멸망시키는 흉기이다. 그런 것을 의지해서는 안 된다고 하는 의미이다.

명예심에 사로잡혀 있으면 아무래도 공명(功名)과 공훈(功勳)을 얻고 싶어한다.

임기(任期)중에 어떤 일을 꼭 해내고 싶다든가 이 일만큼은 꼭 해놓고 은퇴하겠다는 욕심을 부리면 어깨에 힘이 들어가게 된다. 어깨에 힘이 들어가면 안 되는 것은 골프나 야구의 운동경기뿐이 아니다.

그 결과 욕망에 사로잡혀 오히려 일을 망치는 경우도 있다. 자기자신만 상처를 입는 것이라면 또 몰라도 자칫하면 주변 사람들까지도 그 피해를 받게 된다. 지식에 대해서도 똑같은 말을 할 수 있다. 지식에 너무 의존하다 보면 다툼을 불러일으키게 되어 걷잡을 수 없이 되기 때문이다. 장자는 이 점을 경고하고 있는 것이다.

빈 마음으로 대응(對應)하라

귀로 듣지 말고 마음으로 듣도록 하고, 마음으로 듣지 말고 기(氣)로 듣도록 하라(인간세편).

무청지이이 이청지이심 무청지이심 이청지이기
無聽之以耳, 而聽之以心, 無聽之以心, 而聽之以氣.

외계(外界)의 움직임을 찰지(察知)하고 변화에 대해서 유연하게 대응(對應)하기 위해서는, 귀로 듣는 것보다 마음으로 들으라. 아니, 마음으로 듣는 것보다도 기(氣)로 들을 필요가 있다고 했다. '왜냐하면'이라고 전제한 다음 장자는 이렇게 말하고 있다.

"귀는 소리를 들을 뿐이고 마음은 밖에서 들어온 것에 맞도록 깨달을 뿐이지만, 기(氣)는 공허(空虛)하여 무엇이나 다 받아들인다."

귀는 소리를 감각적으로 받아들이는 데 불과하고, 마음은 사상(事象)을 지각(知覺)하는 데 지나지 않는다. 그러나 기(氣)는 다르다. 기로 듣는다는 것은 모든 사상(事象)을 있는 그대로 무심(無心)하게 받아들인다는 것이다. '기로 듣는다'란, 알기 쉽게 말하면 허심(虛心)이라든가 무심(無心)의 경지이리라. 과연 그렇게 할 수만 있다면 소리 없는 소리를 들을 수가 있고, 형태(形態) 없는 형태를 볼 수 있을는지도 모른다.

정세(情勢)는 항상 유동(流動)적이다. 고정관념이나 기존의 개념에 사로잡혀 있어서는 변화에 즉각적으로 대응할 수가 없다. 허심으로 대처하는 것이야말로 유사즉응(有事卽應)을 가능하게 하는 것이다.

장자는 이런 말도 하고 있다 — '지식이 있기에 사람은 지식에 의존한다. 지식을 버려야만 참지식이 있는 것이고, 무심의 경지에 달하지 못하는 한 마음이 편안할 사이는 없다'고.

하늘은 속일 수가 없어

사람에게 사역(使役)당할 때는 그를 속이기가 쉽지만, 하늘에게 사역당할 때는 하늘을 속이기 어렵다(인간세편).

위 인 사 이 이 위　위 천 사 난 이 위
爲人使易以僞, 爲天使難以僞.

앞의 두 항(項)과 이 항은 공자(孔子)와 그의 제자 안회(顔回) 사이에 있었던 대화 내용이라며 《장자》에 소개된 것이다. 내용의 주제는 심재(心齋), 즉 마음의 재계(齋戒)이며 안회가 위(衛)나라 정치가 문란하다는 소문을 듣고 위나라에 가서 정치를 바로잡아 보겠노라고 스승 공자에게 상의할 때 공자가 훈계하는 대목들이다. 표제어에 이어서 공자는 다음과 같이 말했다고 《장자》는 적고 있다.

"날개가 있기에 난다는 이야기는 들었지만 날개 없이도 난다는 이야기는 들어 본 적이 없다. 지식이 있어서 사물의 이치를 안다는 말은 들은 적이 있지만 지식 없이 사물의 이치를 안다는 말은 들은 적이 없다. 우리는 이처럼 있다 없다고 하는 상대적인 세계에 살고 있지만 저 텅 비어있는 것, 즉 공허(空虛)한 것을 보아라. 아무것도 없이 비어 있는 방안에 눈부신 햇살이 비추어 저처럼 환하지 아니하냐. 이처럼 상대적인 것에 얽매이지 말고 마음을 공허하게 하면 모든 진상이 환하게 보인다. 행복도 이 호젓하고 텅빈 곳에 머무르게 되는 것이다."

요즈음에는 흔히 '마음을 비웠다'란 말을 하는 정객들이 있다. 진실로 마음을 비우기란 쉽지 않은 것이 인간인지도 모른다. 그것은 성인(聖人)의 경지에 오른 사람이나 가능한 것이겠는데 어쨌든 행복은 그런 경지에 오른 사람의 전유물이라고 했다.

광포(狂暴)한 상대에게 대항 마라

사마귀는 팔뚝을 휘두르며 수레에 맞선다. 제 힘으로 감당할 수 없다는 것을 모르는 것이다(인간세편).

당랑노기비이당거철 부지기불승임야
螳螂怒其臂以當車轍. 不知其不勝任也.

이것을 약(略)해서 '당랑당거철(螳螂當車轍)'이라고도 한다(螳螂은 蟷螂이라고도 쓴다).

당랑은 물체가 가까이 오면 그것이 비록 수레바퀴처럼 거대한 것이라 할지라도 앞발을 들어 대항하려고 한다. 그 의욕은 장하다고 할 수 있지만 결국 짓눌려 죽을 것은 뻔한 노릇이 아니겠는가. 자신의 힘을 생각하지 않고 거대한 것에 대항하는 것 — 그런 무모한 자세를 비웃는 말이다.

장자는 이 이야기를, 광포한 권력자(權力者)를 섬기는 경우의 마음자세에 비유·인용하고 있다.

그런 상대를 섬길 때에는 함부로 고집을 세우지 말라는 것이다. 고집을 부렸다가는 당장에 죽음을 당하게 될는지도 모른다. 그런 처세는 최하급의 처세라고 하였다.

그럼 당랑과 같은 무모한 짓을 하지 않으려면 어떻게 하는 것이 좋을까? 장자는 다음과 같이 말하고 있다.

"상대방이 어린아이처럼 장난을 치면 이쪽도 함께 어린아이처럼 행동하는 것이 좋다. 상대방이 멋대로 놀아나면 이쪽도 그와 같이 멋대로 놀아나면 된다. 상대가 무모하게 행동하면 함께 무모한 행동을 하는 것이 좋다. 어디까지나 순종하면서 자신의 덕(德)으로 상대방을 감싸주고 상대방을 나에게 동화(同化)시켜 나가야 할 것이다."

머물러야 할 곳에 머물러야……

(머물러야 할 곳에)머무르지 않는다면 이것을 좌치(坐馳)라고 한다(인간세편).

부 차 부 지　시 지 위 좌 치
夫且不止, 是之謂坐馳.

좌치(坐馳)는 '몸은 앉아 있어도 마음은 어디론가 마구 달리고 있다'는 뜻이다. 공자의 말은 계속된다.

"귀나 눈을 바깥이 아닌, 안으로 통하게 하고 마음의 작용을 밖으로 향하게 한다면 귀신도 찾아와서 머물게 될 것이다. 하물며 사람이 찾아오게 되는 것은 두말할 나위가 있겠느냐. 이것이 곧 만물의 변화에 응하는 방법인데 옛날 우(禹)임금이나 순(舜)임금도 이 방법에 의지했었으며 복희씨(伏羲氏)라든가 궤거(几蘧)가 평생을 두고 실행했던 바였다. 하물며 성인(聖人)이 아닌 범인(凡人)이야, 이 무심(無心)을 목표로 해야 함은 더 말할 나위도 없는 일이지."

복희(伏羲)나 궤거(几蘧)는 모두 고대의 전설적인 제왕(帝王)들인데 궤거는 삼황(三皇) 이전의 제왕이라고 한다.

이상으로 공자와 안회가 나눈 심재(心齋) 이야기는 끝난다. 안회가 위(衛)나라에 가서 군주의 폭정(暴政)을 막기 위해 간언을 하겠다고 스승에게 말한 데 대해 공자는 무엇보다도 먼저 이 '심재'를 하라고 타일렀다. 심재란 결국 마음을 공허하게 하는 것이다.

즉, 세속에 섞이어 있으면서, 자신의 안전을 도모하면서도 자기 주장으로 남을 감화시키려면 먼저 자기 스스로를 잊고 자연과 완전히 융합된 허심(虛心)의 경지에 들어설 필요가 있다고 훈계한 것이다.

숙명에는 허심(虛心)으로 따르라

천하에는 크게 경계해야 할 일이 두 가지 있소. 그 하나는 숙명이고 또 하나는 의리이외다(인간세편).

천 하 유 대 계 이　기 일 명 야　기 일 의 야
天下有大戒二, 其一命也, 其一義也.

초(楚)나라의 대신(大臣)인 섭공자고(葉公子高)는 제(齊)나라에 사신(使臣)으로 가라는 왕명을 받았는데 그 임무가 여간 힘든 일이 아니었다. 그런즉 만약 일이 잘 안되면 엄벌을 받게 될 것이고 잘된다 해도 과로(過勞)로 인하여 큰 병에 걸릴 것 같았다.

그는 공자(孔子)에게 실토하고 의견을 구했는데 표제어는 공자의 첫 마디이며 이렇게 이어나갔다.

"……자신의 어버이를 공경하는 것은 숙명이며 마음속에서 그것을 없앨 수는 없소이다. 신하가 군주를 섬기는 것은 의리이며 어디를 가나 군주는 군주인 것이오. 이 세상 어디를 가든지 이 두 가지에서 떠날 수가 없소이다. 따라서 어버이를 섬기는 자는 신분의 고하를 막론하고 어버이를 편안하게 모시는 것이 최상의 효행이며, 군주를 섬기는 자는 상황을 가리지 않고 군주를 편안하게 모시는 것이 최상의 충성이오. 타고난 마음에 따른다면 어떠한 사상(事象)에도 감정이 좌우되지 않을 것이외다. 사람의 힘으로는 어쩔 수 없다는 것을 인지하고 마음 편히 숙명에 따르게 되는데 이것을 최상의 덕(德)이라 하오. 최선을 다하여 충성하는 것뿐, 어찌 삶을 기뻐하고 죽음을 싫어할 여유가 있겠소이까? 어서 사신으로 가도록 하시오."

공자의 말을 빈 내용이거니와 숙명에는 겸허히 따르라는 교훈이다.

도(道)에 맞게, 그리고 차분하게

군주의 명령을 윤색(潤色)하지 말고 성공을 위해 서두르지 마라(인간세편).

무천령 무권성
無遷令, 無勸成.

공자의 말은 계속된다.

"……말이란 것은 풍파와 같이 불안정한 것이며, 사람에게서 사람으로 전달되는 순간 쉽게 변모되는 법이오. 그로 인하여 말의 전달자는 종종 위험에 빠지는 것이라오. 사람이 분노로 치닫는 것은 말이 아첨이라든가 거짓으로 변모하기 때문이외다. 짐승들은 죽음을 당하게 되면 크게 소리 지르며 날뛰는데 사람도 그러하오. 위기에 몰리면 자신도 모르는 사이에 상상도 할 수 없는 폭거가 나오게 마련이라오. 그리고 한번 폭거가 나타나면 이미 머물 곳을 모르게 되오. 그러기에 선철(先哲)은 이런 말도 했다오."

그리고 공자는 표제어의 말을 인용한 다음 이렇게 끝맺고 있다.

"너무 약삭빠르게 굴면 하는 말에 거짓이 섞이게 되오. 군주의 명령에 살을 붙여서 꾸미고, 꾀를 부리다가는 일을 그르치고 말 것이오. 큰일은 하루아침에 이루어지지 않소이다. 조급하게 굴면 나쁜 결과를 초래하는데 그렇게 되면 이미 되돌릴 수 없게 되고 마오. 운명에 거스르는 일 없이 자신을 자연에 맡겨야만 참된 자유가 있으며 도(道)의 기능이 있을 것이오."

도가적(道家的)인 말을 공자가 정말로 했는지 어떤지는 알 길이 없지만 외교(外交)에 있어서도 무위자연의 태도를 취하라는 충고이다.

요술 거목(巨木)의 수수께끼

신인(神人)도 이 나무처럼 쓸모없음으로써 (스스로의 경지를) 지켜나가는 것이로다(인간세편).

신 인 이 차 부 재
神人以此不材.

덕이 높기로 이름 높은 남백자기(南伯子綦) : 〈제물론편〉에도 나오는데 거기에서는 南郭子綦로 적고 있다)가 상구(商丘) 지방을 여행하고 있었다. 그는 아주 특이한 거목(巨木)을 보았다.

가까이 다가가서 보니 그 그늘 속에 수레 1천 대나 세워두어도 밖에서 안보일 정도로 큰 거목이었다.

"대체 무슨 나무일까? 틀림없이 좋은 재목감일 것이야……."

남백자기는 생각했다. 그런데 이 거목을 자세히 살펴보니 가지는 구부러져 있어서 대들보나 기둥으로 쓸 수가 없고, 밑둥을 보니 그 속이 갈라져 있어서 관(棺)이나 통을 만들 수가 없었다. 또 나뭇잎을 혀로 핥아보니 그 잎이 곧 문드러져 버렸고, 그 냄새를 맡으니 곧 취기를 발하여 3일간이나 고통을 받아야 했다.

남백자기는 그제서야 깨달았다.

'이 나무는 실로 재목감이 안되고 쓸모가 없는 나무야. 그래, 그러니까 이처럼 크게 자라날 수 있었던 것이지. 쓸모있는 나무였다면 벌써 베어졌을 게 아닌가.'

그리고 표제어의 말을 중얼거렸다고 《장자》는 적고 있다. 이 이야기도 도가(道家)가 주장하는 무용지용(無用之用)을 설명한 것이다. 튀기를 좋아하는 현대인들에게 경종을 울리는 대목이다.

'무용(無用)의 용(用)'을 발견하라

사람들은 모두 쓸모있는 것의 쓸모는 알고 있어도, 쓸모없는 것의 쓸모는 모른다(인간세편).

인 개 지 유 용 지 용 이 막 지 무 용 지 용 야
人皆知有用之用, 而莫知無用之用也.

장자는 '무용(無用)의 용(用)'을 강조한다. '무용의 용'이란 세상에서 쓸모없다고 생각하는 것이 실은 유용(有用)하다는 주장이다.

어느 때 혜자(惠子)라는 논적(論敵)이,

"자네의 이론은 현실적으로 볼 때, 아무 쓸모도 없어."

라며 장자를 비판했을 때, 장자는 즉석에서 이렇게 반박했다.

"무용(無用)이 무엇인지를 알고 있는 사람만이 유용(有用)에 대해서 말할 자격이 있다네. 예컨대 우리 두 사람이 서있는 이 대지(大地)는 한이 없을 만큼 넓은 것이지만 지금 우리에게 있어 필요한 것은 발을 올려놓을 만한 넓이뿐이지. 그렇다고 해서 발을 올려놓을 만한 넓이만 남겨두고 그 주위를 땅속까지 모두 파낸다면 어떻게 되겠는가? 그래도 남아있는 부분이 우리에게 있어 쓸모있게 되겠는가?"

"그야 쓸모가 없지. 현기증이 나서 쓰러질 것이고 구덩이 깊숙이 빠지게 될 것이니까."

혜자가 대답하자 장자는 이렇게 말했다고 한다.

"그것 봐. 무용인 것이야말로 진짜 유용한 것임을 이제 알겠지?"

눈에 보이지 않는 '무용의 용' —. 그런 것들이 큰 역할을 하고 있는 예는 많다. 그것을 발견할 수 있다면 인생의 시계(視界)를 그만큼 넓힐 수 있을는지도 모른다.

도(道)에 이른 자가 가지는 매력

서있어도 가르치는 것은 아니고, 앉아 있어도 의논하는 것은 아닌데, 빈 마음으로 찾아갔던 사람이 (무엇인가를) 가득 얻어 가지고 돌아온다(덕충부편).

입불교 좌불의 처이왕 실이귀
立不教, 坐不議, 虛而往, 實而歸.

옛날, 노(魯)나라에 왕태(王駘)라는 사람이 있었다. 그는 다리를 자르는 형(刑), 즉 빈형(臏刑)에 처해진 전과자(前科者)였는데, 인망(人望)을 많이 받고 있어 공자(孔子)에 못지않을 만큼 많은 제자를 거느렸다고 한다. 여기에 실린 이야기는 그 왕태를 평한 것이다. '강의를 하는 것도 아니고 의논을 하는 것도 아니다. 가르치는 것은 단 한 가지도 없는데, 그래도 그에게 가기만 하면 무엇이든 마음 가득히 얻어 가지고 돌아오게 된다'고 했다.

왕태의 불가사의한 매력에 대해서 어떤 사람이 공자에게 물었던바, 공자는 이렇게 대답했다고 한다.

"그분은 성인(聖人)이야. 예를 들건대 생사(生死)는 인간에게 있어 가장 큰 문제인데, 그 생사의 갈림길에 서있으면서도 그는 조금도 동요되지 않았어. 비록 천지가 뒤집힌다 하더라도 그는 미동(微動)도 하지 않을 것이야. 만유의 실상을 통찰하고 개개의 현상에 구애받지 않아. 일체의 변화를 있는 그대로 받아들이고 근원인 '도'를 잃지 않는다……. 왕태야말로 이런 경지에 달한 분이지."

불언(不言)이면서도 상대방으로 하여금 지루함을 느끼지 않게 한다. 여유작작하면서도 어느 사이에 남들로 하여금 자기의 페이스에 말려들게 하는 것이다. 이런 인물에게는 무시할 수 없는 매력이 있는 법이다.

이기건 지건 간에 다를 바가 없다

다른 입장에서 본다면 한몸 안에 있는 간(肝)과 쓸개도 멀리 떨어진 초(楚)나라와 월(越)나라 같고, 같은 입장에서 본다면 만물은 모두 하나이다(덕충부편).

자기이자시지 간담초월야 자기동자시지 만물개일야
自其異者視之, 肝膽楚越也. 自其同者視之 萬物皆一也.

'모든 것은 다르다는 시점(視點)에서 본다면 그 무엇 하나 같은 것이 있을 수 없다. 예컨대 아주 가까이 있는 간장(肝臟)과 담낭(膽囊)조차도 초나라와 월나라만큼이나 떨어져 있는 것 같다. 이에 비하여 모든 것은 같다는 시점에서 보면 만물은 모두 하나이다.'

장자도 노자(老子)와 마찬가지로, 만물의 근원에 '도(道)'의 존재를 인정하고 있다. 이 '도'에서 본다면 이 세상 모든 사물은 아무런 차이도 없다는 것이다.

예컨대 승부(勝負)의 세계이다. 우리 입장에서 본다면 이기는 것과 지는 것은 하늘과 땅만큼이나 차이가 있다. 그러므로 이기게 되면 기뻐하고 지게 되면 낙담한다.

그러나 '도'를 터득한 인물이 본다면 이기는 것과 지는 것은 본질적으로 차이가 없다는 것이다. 그러므로 이겼다고 해서 으스댈 것도 없고, 졌다고 해서 비관할 것도 없다. 모든 사태를 허심(虛心)으로 받아들이고 그 어느 일에도 동요하지 않는다는 것이다.

우리들도 이와 같이 큰 마음을 자기 것으로 만들 수 있다면 그 어떤 사태에도 담담하게 대처(對處)할 수 있을 것이 아니겠는가.

거울이 맑아야 깨끗이 비친다

거울이 맑은 것은 먼지가 앉지 않아서이고, (먼지가) 앉으면 흐려지게 마련이다(덕충부편).

감명즉진구부지 지즉불명야
鑑明則塵垢不止, 止則不明也.

'반짝반짝 빛나는 거울은 먼지가 끼지 않았기 때문이다. 먼지가 끼게 되면 빛을 잃는다.'
라는 의미이다.

《장자》에는 또 '사람은 흐르는 물에 얼굴을 비춰 보지 아니하고, 괸 물에 얼굴을 비춰 본다'란 말이 있다.

유수(流水)는 사람의 모습을 비춰 주지 않는다. 비춰 주는 물은 '지수(止水)', 즉 고요히 정지(靜止)하고 있는 물이다. 그러므로 자신의 모습을 비춰 보려고 할 때는 유수(流水)가 아닌 지수(止水)를 이용한다는 것이다. 이 두 가지 말에서 그 유명한 '명경지수(明鏡止水)'라는 성구(成句)가 생겨났다. 《국어사전》을 찾아보면 이 '명경지수'를 '맑은 거울과 조용한 물' '맑고 고요한 심경(心境)'이라고 풀이하고 있다. 요컨대 허심(虛心)이라든가 무심(無心)의 경지라는 의미이리라.

인생에는 몇 번쯤 중대한 결단을 내려야 하는 경우가 있다. 그런 때 사태를 철저하게 조사하는 것도 물론 필요하겠지만 최후의 단계에서는 그런 것들을 모두 뿌리치고 '명경지수'의 심경이 되는 것이 바람직하다. 어떻게든 이번 일만큼은 성공시켜야겠다든가, 이것을 성공시키자면 어찌어찌 된다든가, 그런 잡념이 생겨나면 성공할 수 있는 것까지도 망쳐 버리는 수가 있으니 말이다.

자신의 과실에는 엄(嚴)해야 한다

스스로 잘못을 변명하며 발을 잘리지 않았어야 했다고 하는 자는 많아도, 그 잘못을 변명하지 않고 (애당초) 발이 있어서는 안 되었다고 생각하는 자는 적다(덕충부편).

자상기과 이부당망자중 불상기과 이부당존자과
自狀其過, 以不當亡者衆, 不狀其過, 以不當存者寡.

'자신이 저지른 과오를 변명하며 실패의 책임을 회피하려는 자는 많다. 그리고 자신의 과오를 솔직히 시인하며, 실패의 책임을 지려는 사람은 적다.'

이 또한 우리 인생의 취약점을 적나라하게 파헤친 말이다.

인간인 이상 누구나 과오를 저지르게 마련이다. 문제는 그 다음의 처리인 것이다. 우리는 왕왕 과오를 덮어두려고 한다. 골프에서 말하는 익스큐즈이다. 이것이 왜 나쁜 것일까?

첫째는, 주변 사람에게 나쁜 인상을 주게 된다. 익스큐즈만 자꾸 하게 되면 주변 사람들로부터 신뢰를 잃게 되고 사회인으로서의 신용에도 문제가 생겨질는지 모른다.

둘째는, 반성(反省)을 하지 않기 때문에 두 번 세 번 똑같은 실패를 되풀이할 우려가 있다. 그래 가지고는 어떠한 진보도 향상도 기대할 수 없을 것이 아니겠는가.

그렇게 되지 않기 위해서는 자신이 저지른 과오에는 냉혹하게 대처할 필요가 있다. 그리고 남의 과오에 대해서는 가급적 관용(寬容)의 정신으로 대처한다. 이것 또한 인간학(人間學)의 ABC인 것이다.

운명(運命)을 자각하며 살아가라

어쩔 수 없다는 것을 알고, 그러한 경지에 편안히 머물러 운명을 따르는 것은, 덕이 있는 사람만이 할 수 있는 일이다(덕충부편).

지불가내하 이안지약명 유유덕자능지
知不可奈何, 而安之若命, 惟有德者能之.

'명(命)'이란 인간이 제아무리 노력을 하더라도 어쩔 수가 없는 것이다. 이것을 '천명(天命)'이라고도 한다. 알기 쉽게 말하면 하늘의 의지(意志), 혹은 신(神)의 섭리(攝理)라고 해도 좋다.

이것을 자각(自覺)시켜 주는 것은 대개의 경우, 역경에 처했을 경우 또는 곤란지경에 직면했을 때이다.

그런 때에 우리는 덤벙대며 왔다갔다하다가 도리어 일을 더 크게 벌여놓는 수가 적지 아니하다. 물론 가능한 한, 지혜를 짜내어서 역경으로부터 탈출을 꾀할 필요는 있다.

그러나 쓸데없는 망상은 하지 말아야 한다. 그런 때일수록 마음의 여유가 없기 때문에 우왕좌왕하기가 일쑤인데 그러면 그럴수록 더 깊은 수렁에 빠질 염려도 있는 것이다.

그런 점에서 볼 때, 이 '명(命)'을 자각할 수만 있다면 여유를 가지고 사태에 대처할 수가 있다. 적어도 초조해하며 함부로 덤비지 않을 것이다.

이러한 것을 입증이라도 하는 듯한 말이 위에서 든 말이다. '인간의 힘으로는 어쩔 수가 없음을 깨닫고 매사를 명(命)에 따르는 것은 유덕자(有德者)만이 비로소 할 수 있는 일이다'라고 했다.

'명'을 자각할 수 있게 되었다면 인간으로서의 그릇도 꽤 커졌다는 의미가 될 것이다.

명성(名聲)은 하늘의 형벌

하늘의 벌을 받는 것인즉 어찌 들어줄 수 있겠는가(덕충부편).

천형지 안가해
天刑之, 安可解.

노(魯)나라에 형벌로 다리를 잘린, 숙손무지(叔孫無趾)란 사람이 있었다. 그는 잘린 다리를 끌면서 공자(孔子)를 찾아왔다. 공자가 말했다.

"평소에 조심했어야지요. 뒤늦게 나를 찾았구려. 난들 어찌하겠소?"

"알고 있습니다. 나는 오로지 도(道)에만 힘을 쓰다가 공부를 소홀히 했고 그 결과 경솔한 처신으로 다리를 잃었습니다. 그러나 나는 다리보다 더 소중한 것이 있다고 믿기에 선생님을 찾아온 것입니다. 평소에 마음이 넓으신 선생님인 줄 믿었기에 왔습니다만……. 내 생각이 잘못이었나 봅니다."

그 말에 공자는 부끄러운 생각이 들어 그를 붙잡으려고 했으나 숙손무지는 그대로 떠나갔다. 그는 노자(老子)를 찾아갔고 이렇게 말했다.

"공구(孔丘 : 공자)는 지인(至人)이 되려면 아직도 멀었더군요. 대체 자기가 무엇이길래 그처럼 고고하게 구는지요. 그는 매우 기괴한 명성을 바라고 있겠지만 도를 터득한 사람에게 있어 명성이란 수갑이나 족쇄나 같은 것임을 모르는 모양입니다."

"생사를 구분하지 않고 선악을 하나로 보는 만물제동(萬物齊同)의 도리를 설명하여 그 사람의 수갑과 족쇄를 풀어주구려."

노자의 말에 숙손무지는 이렇게 대답했다고 한다.

"그 사람은 하늘의 벌을 받고 있습니다. 수갑과 족쇄를 어떻게 풀어줄 수 있겠습니까?"

외면(外面)이나 형식에 사로잡히지 마라

덕(德)이 뛰어나면 외형(外形) 따위는 잊게 되는 것이다. 그러나 사람들은 그 잊어야 할 것은 잊지 않고 잊어서는 안 될 것은 잊고 있다(덕충부편).

덕유소장 이형유소망 인불망기소망 이망기소불망
德有所長, 而形有所忘. 人不忘其所忘, 而忘其所不忘.

'내면(內面)의 덕이 충실해 감에 따라 외면과 형식에는 사로잡히지 않는 법이다. 그런데 세속적 인간은 외면이나 형식에만 사로잡혀 있어서 내면의 덕 따위는 깨끗이 잊고 있다.'

《장자》에는 다리를 자르는 형(刑)에 처해진 사람, 또는 추하게 생긴 사람 등이 이따금 등장하는데 그들은 모두 외형의 추함과는 반대로 '덕'을 터득한 훌륭한 사람으로 묘사되고 있다. 그런 인물을 많이 등장시킴으로써 장자는 외형에 구애받는 어리석음을 강조하고 싶었는지도 모른다.

그런 인물 중 한 사람에, 애태타(哀駘它)라는 사나이가 있었다. 노(魯)나라 애공(哀公)이 그의 소문을 듣고 그를 초대했던바 과연 소문대로 추남(醜男)이었다.

그러나 1년도 채 안 되어서 애공은 그의 매력에 끌려서 그를 과감히 재상(宰相)으로 등용해 보았다. 그런데 애태타는 그런 지위에는 조금도 관심을 나타내지 않았다. 그리고 마침내 어디론지 자취를 감춰 버리고 말았다.

이 이야기를 들은 공자(孔子)는 '그 사람은 틀림없이 덕을 완전히 갖춘 사람'이라는 말을 했다고 한다.

이렇게 덕이란 속에 감추어져 있는 것이어서 밖으로 나타나면 이미 덕이 아닌지도 모른다.

정(情)에 대한 문답(問答)

자연이 그대의 형체를 가려내어 만들어 주었거늘 그대는 쓸데없는 변론으로 떠들고 있네(덕충부편).

천선자지형 자이견백명
天選子之形, 子以堅白鳴.

혜시(惠施)와 장자 사이에 있었던 정(情)에 관한 논쟁이다. 혜시가 물었다.

"그대 같은 성인은 정(情)을 가지지 않는다고 하는데 인간이 정을 안 가질 수도 있나?"

"그렇고 말고."

"인간이면서 정이 없다면 어찌 인간이라고 할 수 있겠는가?"

"내가 정을 가지지 않는다고 한 것은 정에 사로잡히지 않는다는 뜻으로 한 말일세. 호오(好惡)의 감정에 사로잡히어, 자기자신의 몸을 손상시키는 일 없이 일체를 자연에 맡기고, 인위적인 첨가를 하지 않는 것을 이름이지."

"하지만 일체의 인위를 부정하면 내 몸을 지키는 것조차 불가능할 게 아니겠나?"

그러자 장자는 이렇게 말했다.

"딱한 친구로군. 인간의 존재는 주어진 것일세. 그러므로 호오의 상념에 사로잡히어 자기자신을 손상시키는 일 따위는 하지 말라는 것이야. 그런데 그대는 지금 어떠한가? 싫증내는 일 없이, 지(知)를 쫓고 의론으로 날이 새고 해가 지며, 자기자신을 괴롭히고 있어."

그리고 장자가 결론적으로 한 말이 표제어이다.

법칙성(法則性)을 파악하라

자연(自然)이 하는 일을 알고, 사람이 하는 일을 알게 되면, 인지(人知)의 최고이다(대종사편).

지 천 지 소 위 　지 인 지 소 위 자 　지 의
知天之所爲, 知人之所爲者, 至矣.

하늘에는 하늘의 법칙이 있다. 인간계(人間界)에는 인간계의 법칙성이 있다. 양자(兩者)의 법칙성을 완전히 파악하고 있는 인물이야말로 '최고의 사람'이라는 것이다. 장자는 그 이유를,

"하늘을 지배하는 법칙을 구명(究明)하면 모든 변화에 순응해서 살아갈 수가 있다. 사람을 지배하는 법칙을 구명하면 지식의 한계 안에서 무리하는 일 없이 그 지식을 활용해 나갈 수가 있기 때문이다."

라고 설명한다.

무슨 일이든 무리없이 자연스럽게 목적을 달성시키기 위해서는 그 바닥에 내포되어 있는 법칙성을 인식하고, 그것에 따라서 행동하지 않으면 안 된다. 법칙성을 무시한다거나 또 그것에 역행하는 행동을 해서는, 성공할 일도 성공하지 못하게 될 것이다. 이 법칙성을 파악한 자야말로 지자(知者)라고 할 수 있다.

그러나 장자에 의하면 이러한 '지식'에 따른 인식에는 자연히 큰 한계에 이르게 된다는 것이다. 그 대상은 항상 변화해 나간다. 그것을 파악하기 위해서는 '지(知)'를 초월한 '진지(眞知)'가 요구된다고 말한 것이다. 우리들도 그러한 '지(知)'의 한계를 중요시하되 나아가서는 법칙성의 파악을 목표로 삼아야 하지 않겠는가. 그렇게 하면 행동의 과오를 조금이라도 줄일 수 있을 것이니 말이다.

욕심 속으로 깊이 빠져들면……

욕망이 깊은 사람은 그 마음의 작용이 얕다(**대종사편**).

기 기 욕 심 자 　기 천 기 천
其耆欲深者, 其天機淺.

'기욕(耆欲)'은 기욕(嗜慾), 즉 기호하는 욕심과 같은 의미이다. '천기(天機)'란 이 경우에 천부적인 소질, 혹은 재능을 가리키는 말이다. 욕심이 지나치면 지니고 있는 소질을 충분히 발휘하지 못하고 아무래도 인간이 경박해지게 된다는 말이다.

물론 무엇을 하더라도 꼭 해내고 말겠다는 의욕은 필요하다. 이것이 없으면 자기 멋대로 행동하게 되고 도중하차(途中下車)로 끝나 버린다.

그러나 욕심이 지나쳐서 고집만 앞세우다 보면 다른 것이 안 보이게 된다. 그렇게 되면 시야가 좁아져서 저질스러운 인간이 되어 버리고 마는 것이다.

돈 버는 일을 예로 들어 보자. 인생을 살아가기 위해서는 가급적이면 경제적으로 여유가 있는 편이 좋다. 그러나 돈 버는 일에 지나칠 정도로 사로잡혀 있으면 '천기(天機)'가 얕은 인간이 되고 만다. 또 인생에는 일만이 아니라 나름대로의 즐거움도 있어야 한다. 그러나 즐거움도 그 일에 너무 빠져들게 되면 괴로움이 되는 수가 있다.

장자는 말한다 —'탐닉하거나 한 가지 일에 너무 깊숙이 빠져들면 자신이 자신의 인생을 망쳐놓는 것'이라고.

돈을 버는 일이건 도락(道樂)이건 간에 담담히 즐기는 데에 큰 즐거움이 있는 것이다. 우리는 가급적이면 그런 태도로 인생을 살아가고자 노력해야 하지 않을까!

생사(生死)에 구애받지 않는다

옛날의 진인(眞人)은 삶을 기뻐할 줄 모르고, 죽음을 미워할 줄도 모른다. 태어남을 기뻐하지 않고, 죽음을 거역하지도 않는다. 무심(無心)히 자연을 따라가고, 무심히 자연을 따라올 뿐이다(대종사편).

> 고지진인 부지열생 부지오사 기출불흔 기입불거 소연이왕
> 古之眞人, 不知說生, 不知惡死. 其出不訢, 其入不距. 翛然而往,
> 소연이래이이의
> 翛然而來而已矣.

'진인(眞人)'은 '도(道)'를 터득한 인물로 장자적(莊子的) 세계의 이상적 인간상(人間像)이다. 그 '진인'의 처세태도는 '생(生)에 집착하지 않고 사(死)를 기피하는 일도 없다. 이 세상의 생(生)을 받았다고 해서 기뻐할 것도 없고, 이 세상을 떠난다고 해서 슬퍼할 것도 없다. 다만 무심히 왔다가 무심히 갈 뿐이다'라는 것이다. 장자는 이 '진인'의 생활방법에 대하여 여러 각도로 설명하고 있음을 볼 수 있다.

'역경(逆境) 속에서도 불만을 가지지 않고 영달(榮達)을 기뻐하지도 않으며 만사를 있는 그대로 받아들이고 작위(作爲)를 전연 가하지 않는다. 실패하더라도 낙담하지 않고 성공하더라도 자랑하지 않는다.' 또 이렇게 표현하기도 한다.

'변전(變轉)하는 외계(外界)의 사상(事象)에 자유자재로 대응해 나가지만 결코 동료를 만들지는 않는다. 남보다 앞서려고 하지는 않지만 그렇다고 해서 의식적으로 뒤지려고 하지도 않는다. 항상 독자성(獨自性)을 잃지 않지만 완고하지도 않다. 안색(顔色)은 명랑하지만 동작은 항상 신중하다. 세속(世俗)과 동조(同調)하고 있기는 하지만 그래도 세속을 초탈(超脫)하고 있다.'

천인합일(天人合一)

옛날의 진인(眞人)은 그 모습이 우뚝 높이 솟아도 무너지지 아니하고 모자라는 듯하면서도 아주 충실하다(대종사편).

고지진인 기상의이불붕 약부족이불승
古之眞人, 其狀義而不朋, 若不足而不承.

장자가 말하는 이상적 인간상은 계속된다.

언제나 독자성을 잃지 않으면서도 완고하지 않으며, 일체를 수용하고 너그러움을 지니고 있으면서도 아주 소박하다. 얼굴빛은 시원하여 거북한 인상을 주지 않는데 동작은 항상 소극적이다. 때에 따라 분연히 안색을 바꾸는 일이 있어도 그 본성은 하등 손상되는 일이 없다.

자기를 고집하는 일이 없고 세상과 동화하면서도 세속을 훨씬 초월하고 있다. 깊은 사색에 몰입하고 있는 듯이 보이며 무아의 경지를 소요한다. 또 신체를 형(形 : 무위자연)으로 보고, 예(禮)를 의복으로 보고, 시(時), 즉 시시각각의 변화를 지(知)로 보고, 순(循), 즉 자연의 섭리를 덕으로 본다. 신체를 형으로 보기에 죽음을 조용히 받아들인다. 예를 의복으로 보기에 세속의 규범에 거스르지 않으며, 시(時)를 지(知)로 보기에 사상의 변화에 순응할 수 있고, 순(循)을 덕으로 보기에 아주 쉽사리 자연스런 본성으로 돌아갈 수 있는 것이다.

진인은 이처럼 자연 그대로의 존재인데 다른 사람의 눈에는 그것이 노력의 결과로 도달할 수 있었던 경지처럼 비친다. 노력에 의하지 않고 도달됐다고 보는 것은 하늘이며 노력의 결과 도달했다고 보는 것은 인간들이다. 하늘의 방향을 잡든, 인간의 방향을 잡든 간에 진인의 경지에 접근할 수 있다. 사람인 동시에 하늘이기도 한 존재가 진인이기 때문이다.

도(道)보다 위대한 것은 없어

샘물이 말라서 물고기가 땅위에 모여 서로 물기를 끼얹고 서로 물거품으로 적셔준다 해도 넓은 강에서 서로를 잊고 사는 것만 못하다(대종사편).

천학 어상여처어륙 상구이습 상유이말 불여상망어강호
泉涸, 魚相與處於陸, 相呴以濕, 相濡以沫, 不如相忘於江湖.

장자는 표제어에 앞서 이렇게 충고하고 있다.

"죽음과 삶은 인간에게 지워진 운명이다. 밤과 아침 ―. 그 일정한 과정이 있음은 자연의 모습이다. 이처럼 인간의 힘으로는 도저히 어떻게도 할 수가 없음이 모든 만물의 진상(眞相)이다. 사람들은 하늘조차도 아버지로 섬기면서 몸소 그것을 사랑하거늘, 하물며 그보다 훌륭한 것을 어찌 사랑하지 않을 수 있겠는가? 사람들은 군주(君主)조차도 자기보다 낫다며 몸소 그를 위해 목숨을 바치는데 하물며 그보다 진실한 것을 위해 어찌 목숨을 바치지 않겠는가?"

그렇다면 하늘과 군주보다 더 훌륭한 것이란 무엇인가? 그것은 도(道)라고 장자는 단정하고 있다. 그리고 표제어의 말을 하고 나서 다음과 같이 덧붙이고 있다.

"요(堯)임금을 성군(聖君)이라고 칭찬하고 걸왕(桀王)을 폭군이라고 헐뜯기보다는 양쪽 모두를 잊고 절대적 도(道)와 하나가 되어라."

물고기는 뭍에 올려지면 괴로워하며 거품을 내어 서로 마시며 호흡을 대신한다. 그러나 물속에 넣어두면 그곳에 물이 있음을 금방 잊는다. 인간도 대동(大同)의 세계, 도의 세계에 살면 인의선악(仁義善惡)을 곧 잊게 된다는 것이다.

선(善)과 악(惡)을 초월하라

요(堯)임금을 칭찬하고 걸왕(桀王)을 헐뜯기보다는, 양쪽을 모두 잊고 도(道)와 하나가 되는 편이 낫다(대종사편).

여 기 예 요 이 비 걸 야 　부 여 양 망 이 화 기 도
與其譽堯而非桀也, 不如兩忘而化其道.

요(堯)임금은 옛날의 성천자(聖天子)이고, 하(夏)나라 걸왕(桀王)은 전형적인 폭군으로 알려져 있다. 여기서도 요임금인 경우, 선(善)의 대표선수로, 걸왕은 악(惡)의 챔피언으로 등장시키고 있다. 그러므로 좀더 알기 쉽게 의역한다면 '선을 칭찬하고 악을 배척하며 살기보다는, 선악을 초월해서 도(道) 그대로 살아가는 것이 좋다'는 의미가 될 것이다.

앞에서 말했듯이 장자는 물고기의 예를 들면서 이렇게 말하고 있다.

"물이 마른 못에 사는 물고기는 진흙 속에 몸을 묻고 서로 거품을 내어 몸을 적시며 겨우 생명을 유지해 나간다. 그러나 물고기들은 서로 끌어안고 사는 것보다는 넓고 넓은 하해(河海)에서 자유로이 헤엄치며 살기를 원할 것임에 틀림없다."

우리들도 못의 물고기처럼 세속의 가치관 속에서 서로 얽혀 살아가고 있다. 때로는 이런 답답스런 생활이 싫어지고, 좀더 넓은 세계에서 자유로이 살아가기를 원하는 자가 있을는지도 모른다. 그러나 선악을 초월해서 살라고 하면 그것을 실천할 수 없는 것이 또한 우리네 현실이다.

그렇다. 하지만 현실의 진흙 구덩이 속에서 살고 있을지라도 그것과는 다른 세계, 아주 넓은 세계가 있다는 것을 염두에 두어 보라. 그렇게 하기만 해도 인생의 폭이 굉장히 넓어지는 것을 느끼게 될 터이니 말이다.

‘막역지우(莫逆之友)’란 말의 유래

네 사람은 서로 쳐다보며 웃고, 뜻이 맞아 이윽고는 벗이 되었다(대종사편).

사인상시이소 막역어심 수상여위우
四人相視而笑, 莫逆於心, 遂相與爲友.

‘막역지우(莫逆之友)’란 말의 출전(出典)이다.

자사(子祀), 자여(子輿), 자리(子犁), 자래(子來) 등 네 명의 사나이가 있었다. 모두 다 ‘도(道)’를 터득한 인물 같다. 어느 때 네 사람이 이야기를 나누다가 누군가가 이런 말을 했다.

“ ‘무(無)’가 머리, ‘생(生)’이 등뼈, ‘사(死)’가 엉덩이인 인간 — 사(死)와 생(生), 존(存)과 망(亡)이 일체(一體)라는 것을 깨달은 인간 — 그런 인간은 없을까? 그런 사람이 있다면 기꺼이 친구로 맞아들이겠는데…….”

네 사람은 얼굴을 마주하고 벙글벙글 웃으며 마음과 마음이 통하는 바가 있어서 서로 친구가 되었다고 한다.

‘마음에 거슬리는 일이 없다[莫逆於心]’는 것은 서로 마음이 통하고 꼭 들어맞는다는 뜻이다. 의기투합(意氣投合)이라고 해석해도 좋다.

이 네 사람은 어찌하여 그토록 의기투합하게 되었는가?

두말할 것도 없이 생사(生死)를 일체(一體)로 보는 입장을 똑같이 취했기 때문이다. 그렇다면 삶에 집착할 것도 없고 죽음을 두려워할 필요도 없다. 주어진 삶을 있는 그대로 살아가면 좋을 것이다.

이 네 사람의 교제는 다분히 ‘담담하기가 물과 같은’ 군자(君子)의 교제였을 것임에 틀림없다.

생(生)도 사(死)도 다를 바가 없다

자연은 나에게 형체(形體)를 주었다. 삶으로 나를 수고롭게 하고, 늙음으로 나를 편하게 하며, 죽음으로 나를 쉬게 해준다. 그러므로 내 삶을 좋다 함은, 바로 내 죽음도 좋다고 하는 것이 된다(대종사편).

대 괴 재 아 이 형　노 아 이 생　일 아 이 로　식 아 이 사　고 선 오 생 자
大塊載我以形. 勞我以生, 佚我以老, 息我以死. 故善吾生者,

내 소 이 선 오 사 야
乃所以善吾死也.

'대괴(大塊)'란 천지(天地)이다. 자연의 이법(理法)이라고 해도 좋다. 그러므로 '우리는 하늘로부터 인간으로서의 형체를 받았고, 생(生)을 받음으로써 고생하며, 노경(老境)을 맞아 편해지고, 죽음을 당하여 쉴 수 있다. 그렇다면 생을 좋다 하며 긍정한다면 사(死)도 또한 좋다 하며 긍정해야 한다'는 의미의 말이다. '도'라고 하는 대국적 입장에서 본다면 생도 사도 본질적으로는 차이가 없다는 것을 말하고 있다.

장자가 등장시킨 인물 중 한 사람의 입을 통해 이런 말을 들을 수 있다.

"예컨대 주물공(鑄物工)이 동(銅)을 녹여서 검(劍)을 만들려고 할 때, 그 동이 이런 저런 핑계를 대며 나는 꼭 명검(名劍)이 되고 싶다고 주문한다면 어떻게 될까? 주물공은 틀림없이 건방진 놈이라며 화를 낼 것이다. 인간의 형체를 쓰고 있다고 해서 나는 언제까지나 인간으로 남아 있겠다며 보채는 자는, 마치 이 동(銅)과 똑같은 놈이지. 조물주(造物主)는 틀림없이 건방진 놈이라며 화를 낼 것이니 말일세.

천지(天地)는 이른바 큰 노(爐)와 같은 것이지. 조물주는 주물공과 같고……. 어떤 형태로 만들던 그것은 조물주의 마음이 아니겠는가?"

이 세상과 저 세상의 차이

그들은 저 세상에서 노니는 사람들이고, 나는 이 세상에서 노니는 사람이다(대종사편).

피유방지외자야 이구유방지내자야
彼遊方之外者也, 而丘遊方之內者也.

《장자》에는 또 한 무리의 '막역지우(莫逆之友)'가 등장한다. 자상호(子桑戶), 맹자반(孟子反), 자금장(子琴張) 등 세 사람이다.

이윽고 자상호가 세상을 떠났다. 그러나 장례도 치르지 않았고 시체는 방치된 채였다. 그 말을 들은 공자는 제자인 자공(子貢)을 보내어 장례를 치러 주려고 하였다. 자공이 자상호의 집에 당도하니 맹자반과 자금장은 한 사람은 토방에 깔 거적을 짜고 있었고, 한 사람은 금(琴)을 타고 있었다. 두 사람은 목소리를 맞추어서 노래도 불렀다.

"아아, 자상호여, 그대는 일찌감치 태어난 고향으로 되돌아가고 우리는 아직도 인간 세상에서 고생을 해야 하나."

자공은 얼른 다가가서 두 사람을 나무랐다.

"시체를 앞에 놓고 노래를 부르다니……. 죽은 사람에 대한 예(禮)를 어찌 생각하는 거요?"

두 사람은 얼굴을 마주 보고 쓴웃음을 지으면서 말했다.

"아니, 이분은 예(禮)의 정신조차도 모르는 것 같군."

자공은 하는 수 없이 돌아갔고 공자에게 보고했다. 이때 공자가 한 말이 본문의 말이다. '방(方)'이란 사회의 규범이며, '구(丘)'는 공자의 이름이다. 여기서 나온 것이 '방외지사(方外之士)', 즉 은인(隱人)이란 뜻의 말이다.

누구에게나 장점이 있다

하늘의 (입장에서의) 소인(小人)이, 사람의 (세계에서의) 군자(君子)이고, 하늘의 군자는 사람의 (세계에서의) 소인이다(대종사편).

천지소인 인지군자 천지군자 인지소인야
天之小人, 人之君子, 天之君子, 人之小人也.

하늘의 세계에서는 훌륭한 사람이더라도 인간세계에 내려오면 금방 쓸모없는 인간이 되고 만다. 반대로 인간의 세계에서는 대단한 인물이더라도 하늘의 세계에 가면 금방 쓸모없는 인간이 되고 만다.

두말할 것도 없이 이것은, 천상계(天上界)와 인간계(人間界)는 마치 가치관을 뒤집어놓은 것과 같이 다르다는 점을 설명하고 있는 말이다.

예컨대 '천의무봉(天衣無縫)'이라는 말이 있다. 우리 주변에서도 더러는 그런 인물을 볼 수가 있다. 어떤 의미로 볼 때는 이런 타입이 진실로 쓸모있는 인물이지만 조직(組織) 속에서는 적응을 하지 못할 때가 있다. 때로는 오히려 성가신 존재가 되며 주변의 방해인물이 되기도 한다.

그러나 이런 사람이 천상계(天上界)에 올라가면 어떻게 될까? 아마 자신의 때와 장소를 만난 듯 재능을 십분 발휘하여 기막힌 인물이 될지도 모른다.

또 '기인(畸人)'이라는 말이 있다. 이른바 괴짜이다. 이 기인에 대해서 장자는 이렇게 말하고 있다. '기인이란 인간에게는 기이하겠지만 하늘에서는 쓸모가 있다.'

이런 사람 역시 인간계보다는 천상계에서 사는 편이 편안한 타입이라고 하겠다. 다시 말하면 어떤 인간이든 각기 장점이 있다는 말이다.

사제지간(師弟之間)의 좌망(坐忘) 문답

회(回)가 말했다. "저는 좌망(坐忘)하게 되었습니다."(대종사편)

회 좌 망 의
回坐忘矣.

그 유명한 공자(孔子)와 안회(顏回)가 나누었던 '좌망문답(坐忘問答)'이다. 어느 때, 안회가 공자에게 말했다.

"제 수양(修養)도 이제 많이 진보되었습니다."

"호오, 그래?"

"저는 인의(人義)를 잊을 수가 있습니다."

"그것 참 잘 되었군. 그러나 아직도 충분하다고 할 수는 없어.'"

얼마 뒤, 안회는 다시 공자에게 말했다.

"제 수양은 더욱 진보하였습니다. 저는 예악(禮樂)을 잊을 수가 있습니다."

"잘했다. 그러나 아직도 부족해."

다시 얼마 후 안회가 공자에게 말했다.

"저는 수양이 또 진보했습니다."

"어떻게?"

"저는 좌망(坐忘)할 수 있게 되었습니다."

"좌망이란 어떤 것인데?"

공자가 물었다. 안회가 대답했다.

"오체(五體)에서 힘을 빼고, 일체의 감각을 없이 하며 몸과 마음을 비운 다음, '도'의 기능을 받아들이는 것입니다."

공자는 비로소 크게 고개를 끄덕이었다고 한다.

깨달은 인간

추이에 따라 몸을 맡긴 채 변화에 따르면 곧 고요한 하늘(자연)과 하나인 절대의 경지로 들어간다(대종사편).

안배이거화 내입어료천일
安排而去化, 乃入於廖天一.

안회(顏回)가 스승 공자에게 물었다.

"맹손재(孟孫才)는 그 어머니가 죽었을 때 소리내어 울기는 했지만 눈물은 흘리지 않았고, 마음속으로 슬퍼하는 기색도 없었으며 상중(喪中)에 애통해하지도 않았습니다. 그렇건만 초상을 잘 치렀다는 소문이 노(魯)나라 안에 자자합니다. 이상한 일이잖습니까?"

공자는 대답했다.

"맹손씨는 잘한 것이야. 그는 삶에 대한 집착도, 죽음에 대한 공포도 없는 사람이다. 이 정도에 이르기란 매우 어려운 일이지만 그러나 아직도 삶의 속박에서 벗어났다고 할 수는 없지. 맹손씨 정도만 돼도 자연의 변화에 따라 되어가는대로 무심히 상황을 수용할 수 있을 게다. 그러나 실은 변화라든가 불변(不變) 따위를 구분할 수 있는 방법이란 없는 게야. 다만 맹손씨는 겉모양의 변화는 있을지라도 마음은 움직이지 않을 것이다. 우리는 현재의 겉모습이 자기자신이라고 믿는데 사실 그러할까? 그대가 꿈속에서 새가 되었다면 인간임을 잊고 하늘 높이 날아다닐 것이야. 인간으로서의 우리 현실도 꿈인지 알 수 없는 노릇이고 —. 그런즉 시비를 하며 사는 것보다 서로 용서하고, 용서하는 것보다 자타의 구별 없이 자연의 변화에 따라서 사는 게 더 좋다."

그리고 표제어의 말로 결론을 내렸거니와 어쩐지 도가의 냄새가 난다.

세속(世俗)에 물들면

장님은 얼굴 모습의 아름다움을 알지 못하고, 장님은 옷의 아름다운 빛깔이나 무늬를 보지 못한다(대종사편).

맹 자 무 이 여 호 미 목 안 색 지 호 고 자 무 이 여 호 청 황 보 발 지 관
盲者無以與乎眉目顔色之好, 瞽者無以與乎青黃黼黻之觀.

의이자(意而子 : 옛 賢人, 가공인물이다)가 허유(許由 : 堯王이 天下를 맡기겠다고 했는데도 거절한 전설적인 인물)를 찾아와서 배움을 청하자 이의자가 물었다.

"요(堯)는 그대에게 무엇을 가르쳐 주었는가?"

"예, 인의(仁義)의 덕을 실천하는 데 힘쓰고 시비와 선악의 구별을 명확하게 하라고 했습니다."

"그래? 자네는 왜 이제야 나에게 왔는가? 저 요(堯)가 이미 인의의 덕으로 그대의 이마에 문신(文身)을 하고 시비의 칼로 그대의 코를 베어 버렸어. 그런즉 그대가 어찌 이 자유분방하고 변화무쌍한 도(道)의 세계에서 노닐 수 있단 말인가?"

허유의 말에 의이자는 결코 기가 죽지 아니했다.

"예, 옳은 말씀이십니다만, 설령 도에는 이르지 못한다 하더라도 하다못해 그 근방에서나마 노닐도록 배려해 주십시오. 소원입니다."

그러자 허유가 대답한 말이 표제어의 말인데 좀더 알기 쉽게 의역하면 다음과 같다.

'소경은 미인 앞에 섰다고 하더라도 그 고움을 알지 못하며, 소경은 수놓은 비단을 손에 들더라도 그 아름다움을 알지 못한다.'

참 자유의 경지

천지를 싣고 감싸서 갖가지 모양을 조각해내면서도 재주로 여기지 아니한다. 이것이 바로 마음을 노닐게 하는 경지이다(대종사편).

복재천지 각조중형 이불위교 차소유이
覆載天地, 刻彫衆形, 而不爲巧, 此所遊已.

의이자(意而子)와 허유(許由)의 대화는 계속된다. 의이자가 말했다.
"선생님의 말뜻을 이해하지 못하는 것은 아닙니다. 하오나 옛날의 미녀인 무장(無莊)이 그 아름다움을 잊어 버리고, 용자(勇者)인 거량(據梁)이 그 힘을 잊어 버리고, 지자(知者)인 황제(黃帝)가 그 지혜를 잊어 버렸던 것은 그 누구도 도(道)의 불꽃에 달구어져서 다시 단련되었기 때문이라고 들었습니다. 그렇다면 조물주가 저의 문신을 지우고 코도 원래대로 붙여주어, 선생님의 가르침을 이해할 수 있도록 해주시지 못할 것도 없잖습니까?"
"오오, 그토록 원한다면 대강의 것을 이야기해 주겠네. 내가 스승으로 우러러 받드는 도(道)는 만물에게 각각 자리를 차지하도록 하고 무한한 은혜를 베풀면서도 스스로는 무심(無心)하여 은혜를 주고 있다는 의식을 하지 아니하지."
그리고 표제어의 말로 끝맺고 있는데 쉽게 의역하면 다음과 같다.
'천지를 뒤덮고 삼라만상을 생성하기를 계속하면서도 그 힘을 자랑하는 것도 아니네. 도는 이처럼 위대한데 나도 스승을 만나 무(無)의 경지에서 소요코자 하네."
도의 극치를 일컫는 대목이다.

하늘일까? 인간일까?

아버지일까? 어머니일까? 하늘일까? 인간일까?(대종사편)

부야모야 천호인호
父邪母邪, 天乎人乎.

자여(子輿)와 자상(子桑)은 마음이 맞는 친구 사이였다. 비가 열흘 동안이나 계속해서 쏟아지던 어느 날, 자여는 문득 생각했다.

'자상은 먹지도 못하여 심히 고통을 받고 있을 것이야.'

그는 밥사발을 꾸려 들고 자상의 집을 찾아갔다. 그런데 방안에서 거문고 소리에 섞이어 기묘한 소리가 들려오는 것이 아닌가.

"아버지일까? 어머니일까? 하늘일까? 인간일까?"

굶주린 탓인지 숨소리조차 고르지 못한데 어쨌든 이런 소리가 반복해서 나는 것이었다.

"자네, 묘한 노래를 부르는군. 어찌된 건가?"

그러자 자상이 대답했다.

"나는 왜 이렇게도 가난한지를 생각해 보았는데 영 감이 안잡히네그려. 설마하니 부모가 자식이 가난하기를 원했을 리 만무하고, 그렇다고 해서 공평무사한 천지(天地)가 나만을 차별했을 리도 없잖은가. 아무리 생각해봐도 알 수가 없어. 이것도 운명이란 것일까?"

〈대종사편〉의 모두(冒頭)에 나오는 것처럼 하늘과 인간과의 경계는 명확하지 아니하다. 장자는 자상의 입을 빌어 인간의 모든 일은 운명이라며 체념을 하고 있는데, 그 이면(裏面)에는 인간의 영위(營爲)도 궁극에 있어서는 하늘에 포괄(包括)된다는 인식이 비장되어 있는 듯하다.

자신의 공적(功績)에 신경쓰지 마라

훌륭한 왕(王)의 정치란 그 공적(功績)이 온 세상에 미치면서도 자기에 의한 것이 아닌 것처럼 한다(응제왕편).

명왕지치 공개천하 이사부자기
明王之治, 功蓋天下, 而似不自己.

명군(名君)이 다스리는 정치란 훌륭한 치적(治績)을 이루면서도 일반 사람의 눈에는, 그것이 그 임금의 치적으로 보이지 않는다고 한다. 공적(功績) 따위에는 신경조차 쓰지 않고 담담하게 되어가는 대로 맡겨두기 때문이다. 옛날 양자거(陽子居)라고 하는 사람이 노담(老聃)에게 물었다.

"민속(敏速)하고 과감한 행동력, 투철한 통찰력을 겸비하고 더구나 게으른 일 없이 도(道)를 계속해서 배우는 사람이라면 옛날의 명군(名君)에 필적(匹敵)할 만하지 않겠습니까?"

노담은 고개를 저으면서,

"무슨 말을 하는 게야? 성인(聖人)에게 비한다면 그런 자는 말단 관리에 지나지 않아. 약간의 재능을 가지고 있을 뿐이며 더구나 그것에 얽매여서 몸도 마음도 피로해질 뿐이라구."

하고 대답했다.

양자거는 부끄러워서 고개를 숙이며,

"그럼 옛날의 명군이 한 정치란 어떤 정치였습니까?"

라고 묻자, 노담은 앞에서 든 말을 했던 것이다.

현대의 정치가들 중에도 자신이 세운 공적 등에 신경을 쓰는 사람이 있다면, 글쎄 아직 삼류(三流)의 수준에 머무르고 있음을 자각해야 할 것이다. 노자나 장자가 보면 웃을 일이 아니겠는가.

무지(無知)의 지(知)

그 지혜는 아주 확실하고 그 덕(德)은 매우 진실하다. 그런즉 조금도 남을 헐뜯는 처지로 빠져들지 않는 것이다(응제왕편).

기지정신 기덕심진 이미시입어비인
其知情信, 其德甚眞, 而未始入於非人.

설결(齧缺 : 堯임금 때의 賢人)이 스승인 왕예(王倪 : 같은 시대의 賢人)와 철학문답을 했다. 그런데 그 어떤 질문을 해도 스승 왕예의 대답은, '모르겠다'로 일관하는 것이었다.

문득 깨달은 설결은 뛸듯이 기뻐하며 그길로 포의자(蒲依子 : 같은 시대의 賢人으로서 설결의 스승이었다고 한다)에게 달려가서 보고했다. 그러자 듣고 있던 포의자가 말했다.

"흐음, 이제서야 그것을 알았다는 겐가? 똑같은 제왕(帝王)이라 하더라도 지금 성천자(聖天子)라며 추앙을 받고 있는 순(舜)임금 등은 고대의 태씨(泰氏)를 따라가자면 어림도 없지. 순임금은 인덕(仁德)으로 사람들을 회유코자 했고 바라던 결과를 얻었지만 그런 방법은 작위(作爲)의 세계에서 한 걸음도 벗어나지 못한 것이라네.

이에 반하여 태씨는 잠을 자고 있을 때나 일어나 있을 때나 편안함 바로 그것이었으며 조금도 거북함을 모르고 지냈다는 게야. 사람들이 말[馬]이라고 하면 스스로 말이 되었고, 사람들이 소라고 하면 스스로 소가 되었는데 그런 일에 대해서는 조금도 개의치 않았다는 것이야. 즉 무지(無知)의 지(知), 무위의 덕을 겸비하여 작위의 세계에 잘못 들어가는 일이 결코 없었어."

무위자연을 극찬한 대목이다.

쓸데없는 참견은 금물

그대는 저 두 가지 동물(새와 쥐)만도 못하단 말인가?(응제왕편)

이 증 이 충 지 무 지
而曾二蟲之無知.

여기서 충(蟲)은 벌레가 아니라 동물을 가리킨다.

일중시(日中始)의 제자인 견오(肩吾)가 별난 사람이란 평판을 받고 있는 접여(接輿)에게 가서 가르침을 청했다. 접여가 말문을 열었다.

"일중시에게서는 어떤 것을 배웠는고?"

"예, 선생님께서는 '군주가 된 사람은 스스로 모범이 되고 솔선하여 사회질서를 정돈해 나가야 한다. 그렇게 해야만 모든 백성들로부터 추앙받으며 천하를 다스려나갈 수 있다'고 하셨습니다."

"그래? 그것은 겉모양뿐이로군. 그렇게 해서 천하를 다스리려는 것은 예컨대 한 줄기 시내를 파서, 대해(大海)의 물을 모두 끌어들이려는 것과 같고, 한 마리 모기의 등 위에 큰 산을 지우는 것과 같네. 성인(聖人)은 다른 사람을 어떻게 해보겠다는 따위의 생각은 안하네. 우선 나 자신의 천성을 바르게 하고 백성들에게도 각자에게 걸맞는 생활방식으로 살아가게 하지. 그것이 성인의 정치란 것일세.

저 새를 보게나. 하늘 높이 날아서 화살의 위험을 정확하게 피하고 있지 아니한가. 또 생쥐는 제단 안쪽 깊은 곳에 집을 만들어 정확하게 제 몸을 지키고 있지. 새나 쥐조차도 배운 일 없이 그 정도는 알고 있어. 그런즉 인간은 곁에서 쓸데없는 참견을 안해도 스스로 빈틈없이 살아갈 수 있는 게야."

불필요한 규제와 간섭은 정치의 정도가 아니다.

무명인(無名人)의 가르침

네가 마음을 담담한 경지에서 노닐게 하고 기(氣)를 막막한 세계에 맞추되 모든 일을 자연에 따르게 하고 사심(私心)을 개입시키지 않는다면 천하는 잘 다스려질 것이다(응제왕편).

여유심어담 합기어막 순물자연 이무용사언 이천하치의
汝遊心於淡, 合氣於漠, 順物自然, 而無容私焉, 而天下治矣.

천근(天根)이 은산(殷山) 남쪽을 여행하고 있을 때 요수(蓼水) 강가에서 무명인(無名人)이란 사나이와 마주쳤다. 상대가 비범하다는 것을 알아차린 천근이 청했다.

"천하를 다스리는 방도를 가르쳐 주십시오."

그러자 무명인은 호통을 쳤다.

"어서 물러가지 못할까! 이 속물스러운 자 같으니라구!"

그리고 이렇게 덧붙이는 것이었다.

"무슨 말을 하는가 했더니…… 쓰잘데없는 말을 지껄이는구나! 나는 지금 조물주를 벗삼아서 노닐고 있던 참이다. 그러다가 그것이 싫증나면 아득하게 높이 나는 새를 타고 우주 밖으로 날아가곤 하지. 그곳에는 아무것도 없는 고장이 있는가 하면 한없이 넓은 들판도 있어. 나는 그곳에서 마음껏 노닐 생각이다. 그런데 너는 천하를 다스리는 것 따위, 쓸데없는 일로 내 흥을 깨다니……!"

그래도 천근은 단념하지 않았으며, 거듭하여 가르침을 청했다. 그때서야 무명인은 짤막하게 한마디 대답한 것이 표제어이다.

'마음속에 있는 것을 다 버리고 무심으로 돌아가라. 만물을 있는 그대로 맡기고 작위를 모두 버리거라. 그러면 천하는 잘 다스려질 것이다.'

지인(至人)의 마음은 거울과 같다

지인(至人)의 마음은 거울과 같다. (사물을) 보내지도 않고 맞아들이지도 않는다. (사물에 따라) 응하되 감추지 않는다. 그러므로 사물에 대응하여 (자기) 몸을 손상시키지 않을 수 있는 것이다(응제왕편).

지인지용심약경 부장불영 응이부장 고능승물이불상
至人之用心若鏡. 不將不迎. 應而不藏. 故能勝物而不傷.

'지인(至人)'이란 장자적(莊子的) 세계의 이상적(理想的) 인간상(人間像)이다. '부장불영(不將不迎)'이란 지나간 것을 생각하며 고민하지 않고, 먼 앞일까지 미리 짐작하여 고민하지 않는다는 의미이다.

또 '응이부장(應而不藏)'이란 떠나는 것은 떠나도록 맡겨두고 올 것은 오도록 맡겨두는, 그런 담담한 태도를 가리킴이다. 따라서 이 말은 다음과 같이 의역할 수 있을 것 같다.

'지인의 마음은 거울과 같은 것이다. 자신은 조금도 움직이지 않는다. 오는 것은 그대로 받아들이고, 가고 말면 흔적도 남겨두지 않는다. 따라서 어떤 것에도 대응할 수가 있고 더구나 상처받는 일은 전연 없다.'

어느 시대이든 외계(外界)의 정세는 항상 변화한다. 주어진 생(生)을 보전하기 위해서는 그 변화에 대응을 잘할 필요가 있는데, 그렇게 되기 위해 지인(至人)의 마음가짐이 요구되는 것인지도 모른다. 장자는 다시 다음과 같은 경고를 하고 있다.

"명성(名聲)에서 멀어지라. 재간을 부리지 마라. 책임자가 되지 마라. 지식을 초월하라. 영원한 것과 일체가 되어 허무의 세계에서 노닐라. 한 마디로 말하면 마음을 비우는 것이다."

혼돈(渾沌)이란 임금의 이야기

7일이 지나자 혼돈은 죽고 말았다(응제왕편).

칠 일 이 혼 돈 사
七日而渾沌死.

유명한 '혼돈(渾沌)'의 이야기이다. 우선 원문을 소개해 보겠다.

"남해(南海)의 임금을 숙(儵)이라 하고, 북해(北海)의 임금을 홀(忽)이라 하며, 중앙의 임금을 혼돈(渾沌)이라 하였다. 숙과 홀이 때마침 혼돈의 땅에서 만났는데, 혼돈이 매우 융숭하게 그들을 대접했으므로, 숙과 홀은 혼돈의 은혜에 보답할 의논을 했다. '사람은 누구나 눈 · 코 · 입 · 귀를 합쳐 일곱 개의 구멍이 있어서 그것으로 보고 듣고 먹고 숨쉬는데 이 혼돈에게만은 그것이 없소. 어디 시험삼아 구멍을 뚫어 줍시다' (그래서) 날마다 한 구멍씩 뚫었는데 7일이 지나자 혼돈은 죽고 말았다."

두 임금 중에서 '숙'은 재빨리 '나타나는' 모양, '홀'은 재빨리 '사라지는' 모양을 뜻하며, 모두 '순간'이라는 의미로 인간의 자질구레한 지혜를 나타내고 있다. 또 '혼돈(渾沌)'은 혼돈(混沌)과 같으며 제왕(帝王)의 이름으로 되어 있으나 본래는 사물의 미분화(未分化) 상태를 나타내는 말로서, 인위적인 차별이 없는 자연 그대로의 모습을 뜻하는 것으로 '도'를 나타내고 있다.

이 이야기는 '장자' 중에서도 걸작으로 꼽히는 것으로, 인간적인 유위(有爲)의 행동이 자연의 순박함을 파괴한다는 것을 상징적으로 나타내어 인간의 현명을 경계한 것이다. 현대 사회에 만연해 있는 간편주의, 물질만능주의 풍조에서 볼 때 이 이야기는 특히 시사하는 바가 크다.

자연(自然) 그대로가 좋다

물오리는 다리가 비록 짧지만, 그것을 이어 주면 괴로워하고, 두루미의 다리는 비록 길지만, 그것을 잘라 주면 슬퍼한다(변무편).

부경수단 속지즉우 학경수장 단지즉비
鳧脛雖短, 續之則憂, 鶴脛雖長, 斷之則悲.

'물오리의 다리는 짧다. 그러나 그것을 잘라서 길게 이어 준다면 몹시 아파할 것임에 틀림없다. 두루미의 다리는 길다. 그러나 그것을 잘라서 짧게 해준다면 한탄하고 슬퍼할 것임에 틀림없다.'

여기서 말하고자 하는 것은 요컨대 자연 그대로의 모습이 제일 좋다는 사상(思想)이다.

《장자》는 또 이렇게도 말하고 있다.

'긴 것도 남는다고 생각지 말고, 짧은 것도 부족하다고 생각하지 마라' — 태어날 때부터 긴 것은 긴 것으로서 그대로 긍정(肯定)하고, 짧은 것은 짧은 것으로서 그대로 긍정한다.

즉, 가급적 작위(作爲)를 가하지 않는 생활방법, 그것이 이상적이라고 말하는 것이다.

이런 생활방법은 당연한 일이지만, 사회생활 속에서는 사치와 낭비를 싫어한다. 그 궁극적 목표는 운명의 비판과 문명의 부정(否定)에까지 연결되어 간다. 문명은 인간의 본성에 위배되는 것이며, 문명이 발달되면 될수록 인간 본래의 좋은 점을 잃어버리게 된다고 《장자》는 주장한다.

분명 문명에 오염되지 않은, 자연 그대로의 모습에는 질박성(質朴性)이 가지는 힘이 있다. 발이 땅에 닿는 안정감이 있다. 자연에 위배되는 것은 장속(長續)할 수가 없다. 《장자》도 그것을 경고하고 있는 것이다.

사람은 자신을 희생하며 살아간다

서민(庶民)은 목숨을 걸고 이(利)를 좇고, 사인(士人)은 몸을 바쳐 명예를 좇으며, 대부(大夫)는 몸을 바쳐 가문(家門)을 지키고, 성천자(聖天子)는 목숨을 바쳐 천하를 지킨다(변무편).

소인즉이신순리 사즉이신순명 대부즉이신순가 성인즉이신순
小人則以身殉利, 士則以身殉名, 大夫則以身殉家, 聖人則以身殉
천하
天下.

'소인(小人)은 이익을 위해 생명을 희생하고, 선비는 명예를 위해 생명을 희생하며, 중신(重臣)은 집안을 위해 목숨을 희생하고, 성인(聖人)은 천하를 위해 목숨을 희생한다.'

현대라면 '비지니스맨은 기업을 위해 생명을 희생한다'라는 말이 될는지도 모르겠다.

물론 《장자》는 그러한 생활태도를 긍정하고 있는 것은 아니다.

'이 여러 계층의 사람들은 하는 일이 다르고 그 명칭도 다르지만 그 본성을 해치고 자기 몸을 희생한다는 점에서는 똑같은 것이다.'

위에서 든 몇 가지 유형은 그 하는 일이 각각 다르고 그것에 의해 얻어지는 명성도 각기 다르기는 하지만 인간의 본성을 해치고 다른 것(사람)을 위해 자기 생명을 희생시킨다는 점에서는 하나도 다를 바가 없다. 요컨대 《장자》는 좀더 자기자신을 소중하게 생각하며 살아가라고 하는 것이다. 받기 어려운 생(生)을 우리는 받은 것이다. 장자가 한 말처럼 자신의 생명을 소중히 하며 오로지 자기실현(自己實現)에 총력을 기울여 봄이 어떠할는지…….

군자도 소인도 모두 노예

둘 다 그 몸을 희생한다는 점은 같은데, 혹은 군자라 하고 혹은 소인이라고 한다(변무편).

기순일야 즉유군자언 유소인언
其殉一也, 則有君子焉, 有小人焉.

장(藏)과 곡(穀), 두 명의 노예가 양을 지키다가 두 사람 모두 양을 잃어버렸다. 주인이 그 이유를 캐묻자, 장은 책을 읽고 있었다고 했으며, 곡은 놀이를 하고 있었다고 대답했다. 두 사람의 행동에는 분명 차이가 있었지만 양을 잃어버렸다는 근본적 과실은 마찬가지이다.

의인(義人)인 백이(伯夷)와 대도(大盜)인 도척(盜跖)의 경우도 마찬가지이다. 백이는 명분을 고집하다가 수양산(首陽山)에서 굶어 죽었고 도척은 이욕에 사로잡히어 동릉산(東陵山)에서 헛되게 죽어갔다. 두 사람이 죽어간 유래는 다르지만, 제일 소중한 생명을 해치고 자연스런 본성을 왜곡했다는 점에서는 다를 바가 없다. 그렇게 볼 때 백이는 옳고 도척은 그르다는 평가를 내릴 수는 없는 것이다.

오늘날 세상 사람들은 모두 원래의 자기를 잊어버리고 외물(外物)의 노예로 전락했다. 그리고 그 노예가 되는 대상이 인의(仁義)이면 군자로 존경받고, 대상이 재물이면 소인이라 하여 경멸당하게 된다. 그러나 양자 사이에 어느 정도의 차이가 있단 말인가? 생명을 해치고 본성을 왜곡했다는 근본적인 한 가지 일에 있어서는 백이도 도척과 다를 바가 없다. 군자니 소인이니 하고 격을 높이거나 낮추어 보았자 대단한 의미가 없다고 장자는 역설한다.

편안하고 풍요로운 마음을 가지라

최고의 덕(德)이 이루어진 평화로운 세상에서는 사람들의 거동이 유유자적하며 눈매가 밝고 환하다(**마제편**).

지덕지세 기행전전 기시전전
至德之世, 其行塡塡, 其視顚顚.

'지덕지세(至德之世)'란 이상적인 사회를 말함이다. 또 '전전(塡塡)'이란 유유자적하며 서둘거나 안달하지 않는 것이고 '전전(顚顚)'이란 시선(視線)을 두리번거리지 않는다는 의미이다. 왜 이상사회(理想社會)에서는 그런 상태가 되는 것일까?

두말할 것도 없이 사람들의 생활이 각기 안정되어 있으므로 서두를 필요도 없고 남의 눈치를 볼 필요도 없기 때문이다. 이 말은 사실 그대로임에 틀림없다. 이를 거울삼아 보건대 현대의 우리들 생활은 어떠한가?

현대는 난의포식(暖衣飽食)의 시대라고 한다. 물자가 남아도는 시대라는 말이다. 분명 물질적으로는 주택(住宅) 등의 일부를 제외한다면 거의 부자유스러움을 모르며 생활하게 되었다. 어떤 의미에서는 이 이상 좋을 데가 없을 것 같다.

그러나 어쩐지 사람들의 표정에 여유가 없는 것만 같다. 길을 걸어가는 사람을 보더라도 무엇인가에 쫓기고 있는 듯한 느낌이 든다. 사방을 두리번거리며 다닌다. 그 시선에는 안정감이 없다. 그것은 왜일까?

물질적으로는 나름대로 풍요를 구가하지만 마음의 충족감이 결여되어 있기 때문이다.

현대는 《장자》가 말하는 '지덕지세(至德之世)'에서 점점 멀어져 가고 있는 것처럼 생각된다.

인의(仁義)에 의해 미혹(迷惑)이 생겨났다

성인(聖人)이 나타나게 되자, 애써 인(仁)을 행하고 허둥지둥 의(義)를 행해서, 온 천하가 비로소 의혹(疑惑)을 품게 되었다(마제편).

급지성인 별설위인 제지위의 이천하시의의
及至聖人, 蹩薛爲仁, 踶跂爲義, 而天下始疑矣.

'인(仁)'이나 '의(義)'를 인륜(人倫)의 규범으로 삼아서 천하통치의 원리로 주창한 사람들은 유가(儒家)인데, 그 유가에 대하여 《장자》는 정면에서 의문을 던진다.

'별설(蹩薛)'은 허둥대면서 걷는 것이고 '제지(踶跂)'는 발돋움해서 서는 것이다. 그렇게 볼 때 위 구절은 '성인이 나타나서 쓸데없는 인의(仁義)를 설파하자 사람들은 의혹을 가지게 되었다'는 뜻이리라. 물론 여기서 말하는 '성인'은 노장파(老莊派)의 '도(道)'를 터득한 인물이 아니라 유가(儒家)에서 떠받드는 성인을 가리킴이다.

노자(老子)도 '대도폐(大道廢)하니 유인의(有仁義)'라고 말했던 것처럼, 노장(老莊) 모두 작위(作爲)를 폐(廢)한 '무위자연'의 정치야말로 이상(理想)이라고 주장했다. 여기서 든 말도 그 사상을 나타낸 것이다. 물론 유가도 '무위(無爲)의 정치가 이상적이라고 인정했었다. 예컨대 《논어(論語)》에 보면 다음과 같은 공자(孔子)의 말이 있다.

"무위(無爲 : 하는 일 없이)로 다스린 이는 순(舜)임금이로다. 대체로 무엇을 하리요. 몸가짐을 공경히 하여 바르게 남면(南面)하고 앉아 있을 뿐이었다."

단, 유가가 이상으로 삼았던 '무위'는 '인위(人爲)'의 극치로서의 '무위'로, 처음부터 '인위'를 거부한 노장의 '무위'와는 크게 다르다.

위험한 성인(聖人)

그런즉 제(齊)나라를 훔치고 아울러 성인과 지자(智者)가 만든 법까지 훔쳐서 그것으로 도둑인 자기 몸을 지키지 않았던가(거협편).

즉시불내절제국 병여기성지지법 이수기도적지신수
則是不乃竊齊國, 幷與其聖知之法, 以守其盜賊之身守.

장자는 말한다.
"재물을 도둑으로부터 지키려면 상자를 자물쇠로 채우고 노끈으로 단단히 묶어야 한다. 이것이 세상 사람들의 지혜이다. 하지만 좀도둑은 젖혀두고 큰도둑이라면 이런 행위야말로 바라는 바일 것이다. 왜냐하면 상자채 짊어지고 가는 큰도둑인즉 노끈이나 자물쇠가 튼튼할수록 고맙기 때문이다. 그러고 보면 세상에서 통용되는 지혜란 것은 큰도둑을 도와주고 훔칠 것을 챙겨주는 꼴이 된다. 이렇듯 성인입네 지자(智者)입네 하는 사람치고 큰도둑에게 봉사하지 않는 자가 없다. 다음 예를 보면 그렇다는 것이 이해될 것이다.

제(齊)나라는 대국으로서 성인의 규범에 따라 나라를 잘 다스리고 있었다. 그런데 어느 날 갑자기 이 나라의 대부(大夫)인 전성자(田成子 : 田常)가 주군인 간공(簡公)을 죽이고 나라를 도둑질했다. 나라만 훔친 것이 아니라 성인의 정치방법까지 모두 훔쳐 가지고 다스리어 민심을 장악했다. 그랬기에 전성자는 나라를 훔친 도둑이었건만 요순(堯舜)에 못지 않을 만큼 안정된 지위를 누릴 수 있었다. 그 불의를 탓하는 나라도 없었고 군대를 파견하여 주벌(誅伐)코자 하는 나라도 없었기에 12대 동안 제나라를 지배했던 것이다."
그리고 장자는 표제어의 말로 성인의 잘못됨을 지적했던 것이다.

성인(聖人)은 천하를 해치고 있다

천하(天下)에 선인(善人)은 적고, 선(善)하지 못한 사람이 많으므로, 곧 성인(聖人)이 천하에 베푸는 이득은 적고 해(害)는 많아지게 된다(거협편).

천하지선인소 이불선인다 즉성인지리천하야소
天下之善人少, 而不善人多, 則聖人之利天下也少.

옛날 도척(盜跖)이라는 대도적(大盜賊)이 있었다.

어느 날 부하들이,

"우리 도적들이 하는 일에도 지켜야 할 도덕이나 규범이 있습니까?" 하고 물었던 바, 도척은 이렇게 대답했다.

"무슨 말을 하는 게야! 어떤 일이든 지켜야 할 도덕과 규범이 있는 거다. 우리가 하고 있는 도둑질도 마찬가지다. 남의 집에 숨어 들어가서 감춘 보물을 찾아내는 것은 성덕(聖德)이다. 숨어들어갈 때에 선두(先頭)에 서는 것은 용덕(勇德)이고, 도망칠 때 후미(後尾)에 서는 것은 의덕(義德)이니라. 그리고 도둑질이 잘 될 것인지 안 될 것인지를 판단하는 것은 지덕(智德)이고, 훔친 물건을 공평하게 분배하는 것은 인덕(仁德)이다. 이 성(聖)·용(勇)·의(義)·지(智)·인(仁)의 다섯 가지 덕목(德目)을 몸에 익혀 두지 않으면 도둑질도 제대로 할 수 없는 법이야."

장자는 이 이야기를 인용한 다음,

"세상에는 선인(善人)의 수가 적고 악인(惡人)의 수는 훨씬 많다. 그렇다면 인의(仁義)를 내세우는 성인(聖人)이란 세상을 점점 이롭게 하는 것이 아니라 해독(害毒)을 더해 주는 게 아니겠느냐."

는 경고의 말을 하고 있다.

원인이 있기에 결과가 있다

입술이 없어지면 이가 시리고, 노(魯)**나라의 술이 멀거면 한단**(邯鄲)**이 포위된다**(거협편).

순갈즉치한 노주박이한단위
脣竭則齒寒, 魯酒薄而邯鄲圍.

세상에는 언뜻 보기에 관계가 없는 것처럼 보이면서도, 실은 밀접한 인과관계(因果關係)로 맺어진 것이 있다. 그것을 입증해 주는 것이 이 말이다.

'순갈치한(脣竭齒寒)'이란 두말할 것도 없이 입술이 없어지면 이가 외기(外氣)를 받아서 시리게 된다는 의미이다. 또 '노주박이한단위(魯酒薄而邯鄲圍)'란 말에는 다음과 같은 이야기가 숨겨져 있다.

옛날, 남쪽의 강국(强國)인 초(楚)나라가 각 나라의 왕을 초대했을 때 노왕(魯王)이 바친 술이 멀겋던 것이 원인이 되어 노나라를 치게 되었다. 초왕에게 무례(無禮)를 저질렀다는 것이 이유였던 것이다.

그 무렵 위(魏)나라는 호시탐탐 북쪽 조(趙)나라를 치려고 그 기회만 노리고 있었는데 초나라가 뒤에서 쳐들어올 염려가 있어서 단행하지 못하고 있었다. 그런데 때마침 초나라가 노나라에서 군사활동을 하고 있었으므로 위나라는 기회가 왔다며 일약 조나라로 군사를 보내어 그 도읍인 한단성(邯鄲城)을 포위했다는 것이다.

즉 노나라가 바친 멀건 술과 조나라 도읍인 한단의 포위에는 그 나름대로의 인과관계가 있다는 말이다. 장자에 의하면 보잘것없는 성인이 나타나자 세상에는 도둑떼만 늘게 되었다는 것인데, 이 성인과 도둑도 이러한 인과관계가 있다는 말이다.

큰 악(惡)을 저지를수록 잠을 잘 잔다

띠쇠를 훔치는 자는 사형(死刑**)에 처해지고, 나라를 훔치는 자는 제후(**諸侯**)가 된다(**거협편**).**

절 구 자 주　절 국 자 위 제 후
竊鉤者誅, 竊國者爲諸侯.

이 세상에 성인(聖人)이 나타나서 도덕과 규범을 설파하며 사람들이 지켜야 할 법률을 정해 놓았다. 그러나 규범이라든가 법률이 많아지면 많아질수록 도망칠 구멍을 찾아내고 그것을 어기려는 사람들이 뒤를 잇는다. 법률을 교묘하게 위반한 자는 잘했다는 칭찬을 받게 되고, 그렇지 못한 자는 비웃음을 사게 된다.

그 결과 어떤 현상이 일어났는가? '보라!'고 장자는 말한다. 띠쇠[鉤], 즉 대구(帶鉤)처럼 보잘것없는 것을 훔친 사람은 용서없이 주살당하는데, 나라를 훔친 큰 도둑은 제후(諸侯)가 되어 뻔뻔스런 얼굴로 활보하고 있지 아니한가. 이런 일이 생기게 되는 것도 그 성인(聖人)이란 자들이 나타나서 인의(仁義)와 도덕을 설명하고 돌아다니기 때문이라고 장자는 개탄했던 것이다.

성인님네들은 차치하고라도 어느 시대이든, 현실 사회는 실로 장자가 말한 그대로였으니, 그의 날카로운 지적에는 감탄을 금치 못하겠다. 현대에도 법망(法網)에 걸려드는 것은 잡어(雜魚)와 송사리처럼 작은 물고기들만이 아닌가. 큰 악(惡)을 저지른 자일수록 편안하게 잠을 자는 경향이 있다. 그것까지도 괜찮다고 하자. 더욱 꼴불견인 것은 법망을 뚫고 온갖 악행을 저지른 자들이 인의가 어떻고 도덕이 어떻다고 떠들어 대는 일이다. 실로 말세(末世)런가.

자신의 귀로 들으라

성인(聖人)을 근절하고 지혜를 내버릴 때 큰도둑은 없어진다(거협편).

성절기지 대도내지
聖絶棄知, 大盜乃止.

"성인의 지혜를 버리면 큰도둑은 모습을 감춘다. 보물을 부숴 버리면 좀도둑은 없어진다. 어음을 태워 버리고 도장을 깨버리고, 되와 말을 쪼개 버리고 저울을 꺾어 버리면 백성들도 소박한 본성으로 돌아가서 평화로운 사회가 실현된다. 이처럼 성인이 정한 법도를 모두 폐해야만 사람들은 비로소 자기자신으로 되돌아가 자기의 말로써 피차간에 이야기를 나눌 수 있다. 또 소리의 음계(音階) 구분을 버리고 악기를 모두 태워 버리고 사광(師曠 : 名樂士)의 귀를 막을 때 사람들은 참된 자신의 귀로 들을 수가 있다. 꾸밈을 버리고 색채를 잊고 이주(離朱 : 뛰어난 視力을 가졌었다는 인물)의 눈을 가리고서야 사람들은 참된 자신의 눈으로 볼 수 있다. 먹줄을 끊고 곱자를 꺾고 공수(工倕 : 고대의 名木手)의 손가락을 으깨야만 사람들은 참된 자신의 손으로 물건을 만들 수가 있다. 대교약졸(大巧若拙)이라고 하지 않았던가 —.

증삼(曾參 : 효도로 이름이 높음)과 사추(史鰌 : 충성으로 유명하다)의 덕행을 배제하고 양주(楊朱 : 개인주의의 사상가) · 묵적(墨翟 : 박애주의의 사상가)의 변설을 봉쇄하고 인의(仁義)를 털어 버려야만 사람들은 참된 덕으로 돌아갈 수 있다. 참된 총명을 가지고 있는 한 외물(外物)에 현혹되는 일은 없다. 참된 지혜를 품고 있는 한 미망에 빠지는 일은 없다."

무위자연을 강조한 《장자》의 대목이다.

윗자리에 있는 자에게 '도(道)'가 없다면……

위에 있는 자가 과연 지혜를 좋아하고 도(道)를 무시한다면 세상은 크게 혼란해질 것이다(거협편).

상 성 호 지 이 무 도 즉 천 하 대 란 의
上誠好知而無道, 則天下大亂矣.

윗자리에 있는 사람이 지교(智巧)에만 의지하고, 무위자연(無爲自然)의 도(道)에 반(反)하는 행동을 한다면 사람들은 점점 이기적(利己的)으로 흘러서 천하는 수습하기 어려울 정도로 혼란 속에 빠져들 것이라고 지적하고 있다. 어떤 의미에서는 현대의 정치를 예견한 것이 아니겠는가.

'도(道)'는 이 경우, 원리원칙이라고 말해도 좋다. 정치가 이것을 잊어버리고 눈앞의 대응(對應)에만 급급하면 어떻게 될 것인가? 그렇게 되면 될수록 점점 얽히고설켜서 결국은 대응할 수 없게 될는지도 모른다. 이렇게 되지 않기 위해서는 먼저 원리원칙을 확립해 나가는 것이 바람직한 것이다. 이 말은 기업경영(企業經營)에도 그대로 해당될 것이다.

기업의 존립 기반은 뭐니뭐니 해도 이익의 추구(追求)에 있다. 그러나 이익을 위해서라면 무슨 짓을 해도 상관없느냐 하면, 그것은 결코 아니다. 거기에는 해도 좋은 일과 해서는 안 될 일의 한계가 반드시 있을 것이다. 그 한계를 판단하고 지키는 것이, 바로 장자가 주장하고 있는 '도'인 것이다.

알기 쉽게 말한다면 경영이념(經營理念)이다. 이것이 확고히 정립되어 있지 않으면 안 된다. 경영인에게 이것이 없다면 그 기업은 일시적으로 번영할지는 모르겠으나 오래 지속되지는 못할 것이다.

지도자적 의식을 버린 후에 대중 앞으로……

일반 사람보다 앞서려는 마음이 있는 자가 있다. 일반 사람보다 앞서려는 마음을 지닌 자가 어찌 일반 사람을 앞서게 되겠는가(재유편).

이출호중위심야 부이출호중위심자 갈상출호중재
以出乎衆爲心也. 夫以出乎衆爲心者, 曷常出乎衆哉.

이 문장은 지도자의 마음가짐에 대해서 한 말이다. 그러므로 '나만이……나만이……하며 국민에게 군림하는 지도자는 국민에게 결코 환영받을 수 없다'는 의미가 된다. 이것은 국민의 지도자뿐 아니라 어떤 레벨의 조직에도 해당되는 말일 것이다.

윗자리에 있는 사람이 자신의 지위라든가 능력을 자랑하며 권력을 휘둘러 아랫사람들에게 임하면 아랫사람들로부터 반드시 반발을 사게 된다. 만약 반발이 일어나지 않는다면 그 조직은 이미 병들어 있다고 보아야 한다. 그럼 조직을 제대로 이끌어 나가기 위해서는 어떻게 하는 것이 좋을까? 장자는 이렇게 말하고 있다.

"일반 사람과 함께 따르면 편안하게 된다."

즉 대중의 의견에 따라서 일을 처리하면 만사가 부드럽게 풀려 나갈 것이라고 말한다. 왜냐하면 한 사람의 견문(見聞)은 다수인(多數人)들의 총화된 지혜에 도저히 미치지 못하기 때문이다.

여기서 알아두어야 할 것은 장자의 이 말이 현대와 같은 민주주의 사회를 설명한 것은 아니다. 이 말에는 더 한층 깊은 의미가 있다는 생각이 든다.

현대에는 더 말할 나위도 없다. 지도하는 있는 사람은 지도자적 의식을 버린 연후에 대중 앞에 서야 할 것이다.

지나친 사양은 미련이 있다는 증거

아들이 많으면 걱정이 많아지고, 부자(富者)가 되면 귀찮은 일이 많아지며, 장수(長壽)하면 욕된 일이 많아진다(천지편).

다 남 자 즉 다 구　부 즉 다 사　수 즉 다 욕
多男子則多懼, 富則多事, 壽則多辱.

현대에도 그럴는지 모르지만 예부터 중국 사람들은 인생의 행(幸)으로 복(福) · 녹(祿) · 수(壽) 등, 세 가지를 생각해 왔었다. 복이란 자식을 잘 두는 것, 녹이란 돈, 수란 오래 사는 것이다.

그것에 관련된 유명한 이야기가 있다. 옛날 요(堯)라고 하는 천자(天子)가 지방을 행행(行幸)했을 때의 일이다. 그 지방의 관리가 요천자를 위해 장수(長壽)를 기원했던바, 요천자는 이를 사양했다. 그래서 다음에는 부자가 되라고 기원했는데, 요천자는 또 사양했다. 마지막으로 아들을 많이 두라고 기원했는데 이것 또한 사양했다. 관리가 이상히 여기어 그 이유를 묻자, 요천자가 대답한 말이 바로 위에서 든 구절이다.

"아들이 많으면 걱정이 많아진다. 돈이 많으면 귀찮은 일만 많아진다. 장수하게 되면 욕된 일만 늘어날 뿐이다."

이렇게 말한 요천자는,

"이 세 가지는 덕(德)을 기르는 데 방해가 되므로 사양한다."

고 덧붙였다.

중국 사람들이 인생의 행(幸)으로 삼아 왔던 것을 세 가지나 모두 사양했다는 것은 굉장한 식견(識見)이라고 말해도 좋을 것 같다. 그러나 장자의 눈에는 이것도 아직 '마음을 비우지 못한 소행'으로 보였던 것 같다. 사양하는 것은 아직도 그것에 미련이 있고 사로잡혀 있다는 것이다.

효율(効率)만을 추구하다가는……

기계(機械)를 갖는다면 기계에 의한 일이 반드시 생겨나고, 그런 일이 생기면 반드시 기계에 사로잡히는 마음이 생겨난다(천지편).

유기계자 필유기사 유기사자 필유기심
有機械者, 必有機事, 有機事者, 必有機心.

공자(孔子)의 제자인 자공(子貢)이 여행을 하고 있을 때, 한 노인이 밭일을 하고 있었다. 노인은 항아리에 물을 길어다가 밭에 쏟아붓고 있었다. 그의 노력에 비해 성과는 오르지 않았다. 자공은 보기에 딱해서 소리쳤다.

"노인 양반, 좋은 기계가 있을 텐데요. 그것을 사용한다면 능률이 훨씬 오르게 될 것입니다."

"그래요? 그게 어떤 기계요?"

"도르래라고 합니다. 그것을 사용하면 힘을 덜 들이고 물을 많이 퍼 올릴 수 있습니다."

그러자 노인은 쓴웃음을 웃으면서 '기계를 가지게 되면 반드시 기계에 의한 일이 생겨나고, 기계에 의한 일이 생기게 되면 반드시 기계에 사로잡히는 마음이 생기게 된다고 합니다. 나는 그 도르래를 사용할 줄 모르는게 아니라오. 부끄럽게 여길 뿐이오'라고 말했다.

효율이 좋다 해서 사용하게 되면 그것에 따라 잔꾀가 생기게 된다. 잔꾀가 생기게 되면 인간의 마음까지도 그것에 휘둘리게 된다.

문명의 이기(利器)는 효율상으로 볼 때 편리한 것만은 사실이다. 그러나 자칫하면 마음까지도 기계의 노예가 되어, 인간 본래의 선심(善心)을 잃고 만다.

제일 먼저 자신을 닦으라

제 몸조차도 다스리지 못하는데, 어찌 천하를 다스릴 겨를이 있단 말인가(천지편).

신지불능치 이하가치천하호
身之不能治, 而何暇治天下乎.

자기 한 몸조차 제대로 컨트롤하지 못하는 자에게 어찌 천하를 다스릴 수 있는 여유가 있겠느냐는 말이다.

유학(儒學)에서도 '수신제가(修身齊家) 치국평천하(治國平天下)'라고 하였다. 나라와 천하를 다스리는 자는 먼저 자신을 다스리고, 가정을 제도하지 않으면 안 된다.

뒤집어서 말한다면 몸을 닦지 못하고 가정을 제대로 다스릴 수 없는 자는 천하와 국가를 다스릴 자격이 없다는 말이기도 하다. 이것이 유학(儒學)의 지도 이념이었다. 이 주장에도 그 나름대로의 설득력(說得力)이 있음을 인정하지 않을 수 없다. 《장자》가 여기서 말하고자 하는 것도 기본적으로는 마찬가지이다.

굳이 천하를 다스릴 정도의 어마어마한 입장이 아니라도 좋다. 어떤 조직에서도 그 책임자 된 사람은 리더로서의 설득력이 있지 않으면 안 된다. 그러한 설득력이란 일조일석에 몸에 익혀지는 것이 아니다. 조금씩 익혀 나가는 것도 좋을 것이니 매일같이 쌓아 나가는 일이 중요한 것이다. 그것이 곧 '수신(修身)'이요, '수양(修養)'이다. 그리고 이것은 자각적인 노력에 의해서만 가능하다 하겠다.

그런데 우리의 현실은 '수신'이란 말만 들어도 경원(敬遠)하는 경향이 있다. 그래서 그런지 바람직한 리더의 배출이 적은 것 같은 느낌이다.

공정한 인사(人事)를 행하라

관직(官職)에 임용할 때는 알맞게 하고 인재(人材)를 발탁하여 각기 유능케 하라(천지편).

관 시 이 불 실 기 의　발 거 이 불 실 기 능
官施而不失其宜, 拔擧而不失其能.

'관시(官施)'란 관직(官職)에 임용하는 것이고, '발거(拔擧)'는 발탁이다. 그러므로 이 말이 의미하는 바는 인재를 등용할 경우 적재적소(適材適所)에 배치하되, 편파적인 짓은 하지 말라는 것이다. 이와 같은 공정한 인사야말로 리더가 해야 할 책임이며 조직을 운영해 나가는 포인트라고 했다.

이렇게 해나가기 위해서는 윗자리에 있는 자에게 사람을 볼 줄 아는 눈이 있어야 한다. 그런 눈이 없으면 진짜 인재가 있더라도 그것을 깨닫지 못할 것이다. 그 어떤 조직에도 그 나름대로의 인재는 있는 법이다. '우리 회사에는 인재가 없어서……'운운하는 톱(top) 중에는 인재를 보는 눈을 가지지 못한 사람이 많다.

그러나 사람을 보는 눈을 갖추고 있다 하더라도 그것만으로는 아직 모자란다. 그 위에 더 필요한 것은 사사로운 정(情)에 이끌리지 말아야 한다는 것이다.

물론 인간인 이상, 사사로운 감정을 전혀 고려하지 않는다는 것은 불가능하다. 그럴수록 억제하기 위한 노력이 바람직하다 하겠다.

현대의 조직에서도 흔히 정실인사(情實人事)라든가 파벌인사(派閥人事)가 횡행하고 있다. 그 중에는 눈에 거슬리는 경우도 없는 것이 아니다. 그런 조직은 틀림없이 이상해지게 마련이다.

바보는 죽지 않는 한 고쳐지지 않는다

자신의 어리석음을 알고 있는 자는 대우(大愚)가 아니고, 자신의 미혹(迷惑)을 알고 있는 자는 대혹(大惑)이 아니다. 대혹인 자는 평생 깨닫지 못하고, 대우인 자는 죽을 때까지 트이지 않는다(천지편).

> 지기우자 비대우야 지기혹자 비대혹야 대혹자종신불해
> 知其愚者, 非大愚也, 知其惑者, 非大惑也. 大惑者終身不解,
>
> 대우자종신불령
> 大愚者終身不靈.

알기 쉬운 문장이므로 구태여 설명할 필요도 없을 것이다. 자신의 어리석음과 미혹되어 있음을 아는 사람은 그래도 구제받을 여지가 있다. 구제받지 못하는 사람이란, 인제까지나 그것을 자각하지 못하는 무리들이란 말이다.

장자는 그 본보기로서 세상의 학자를 들고 있다.

"오늘날의 학자들은 교묘한 말들로 가식하여 많은 제자들을 모으고 있는데, 그들이 주장하는 내용들은 실로 지리멸렬하다. 그들은 또 아름답게 수놓은 옷을 걸치고 점잔을 빼며 세상에 추파를 던지고 있으나 자기자신은 그러한 경박성을 모르고 있다."

자기 선전에만 열을 올리고 있을 뿐, 중요한 내실(內實)은 허술하게 다루고 있다는 말이다. 장자는 이런 무리들이야말로 '바보는 죽기 전에는 고칠 수가 없다'는 말로 나무라고 있는 것이다. 당시의 학자들로서는 심히 귀에 거슬리는 말이다.

그러나 장자가 한 말은 '대우(大愚)' '대혹(大惑)'이 학자에게만 국한된 것이 아니고 세상 사람 모두가 그렇다는 것이다.

군사(軍事)와 법률에 너무 의지하지 마라

대군(大軍)과 무력(武力)을 움직이는 것은 덕(德)의 말단(末端)이며, 상벌(賞罰)로 이해(利害)를 내세우고 갖가지 형벌을 정하는 것은 교화(敎化)의 말단이다(천도편).

삼군오병지운 덕지말야 상벌이해 오형지벽 교지말야
三軍五兵之運, 德之末也. 賞罰利害, 五刑之辟, 敎之末也.

'삼군(三軍)을 질타(叱咤)한다'는 등의 말도 있듯이 '삼군'이란 대군(大軍)이란 뜻이다. 중국 고대(古代)의 군제(軍制)에 의하면 일군(一軍)은 1만2천5백 명으로 이루어졌었다고 한다. '오병(五兵)'은 다섯 종류의 무기(武器)이다. 일설에 의하면 모(矛)·극(戟)·월(鉞)·창·활이라고 한다. '운(運)'이란 여기서는 사용한다는 뜻이다. 또 '오형(五刑)'이란 다섯 가지의 형벌로서 의(劓 : 코를 베는 것)·묵(墨 : 文身)·궁(宮 : 去勢)·월(刖 : 다리를 자르는 것)·대벽(大辟 : 死刑)을 가리킨다. 여기서 '벽(辟)'은 법(法)과 같은 의미이다.

장자에 의하면, 이상적인 정치란 '도'를 터득하고 '덕'을 몸에 익힌 지도자가 행하는 '무위(無爲)'의 정치이다. 그러므로 여기서 말하고 있는 것처럼 군사만능주의라든가 법률만능주의는 '덕의 말단' '교화의 말단'으로서 물리쳐야만 할 부덕(不德)인 것이다.

물론 장자라 하더라도 군사와 법률을 전면적으로 부정하고 있는 것은 아니다. 그러나 그러한 것들은 정치의 우선순위(優先順位)로 볼 때 어디까지나 말단에 지나지 않는다. 이상(理想)을 말한다면 분명 맞는 말일 것이다. 현실주의에만 빠져 있는 현대 정치에 있어서도 이는 반성해야 할 점이다. 때로는 머리를 식히고 원점으로 돌아갈 필요가 있다.

소라도 상관없고, 말이라도 괜찮다

나를 '소'라고 불렀다면 소라고 생각했을 것이고, 나를 '말'이라고 불렀다면 말이라고 여겼을 것이다(천도편).

호아우야 이위지우 호아마야 이위지마
呼我牛也, 而謂之牛, 呼我馬也, 而謂之馬.

상대방이 '너는 소 같은 놈이다, 말 같은 놈이다'라고 하더라도 '네, 네. 그렇습니까, 상관없습니다'라며 조금도 거역하지 않는다. 그런 생활태도가 바람직하다는 말이다.

노자(老子)가 한 말로 《장자》에 기록하였는데 그 이유에 대해서 노자는 이렇게 말하고 있다.

"정말로 그럴 만한 사실이 있어서 상대방이 그렇게 부른다면 그대로 받아들여야지, 그렇지 않는다면 화(禍)를 입게 될 테니까……. 내 행동은 항상 변함이 없는 (자연스럽게 이루어진) 행동이다. 나는 행동을 위해 (부자연스럽게) 행동하지는 않는다."

상대방이 그렇게 부를 때, 이를 거역한다면 더 큰 욕을 당할지 모른다는 말이다. 노자 자신은 언제나 남에게 거역하지 않는데 그것은 의식적으로 그러는 것이 아니라는 말이다. 이쯤 되면 위대한 기회주의자로 보일지 모르겠지만 넓은 의미에서 보면 그렇지가 않다.

자신의 주체성(主體性)은 어디까지나 분명하게 지니고 있으라는 것이다. 그러면서도 남의 의견에 거역하지 않는 생활태도를 취하라는 이야기이다. 주체성을 잃지 않으면서도 상대방의 의견에 동조한다는 것은 언뜻 보기에 모순일 것 같지만, 그런 행동을 할 수 있는 경지가 곧 '도'의 완성 단계라는 생각이 든다.

말로 전하지 못하는 것도 있다

그럼 상감께서 읽고 계신 것은 옛사람의 찌꺼기로군요(천도편).

군지소독자 고인지조백이부
君之所讀者, 古人之糟魄已夫.

옛날 제(齊)나라 환공(桓公)이 독서를 하고 있는데 궁정(宮廷) 뜰에서 수레를 만드는 목공이 물었다.

"상감마마, 그 책에는 무엇이 씌어 있나이까?"

"이것 말이냐? 성현(聖賢)의 가르침이지."

"그분들은 지금도 살아 계신 분들이니이까?"

"아니다, 벌써 오래 전에 세상을 떠난 분들이란다."

그 말을 듣고 목공이 한 말이, 위에서 든 구절이다.

"그렇다면 그 책에 씌어져 있는 것은 옛사람의 찌꺼기 같은 것이로군요."
라고 말했다는 것이다.

환공이 화를 내며, 그 이유를 묻자 목공은 다음과 같이 대답했다고 한다.

"네, 전하. 신(臣)이 하고 있는 일을 예로 들어 보겠나이다. 수레바퀴 통을 만드는 비결은 입으로 설명할 수가 없사옵니다. 하오나 결코 우연에 의해서 잘 만들어지는 것은 아닙지요. 신에게는 그 비결이 있사오며 그것을 자식놈에게 전수해 보려고 노력하옵니다만 그것이 잘 안 되옵기에 나이 70이 다된 이 늙은이가 지금도 제 손으로 직접 만들고 있나이다. 옛날의 성인들도 정말로 남기고 싶었던 말은 남기지 못한 채 세상을 떠났을 것이 아니니이까? 그렇다면 상감마마께서 읽고 계신 그 책도 옛날 사람이 남긴 찌꺼기에 불과할 것이옵니다."

이 또한 진리임에 틀림없다.

수단과 방법에 과오를 범하지 마라

대저 물길을 가는 데에는 배를 사용하는 것보다 더 좋은 것이 없고, 육지(陸地)를 가는 데에는 수레를 사용하는 것보다 더 좋은 것이 없다(천운편).

수행막여용주 이륙행막여용거
水行莫如用舟, 而陸行莫如用車.

물위를 갈 때에는 배를 타고 가는 것이 제일 좋고, 땅위를 갈 때에는 수레를 이용하는 것이 제일 좋다고 했다. 그거야 당연하지 않겠느냐고 생각할는지 모르지만, 장자는 이것을 공자(孔子)의 정치활동에 대한 비판으로서 말하고 있다.

공자는 주(周)나라 시대 초기의 정치를 이상적이라 했고, 그것을 자기가 살던 시대에 재현(再現)시키고 싶어서 악전고투했다. 그러나 이상과 현실의 거리는 너무나 멀었고, 결국 뜻을 이루지 못한 채 일생을 끝마쳤다.

장자는 그것을 꼬집어, 육지를 가는 데 배를 타고 가는 것과 같다고 했던 것이다. 그리고 이렇게 덧붙였다.

"애만 쓰고 보람이 없으며, 틀림없이 몸에 재앙이 임할 것이다."

공자는 투철한 사명감(使命感)으로 그런 행동을 했었던 것이다. 그러므로 그의 입장에서 볼 때 자기 나름대로 할 말이 있었을 것임에 틀림없다.

그러나 성과를 중시한다는 입장에서 본다면 장자의 비판에는 충분한 설득력이 있다. 아무리 훌륭한 이상(理想)을 내세우더라도 그것을 실현시키기 위한 수단, 혹은 방법에 무리가 있어 가지고는 성공을 기대할 수가 없다. 그런 점을 깊이 고려하고 모든 일에 대처해야 할 것이다.

빈미(顰眉)를 흉내내다

서시(西施)가 가슴을 앓아 이맛살을 찌푸리고 있었더니, 그 마을의 추녀(醜女)가 그것을 보고 아름답다 여기고 (집으로) 돌아오자 역시 가슴에 손을 얹고 이맛살을 찌푸렸다(천운편).

서 시 병 심 이 빈 　기 리 지 추 인 　견 이 미 지 　귀 역 봉 심 이 빈
西施病心而矉, 其里之醜人, 見而美之, 歸亦捧心而矉.

그 유명한 '빈미를 흉내내다'란 말의 출전(出典)이 이것이다.

서시는 옛날의 미녀로서, 미인의 대명사가 되었다. '빈(矉)'은 '빈(顰)'과 같으며 미간(眉間)을 찡그린다는 뜻이다.

서시는 심장(心臟)이 아파서 미간을 찡그렸다. 그녀의 아름다움에 반한 동네 추녀들은 집에 돌아오자 서시처럼 가슴을 움켜쥐고 미간을 찡그렸다.

그런데 그후의 이야기가 재미있다. 동네 부자들은 그 추녀들의 모습을 보고는 문을 걸어잠그고 밖에 나오지 않았으며 가난한 사람들은 그 꼴을 보자 처자를 데리고 도망갔다는 것이다.

그런 일이 왜 일어나게 된 것일까? 추녀들은 미간을 찡그린 서시를 보고 아름답다는 것만 생각했지, 그 아름다움이 어디서 생겨나는 것인지, 본질을 이해하지는 못했기 때문이라고 장자는 말하고 있는 것이다.

즉, 이 이야기는 주체성(主體性)이 없는 '흉내내기'를 비판하고 있는 것이다. 그렇다면 우리도 추녀들의 어리석음을 비웃고만 있을 수는 없지 않겠는가. 사족이지만, 서시는 어찌나 예뻤던지 그녀가 빨래할 때 물고기들이 부끄러워서 물속으로 들어갔다 하여 침어(沈魚)라는 말이 생겼고 이 말 또한 미녀의 대명사가 되었다.

세속(世俗)의 가치를 고집하면……

부유(富裕)함을 자랑하는 자는 재산을 (남에게) 대줄 수가 없고, 영달(榮達)을 좋아하는 자는 명성을 (남에게) 내줄 수가 없으며, 권세를 사랑하는 자는 (남에게) 권력을 내줄 수가 없다(천운편).

이부위시자 불능양록 이현위시자 불능양명 친권자 불능여 인병
以富爲是者, 不能讓祿, 以顯爲是者, 不能讓名, 親權者, 不能與人柄.

무엇을 지주(支柱)로 삼아 이 인생을 살아가는가? 그것에 따라 우리의 생활 방법은 큰 차이를 이루게 된다. 장자에 의하면 '금전에 가치를 두고 사는 사람은 논만을 소중히 여기고, 영달에서 보람을 느끼고 사는 사람은 명예에만 의존한다. 권세를 좋아하는 사람은 권한을 이양(移讓)하려고 하지 않는다'고 말했다. 이것은 당연한 말이어서 더 이상 설명할 필요도 없을 정도이다.

장자는 이렇게 말하고 다음과 같이 덧붙인다.

'그것들을 잡고 있을 때는 두려워하고 그것들을 잃었을 때는 슬퍼한다.'

돈과 명예, 권한 등을 잡고 있는 동안에는 그것을 뺏기지 않을까 해서 두려워하고, 그것을 잃게 되면 이번에는 실망하여 어깨가 축 늘어진다는 것이다. 어쩐지 우리 범인들의 생활을 비웃고 있는 듯한 느낌까지 든다.

장자는 비록 이렇게 말했지만, 이런 세속적 가치를 간단하게 버리지 못하는 것이 우리네 범인(凡人)들이다. 잡고서 두려워하고 잃고는 슬퍼하며 한평생을 보내게 된다. 생각해 보면 너무나 허전하다. 장자의 말에 귀를 기울이면 그것과는 다른 시계(視界)가 열릴는지도 모르겠다.

욕심을 버리고 마음이 편안해지면……

마음이 편하면 조용하고 담담하며, 마음이 편하고 조용하면 걱정거리가 끼어들 수 없고, 사악(邪惡)한 기운도 침입할 수가 없다. 고로 성인(聖人)의 덕은 온전하고 그 정신에도 결함이 없는 것이다(각의편).

평이즉염담의 평이염담즉우환불능입 사기불능습 고기덕전이
平易則恬惔矣, 平易恬惔則憂患不能入, 邪氣不能襲. 故其德全而
신불휴
神不虧.

'평이염담(平易恬惔)'이란 시원스럽고 우물쭈물하지 않는 것으로 마음이 편안하고 무욕(無慾)인 상태임을 가리킨다. 그렇게 할 수만 있다면 고민과 괴로움 따위가 스며들지도 못하고 질병, 악기(惡氣)도 엿볼 틈이 없을 것이란 말이다.

그러므로 덕도 온전해지고 정신상태까지도 언제나 생기가 감돌게 된다고 했는데 이 말은 분명 맞는 말이다.

그렇다면 어떻게 하는 것이 '평이염담'하게 되는 길일까?

장자에 의하면 '무위자연(無爲自然)'의 도(道)를 터득하는 일이라고 하였다. '도'를 터득하면 시(是)도 없고 비(非)도 없으며, 모든 차별에서 초월할 수가 있다. 그러므로 어떤 일이건 간에 막히는 일이 없다. 항상 담담하게 대처할 수가 있다. 또 상대방의 태도와 방법에 따라 유연하게 대응할 수 있을 것이다. 실로 행운유수(行雲流水)와 같은 심경(心境)이 될 수 있다고 장자는 말한다.

그렇게 될 수만 있다면 분명 쓸데없는 일에 고민하는 일도 없어질 것이고, 또 마음이 안정되어 있으므로 악기(惡氣)에 끌려다니는 일도 없게 된다. '도'를 터득하여 얻는 이점은 그런 데에 있다고 장자는 말한다.

시운(時運)을 만나지 못했을 때는……

옛날의 소위 은사(隱士)란 자도, 그 몸을 숨긴 채, 나타나지 않은 것이 아니고, 그 입을 다문 채 아무 말도 하지 않은 것이 아니며, 그 지혜를 안에 간직한 채 겉으로 드러내지 않은 것이 아니다. (그것은) 시운이 매우 마땅치 않아서였다(선성편).

고지소위은사자 비복기신이불견야 비폐기언이불출야 비장기
古之所謂隱士者, 非伏其身而弗見也, 非閉其言而不出也, 非藏其
지이불발야 시명대류야
知而不發也. 時命大謬也.

'은사(隱士)'란 숨어 사는 사람 — 사회의 규범 밖에서 사는 사람들이다. 중국사회에서는 이 계보(系譜)에 속하는 사람들이 대를 이어 있었다. 《장자》에 의하면 그들도 처음부터 산속에 숨어서 살았던 것은 아니며, 또 사회적인 발언(發言)을 일부러 피하거나 범우(凡愚)스런 짓으로 가장하는 생활태도를 원했던 것은 결코 아니다. 다만 시운을 타지 못했기 때문에 하는 수 없이 그런 생활태도를 취하고 있었을 뿐이라고 한다.

그리고 《장자》는 '시운을 타지 못하고 역경 속에 있다면 함부로 날뛰지 말고 덕을 쌓으면서 시운을 기다리는 태도, 그것이 바람직하다'고 덧붙이고 있다. '은사'를 미화(美化)시키고 있다는 감이 없지 않지만, 그들의 생활태도에는 그러한 일면이 어느 정도 있었다.

공자(孔子)도 《논어(論言)》 속에서, 이렇게 말한 바 있다.

"천하에 도(道)가 있다면 나아가되, 도가 없으면 숨어 산다[天下有道則見, 無道則隱. '泰伯']."

이것은 출처진퇴(出處進退)의 기본원칙이다. 이런 생활태도를 취할 수만 있다면 난세에서도 몸을 보전할 것이다.

주체성(主體性)을 지키며 살아라

옛날, 몸을 보전한 사람은 변설(辯說)로 지혜를 꾸미지 않고, 지혜로 천하의 이치를 구명(究明)하지 않으며, 지혜로 덕을 구명하지 않는다. 의연하게 그의 입장을 지키며 그 본성으로 돌아갈 뿐이다(선성편).

고지존신자 불이변식지 불이지궁천하 불이지궁덕 위연처기
古之存身者, 不以辯飾知, 不以知窮天下, 不以知窮德. 危然處其
소 이반기성이
所, 而反其性已.

옛날, 치열했던 난세(亂世) 속에서 몸을 보전했던 사람들은 어떤 생활태도를 취했었을까? 《장자》에 의하면 이러하다.

먼저 쓸데없는 말을 하며 지식을 자랑하지 않았다. 또 하찮은 지식으로 세상의 움직임을 알아내려고 한다거나 자기자신이 본래 가지고 있는 모습을 구명하려고 하지 않았다. 그리고 자신의 처해 있는 입장에 만족하며 오로지 무위자연(無爲自然)의 도(道)를 실천하는 데 힘썼다는 것이다. 위에서 '위연(危然)'이란 의연(毅然)과 같은 의미이다.

난세(亂世)란 반드시 전쟁이 격렬한 시대만을 뜻하는 것은 아니다. 사회의 가치관이 다양해졌고, 시대의 조류(潮流)가 격심해진 현대도 어떤 의미에서는 난세라고 할 수 있다. 그러한 속에서 이리 흔들리고 저리 치우치는 등 정신적으로 방황하는 것은 서투른 처세임에 분명하다.

그렇게 되지 않기 위해서는 역시 자신의 주체성을 확고히 정립해야 한다. 이것만 확립되어 있으면 아무리 변화가 심한 시대에서도 자신의 페이스를 지키며 살아갈 수가 있다. 《장자》가 말하고자 했던 것도 바로 그 점이었을 것이다.

지위는 인생의 부속물에 지나지 않는다

벼슬이 몸에 붙어 있다 함은, 본래의 성명(性命)이 아니고, 사물이 우연히 찾아들어 잠시 머물고 있는 것뿐이다. 잠시 머물기만 하는 것이란, 그것이 왔을 때 거부해도 옳지 않고, 그것이 떠날 때 만류해도 좋지 않다(선성편).

> 헌면재신비성명야 물지당래기야 기지 기래불가어 기거불
> 軒冕在身非性命也, 物之儻來寄也. 寄之, 其來不可圉, 其去不
>
> 가지
> 可止.

‘헌면(軒冕)’이란 고급 수레와 관(冠)인데, 이는 높은 지위를 뜻한다. 그런 것이 손에 들어오느냐 들어오지 않느냐는 자기자신이 본래 취해 왔던 생활방법과는 관계가 없다. 왜냐하면 그런 것이 손에 들어왔다 하더라도 그것은 일시적인 부속물에 지나지 않기 때문이다.

그러므로 저쪽에서 들어오게 되면 고맙게 받아들이면 되고, 사라지면 깨끗이 포기하면 되지 억지로 붙잡으려 하지 말라는 말이다.

‘헌면’ 따위는 그런 것에 지나지 않는다. 그런데 손에 들어왔다 하면 기뻐 날뛰고, 사라졌다 하면 안타까워하는 것이 인간이다. 그런 부속물에 지나지 않는 것에 의해 일희일비(一喜一悲)하지 말고, 오로지 자기 페이스를 지키며 살아가는 것이 무엇보다도 중요하다. 이것 역시 말하기는 쉽지만, 실천하기는 어려운 일이다. 그러나 긴 안목으로 볼 때 그런 생활태도를 취하는 편이 훨씬 값있는 인생을 보낼 수 있을 것이다.

물론 사회적 지위도 인생을 살아가는 데 중요한 조건임에는 틀림없다. 하지만 《장자》의 말처럼 인생의 부속물에 지나지 않는 것에 너무 집착하는 것은 좋지 못할 것이다.

임기응변에 능하려면……

도(道)를 아는 자는 반드시 이치에 통달하게 된다. 이치에 통달한 자는 반드시 임기응변의 조치에 밝아진다. 임기응변의 조치에 밝은 자는 사물(事物)에 의해 스스로를 해치는 일이 없다(추수편).

지도자 필달어리 달어리자 필명어권 명어권자 불이물해기
知道者, 必達於理. 達於理者, 必明於權. 明於權者, 不以物害己.

장자도 노자(老子)도 '도(道)를 터득하라'고 반복해서 강조하고 있다. 그건 왜일까? 도를 터득하면 인생을 살아가는 데 득이 되기 때문인데 여기서 한 말도 그에 대한 해답이라고 볼 수 있다.

'도를 터득한 사람은 사회의 근저(根底)에 흐르고 있는 이법(理法)을 완전히 파악할 수가 있다. 이법을 파악한 사람은 그때그때 변하는 정세에 대하여 임기응변으로 대처할 수 있다. 임기응변으로 대처하는 사람은 어떠한 사태가 일어나더라도 마음이 혼란해지는 법이 없다.'

고 해답을 내리고 있다.

앞에서도 말한 것처럼 노자와 장자가 말하는 '도'란 만물의 근원이며 만물을 만물로 성립시키고 있는 근본적 원리이다. 말하자면 사물(事物)의 핵심이라고 해도 좋다. 그러한 것의 존재를 인정한다면 자연히 장자가 말하는 결론이 내려짐을, 충분히 이해할 수 있을 것이다.

단, '도'에 달하지 못하고 있는 우리가 보면 실제에 있어서 이런 회로(回路)들이 그렇게 단순한 것인지 어떤지에 대해서는 다소 의문이 생기기도 한다.

진짜 용기란 어떤 것인가?

궁지로 몰리느냐, 뜻대로 되느냐 하는 데에는 운명이나 시세(時勢)가 있음을 알고, 큰 난관에 부닥쳐도 두려워하지 않는 것은 성인(聖人)의 용기이다(추수편).

지궁지유명 지통지유시 임대난이불구자 성인지용
知窮之有命, 知通之有時, 臨大難而不懼者, 聖人之勇.

'용(勇)'이란 용기를 말함인데 이 용기에도 큰 용기와 작은 용기가 있다. '성인지용(聖人之勇)'이란 그 중에서도 가장 양질(良質)의 용기를 가리킨다. 그럼 그 용기란 어떤 용기를 말함인가?

첫째는 '지궁지유명(知窮之有命)'이다. '궁(窮)'이란 뜻을 얻지 못하는 것, 즉 불우한 상태이다. 또 '명(命)'이란 인간이 아무리 노력하여도 도저히 어쩔 수 없는 상태이다. 운명(運命)이라고 해도 좋다. 인생에 그러한 것이 작용하고 있다는 것을 알고 있으면, 설령 불우한 처지에 빠지더라도, 당황하지 않으면서 그 일을 계기로 하여 좀더 발전해 나가는 삶을 누릴 수가 있다. 그런 생활태도를 가능케 만드는 것이 참용기요, 진짜 용기인 것이다.

둘째로는 '지통지유시(知通之有時)'이다. '통(通)'이란 '궁(窮)'의 반대로 뜻을 얻는 것 — 즉 축복받은 상태라고나 할까. 또 '시(時)'란 시세에 맞는다는 의미이다. 인생에 그러한 요소가 있는 것이라고 하면, 가령 축복받은 상태라 하더라도 그것을 자랑할 것도 없고 득의만면할 일도 아니다. 이런 생활태도 또한 '용'이 있음으로써 가능한 일이다.

셋째는 '대난이불구(大難而不懼)'이다. 즉 난관에 부닥쳐도 두려워하지 않는 것, 이것이 참용기인 것이다.

우물 안 개구리[井中之蛙]

지극히 오묘한 말을 논할 줄 모르면서 일시적인 명성(名聲)에 스스로 만족하는 자는, 저 무너진 우물 속의 개구리나 다름없지 아니한가(추수편).

지부지논극묘지언 이자적일시지리자 시비감정지와여
知不知論極妙之言, 而自適一時之利者, 是非埳井之蛙與.

'감정지와(埳井之蛙)'란 우물 속 개구리이다. 《장자》에는 다음과 같은 이야기가 있다.

어느 때 우물 속의 개구리가 동해에 사는 거북에게 으스대며 말했다.

"거북아, 거북아. 나는 정말로 즐거운 생활을 하고 있단다. 날마다 외출해서 우물가로 뛰어올라갔다가, 물속으로 텀벙 뛰어들지. 그리고 장구벌레와 올챙이를 혼내 준다구. 물을 독점하고 있는 이 즐거움……. 너도 한번 이곳에서 놀아 보렴."

그럴 것이라며 동해의 거북이 놀러왔는데 왼쪽 다리를 물에 넣었더니 무릎까지도 닿지 않아서 벌써 바닥이다. 즐거울 리 만무했다. 그래서 거북은 동해의 광대무변(廣大無邊)한 크기를 이야기해 주었던바, 우물 안 개구리는 그 이야기를 듣기만 해도 눈이 빙빙 돌고 정신이 오락가락한다. 그리고 마침내는 기절하고 말았다.

동해와 마찬가지로 '지(知)'의 영역 역시 무한히 넓고 크고 깊은 것이다.

그 깊이를 알지도 못하면서 눈앞의 논쟁에서 이겼다 하여 기뻐하는 무리가 있다. 그런 무리는 이 우물 안 개구리와 같다고 장자는 말하는 것이다.

대롱으로 하늘을 보다

이는 다만 가느다란 대롱 구멍으로 하늘을 보고, 송곳을 땅에 꽂고 그 깊이를 잰다(추수편).

시직용관규천 용추지지야
是直用管闚天, 用錐指地也.

대나무 대롱 구멍으로 하늘을 보고, 송곳을 가지고 대지(大地)의 깊이를 잰다는 말이다. 이런 식으로 한다면 하늘과 대지의 전모(全貌)를 도저히 알아낼 수는 없다. 사람의 좁은 시야(視野)를 비웃을 때 하는 말이다.

'좌정관천(坐井觀天)'이란 말이 있거니와 이 말도 《장자》가 그 출전이다. 또 여기서 '관규(管闚)' '관견(管見)'이란 말이 생겼다. 모두 시야가 좁다는 의미로서 자신의 의견 등을 겸손하게 낮출 때 사용하는 말이다.

이것도 또 우리들이 빠지기 쉬운 통폐(通弊)인데 좁은 세계에 안주(安住)하고 있으면 아무래도 시야가 좁아지게 된다. 현대에도 기업 안에 안주하는 '회사인간(會社人間)' 등에게 이런 경향이 있다.

또 가정에만 틀어박혀 있는 여성들에게도 이런 증상을 나타내는 사람이 적지 아니하다. 본인이 그것을 자각하고 있다면, 그래도 구제받을 여지가 있지만 쉽게 자각할 수 없는 점에 이 증상의 심각성이 있는 것 같다.

시야가 좁아지게 되면 사물의 관점(觀點)에 밸런스를 잃게 된다. 그렇게 되면 자기자신이 놓여져 있는 정황(情況)을 정확히 파악할 수가 없고 독선적으로 흐르기 쉽다. 주변으로부터 조소를 받는 것까지는 그래도 괜찮은 편이고, 심해지면 경원당하는 예까지 있으니 주의해야 할 일이다.

주체성(主體性) 없이 흉내만 내서는……

자네는 저 수릉(壽陵)의 젊은이가 한단(邯鄲)에 가서 걸음걸이를 배웠다는 이야기를 듣지 못했는가? 그는 채 그곳의 걸음걸이를 배우기도 전에 옛 걸음걸이마저 잊어버렸으므로 기어서 돌아올 수밖에 없었다는 거야(추수편).

불문부수릉여자지학행어한단여 미득국능 우실기고행의
不聞夫壽陵余子之學行於邯鄲與. 未得國能, 又失其故行矣,

직포복이귀이
直匍匐而歸耳.

유명한 '수릉여자(壽陵余子)'의 이야기이다. '수릉'이란 오늘날의 북경(北京) 근처에 있었던 마을이고, '여자(余子)'는 젊은이이다. '한단(邯鄲)'은 조(趙)나라의 도읍인데 전국시대(戰國時代)에는 유수한 대도시였다.

그 수릉의 젊은이는 어느 때 조나라 도읍 한단에 갔었는데 도시 사람들의 멋들어진 걸음걸이를 보고 그것이 부러웠다. 그래서 나도 한 번 해봐야겠다며 곧 흉내를 냈는데, 그 걸음걸이를 배우기도 전에, 본디 자기 걸음걸이까지도 잊어버렸다. 그래서 엉금엉금 기어서 고향으로 돌아왔다고 한다. 결국 게도 구럭도 다 잃은 셈인데 '흉내내기'의 비극이라고 해도 좋다.

현대에도 이런 예는 많이 일어나고 있다. 예컨대 야구선수의 타격 폼을 개조(改造)하는 경우이다. 코치의 지시에 따라 폼을 개조하는 것까지는 좋지만 새 폼이 몸에 익기도 전에, 그전의 폼이 가지고 있던 장점까지 잊어버림으로써 오히려 성적이 떨어졌다는 이야기는 흔히 듣는 바이다. 이럴 경우 그 코치에게도 책임이 있을는지 모르지만 그보다 더 비판을 받아야 하는 것은 주체성이 부족한 선수 자신인 것이다.

진흙 속에 있더라도 자유로이 있고파

돌아가시오. 나도 진흙 속에서 꼬리를 끌며 다닐 터이니(추수편).

왕의 오장예미어도중
往矣. 吾將曳尾於塗中.

장자가 언제나 그랬듯이 복수(濮水) 가에서 낚시를 즐기고 있는데 초(楚)나라의 두 중신(重臣)이 왕명(王命)을 받고 찾아왔다. 그들은 이렇게 말을 걸어왔다.

"우리 상감의 부탁이오. 우리나라의 재상(宰相)으로 취임해 달라십니다."

장자는 낚시를 드리우고 돌아다보지도 않은 채 대답했다.

"귀국(貴國)에는 죽은 지 3천 년이나 되며 아주 영험(靈驗)하다는 거북의 갑라(甲羅 : 등딱지)가 있다면시요? 대왕은 그것을 비단으로 싸고 상자에 담아서 소중히 보관해 두고 제사를 지낸다는 말을 들었소이다. 그 거북 말이외다만 죽어서 갑라가 제사를 받아먹는 상태와, 살아 있으면서 진흙 속에서 뒹구는 상태와, 어느 쪽이 나을 것 같소이까?"

"그야 살아 있는 편이 좋겠지요."

그러자 장자는 이렇게 말했다고 한다.

"돌아들 가시오. 나도 진흙 속에서 꼬리를 끌며 다닐 터이니……."

여러 말 하지 말고 어서 돌아가라는 것이다. 나도 진흙 속에서 꼬리를 끌며 살아가겠노라고 장자는 말했던 것이다.

자유인의 진면모는 바로 이런 점에 있다는 말이다. 물론 자유인에게도 그 나름대로의 괴로움이 있을 것이고 외로움도 있을 것이다. 그러나 마음이 홀가분한 점, 그런 점은 조직인(組織人)에게는 있을 수 없는 최대의 장점인지도 모른다.

재물도 너무 많으면……

부자(富者)는 몸을 괴롭혀 가며 서둘러 일을 해서 재산을 많이 쌓아 놓지만, 그 재산을 다 써버리지는 못한다(지락편).

부자 고신질작 다적재 이부득진용
富者, 苦身疾作, 多積財, 而不得盡用.

부자는 몸이 부서지도록 악착같이 일을 하여 재산을 모으는데, 그것을 모두 쓸 수는 없다는 말이다. 우리네처럼 돈이 많지 않은 사람은 부자들의 고충을 알 길이 없지만, 있으면 있을수록 그것을 어떻게 지켜야 할지 고민일 것임에는 틀림없을 것 같다.

물론 인생을 즐기기 위해서는 어느 정도 경제적으로 여유가 있는 편이 좋다. 헐벗고 굶주리는 생활이라면 마음의 여유도 있을 리 만무하다. 그처럼 가난한 생활을 하면서도 인생을 즐길 수만 있다면 분명 이상적(理想的)이겠지만, 우리들 평범한 인간인 경우는 여간해서는 그런 심경이 되지 못한다. '의식족이(衣食足而) 지예절(知禮節)'이란 말도 있지 아니한가……. 그런 의미에서도 최소한도의 여유는 누구에게나 필요한 것이며, 또 그런 여유를 갖기 위해서는 어느 정도 지축도 하면서 살아야 할 것이다.

그러나 평생을 두고 흥청망청 써도 다 쓰지 못할 정도의 재산을 모아서 도대체 어쩌자는 것인가? 그것으로 마음의 평안을 얻지 못하는 것은 말할 것도 없고 그것으로 말미암아 도리어 걱정거리만 늘어난다면 문제는 심각해진다. 어디 그뿐인가. 자칫하다가는 그로 인하여 자식들간에 싸움의 불씨를 남겨 주게 되고, 자식들을 게으른 자, 또는 추악한 자로 만들 수도 있으니 어찌 두렵지 않단 말인가.

지나친 충고는 삼가라

충직(忠直)한 간언(諫言)을 들어 주지 않아도 물러나서 다투지 마라(지락편).

충간불청 준둔물쟁
忠諫不聽, 蹲循勿爭.

'준둔(蹲循)'은 준순(逡巡)과 같다. 즉 제자리걸음만 할 뿐, 앞으로 나아가지 않는다는 뜻이다. 군주에게 간언을 해도 받아들여지지 않을 때는 무리를 하지 마라. 즉 더 이상 간언은 하지 않는 편이 좋다는 말이다.

왜 그럴까? 두말할 것도 없이 그 이상 강경하게 간언을 하다가는 군주의 분노를 사게 되어 자신을 멸망시키겠기 때문이다. 그 이상 손해되는 일이 어디 또 있겠느냐는 뜻이리라.

우리나라 역사에는 생명을 내놓고 계속 직간(直諫)한 예가 많이 나오고, 그렇게 해야만 충신(忠臣)의 권위가 서는 것처럼 떠드는데, 중국에서는 그런 경우가 거의 없다. 중국의 군신관계(君臣關係)는 일반적으로 그 한계가 뚜렷하다.

물론 군주를 섬기고 녹을 받는 이상, 군주에게 잘못이 있으면 그것을 간하는 것이 신하된 의무이다. 그러나 세 차례 간해서 받아들여지지 않으면 그 의무는 해제된다. 그리고 그 다음에는 군주를 버려도 상관없다는 것이 중국식 사고방식이다. 받아들이고 안 받아들이는 것은 상대방의 자유이니, 어디까지나 상대방의 자주성을 존중하자는 것이다. 그 바닥에 흐르고 있는 것은 좋은 의미의 개인주의이다. 어떤 인간관계에서도 그 정도가 지나치게 개입하면 실례가 된다. 그렇게 되어 가지고는 설득의 효과도 없을 뿐더러 오히려 원한을 사게 될는지도 모른다.

무(無)에서 왔다가 무로 가는 게 인생

그 태어나기 이전의 근원을 살펴보면 본래 삶이란 없었던 것이며 본래는 형체도 없었다(지락편).

찰기시 이본무생 이본무형
察其始 而本无生 而本无形.

장자의 아내가 세상을 떠났다. 문상을 간 혜자(惠子)는 깜짝 놀랐다. 장자가 두 다리를 쭉 뻗고 앉아서 질그릇을 두드리며 노래를 부르고 있는 게 아닌가. 혜자가 넌지시 물었다.

"함께 자식을 낳아서 기르며 고생을 하던 아내가 세상을 떠났는데 곡도 하지 않고 노래를 부르다니 좀 심한 게 아닌가?"

그러자 장자는 이렇게 대답했다.

"나도 처음에는 슬펐다. 그런데 인생에 대해서 깊이 생각해 보니 슬퍼할 일이 아님을 깨달았네."

그런 다음 표제어의 말을 하고 이렇게 덧붙이는 것이었다.

"……비단 형체뿐 아니라 본래에는 기(氣)도 없었다네. 그저 흐릿하고 어두운 속에 섞여 있다가, 변하여 기가 생겨나고 기가 변해서 형체가 생겼으며 형체가 변하여 삶을 갖추게 되었던 것이지. 그리고 이제 다시 그 삶이 변해서 죽어간 것이라네. 그것은 마치 춘하추동 사계절이 때에 따라 운행되는 것과 같은 것이지. 지금 아내는 천지(天地)라고 하는 큰 방에 편히 누워 있는 것이야. 그런데 내가 소리내어 울어댄다면 나는 하늘의 운명을 모르고 하는 짓이 될 것 아니겠는가."

삶과 죽음을 하나로 본 장자의 사생관(死生觀)이요, 우주관(宇宙觀)이요, 자연관(自然觀)을 엿보게 하는 대목이다.

해골과 나눈 대화

비록 군주의 즐거움이라 할지라도 이 이상의 것은 없다(지락편).

수남면왕락불능과야
雖南面王樂不能過也.

장자가 초(楚)나라를 여행할 때인데 들판에 한 해골이 버려져 뒹구는 것을 발견했다. 말에서 내린 장자는 말채로 그것을 두드리며 물었다.

"심히 딱한 모습이로군. 방탕을 한 보응의 결과요? 아니면 나라를 팔아먹으려다가 효수당한 거요? 혹은 부모처자에게 낯을 들 수조차 없는 짓이라도 했다가 목을 맨 거요? 그도 아니면 먹고 살기 어려워서 목을 맨 거요?"

그런 다음 장자는 해골을 끌어당겨 베개 삼아 베고 잠이 들었다. 한밤중이 되자 해골이 꿈에 나타났고 말을 걸었다.

"그대의 말솜씨는 뛰어나더군. 그런데 그대가 말한 것은 모두 덧없는 세상의 고뇌들뿐이었어. 죽은 자의 세계에서는 그런 것 따위는 없다오. 어떻소? 죽은 자의 세계에 흥미가 있소?"

"꼭 듣고 싶소이다."

"죽은 자의 세계에는 군주라든가 신하 등의 구별은 일체 없다오. 과거도 미래도 없고, 천지와 마찬가지로 영원한 세계만이 있을 뿐이오."

그리고 표제어의 말을 하는 해골이었다. 장자는 해골이 허세를 부리는 것으로 생각하고 원래대로의 모습으로 되살려 주겠노라고 말했다. 그러자 해골은 펄쩍 뛰면서 대꾸하는 것이었다.

"군주도 못누리는 즐거움을 누리고 있는데 그것을 버리고 세상으로 돌아가는 짓 따위는 사절하겠소이다."

무리한 일은 피하라

주머니가 작으면 큰 것을 담을 수 없고, 두레박 줄이 짧으면 깊은 물을 길을 수가 없다(지락편).

저소자불가이회대 경단자불가이급심
褚小者不可以懷大, 綆短者不可以汲深.

'저(褚)'는 물건을 넣는 자루, '경(綆)'은 우물에서 물을 긷는 두레박 줄이다. 그러므로 '자루(주머니)가 작으면 큰 물건을 담을 수가 없다. 또 두레박 줄이 짧으면 깊은 우물에서 물을 퍼올릴 수가 없다'는 의미이다. 춘추시대(春秋時代)의 명재상(名宰相)인 관중(管仲)이 한 말인데, 《장자》 속에 인용되어 있다.

관중이 행했던 정치의 특징을 한 마디로 말하면 무리를 절대로 하지 않았다는 점이다. 작은 주머니 속에는 큰 물건을 절대로 넣지 않았다. 그의 말을 빌리면 이러하다.

"모든 사물(事物)은 이치를 따라 행하고 세(勢)를 타게 되면 성취한다. 계책을 세우고 호기(好機)를 잡으면 큰 성과를 얻을 수 있다. 예부터 왕자(王者)는 세를 타고, 성인(聖人)은 기미(機微)를 타고 큰 성과를 올렸던 것이다."

다시 말해서, 무리를 경계하라는 것이다. 어떤 물건에도 그 나름대로의 특징이 있다. 작은 것이든, 짧은 것이든, 그 특징을 살려서 사용하면 나름대로 쓸모가 있는 것이다. 단, 작은 것에 큰 것을 담으려고 하면 무리가 생기는 법이다. 그런 방법으로는 무슨 일이든 잘될 리가 만무하다.

사람을 쓰는 경우도 마찬가지이다. 상대방이 지니고 있는 장점을 잘 활용하는 것이 바람직하다. 생떼를 쓴다고 잘될 리 만무하지 않겠는가.

무심(無心)은 생명도 구한다

술 취한 자가 수레에서 떨어지면 다치기는 해도 죽는 예가 없다. 뼈 마디나 관절은 남과 같은데 상해(傷害)를 입는 것이 남과 다름은 그 정신상태가 온전한 때문이다(달생편).

취자지추거 수질불사 골절여인동 이범해여인이 기신전야
醉者之墜車, 雖疾不死. 骨節與人同, 而犯害與人異, 其神全也.

'술 취한 사람은 질주하는 수레에서 떨어져도 죽지 않는 경우가 있다. 뼈라든가 관절 등의 구조는 다른 사람과 다를 바 없는데 부상만 입을 뿐이다. 살아 남을 수 있는 것은, 오로지 무심(無心)의 상태에 있기 때문이다'라는 의미일 것이다.

장자는 그 이유에 대해서 다음과 같이 말하고 있다.

"술 취한 사람은 수레에 타고 있다는 것도 의식하지 아니하고, 수레에서 떨어진 것도 의식하지 아니한다. 삶과 죽음의 관념도, 놀람과 두려움의 감정도 그의 마음에는 없는 것이다. 그러므로 그 어떤 사태를 당하여도 당황하거나 놀라지 않고 태연한 것이다."

현대에도 거의 전원이 사망한 비행기 추락사고에서 몇몇 어린이가 살아남은 경우가 있다. 이것 역시 같은 이유일는지 모르겠다.

사족 같지만 한 마디 덧붙이겠는데 장자는 여기서 술의 효용에 대해서 설명하고 있는 것은 아니다. 취했기에 그러한 무심의 경지에 이를 수 있다고 한 말일 뿐이다. '무위자연(無爲自然)'의 도를 터득하면 더 바랄 나위가 없겠는데, 그것을 설명하기 위해 술 취한 사람을 예로 든 것이다.

헤엄 잘 치는 사람은 물을 의식하지 않는다

헤엄 잘 치는 자가 몇 번이고 되풀이하는 동안에 (**헤엄을**) **잘 칠 수 있게 되는 것은 물**(**에 익숙해져서 물**)**을 잊기 때문이다**(달생편).

선유자수능 망수야
善游者數能, 忘水也.

어느 때, 안회(顔回)라는 제자가 스승인 공자(孔子)에게 이런 질문을 하였다.

"저는 노 젓기가 아주 어려운 강을 배로 건넌 적이 있습니다만, 그때 사공의 솜씨는 실로 신기(神技)에 가까웠습니다. 그래서 저는, 어떻게 하여 노를 그처럼 잘 저을 수 있느냐고 물었습니다. 그랬더니 그 사공은 헤엄을 잘 치는 사람은 금방 배울 수 있노라고 대답하더군요. 대체 그의 말은 무슨 의미였을까요?"

이때 공자가 대답한 말이, 위에서 든 구절이다. 헤엄을 잘 치는 사람일수록 물을 의식하지 않는다는 것이다. 그러므로 어떤 사태가 발생하더라도 항상 평상시의 마음을 가지고 대처할 수 있다고 한 말이다.

공자는 다시 도박을 예로 들어 이렇게 말하고 있다.

"가치가 없는 것을 걸고 내기를 하면 여유를 가지고 승부(勝負)를 걸 수가 있다. 그러나 조금이라도 가치가 있는 것을 걸면 그 순간 마음이 긴장되며, 다시 황금(黃金)과 같은 값비싼 것을 걸게 되면 평상시의 마음은 완전히 잃게 된다. 아까운 생각이 들기 때문에 마음이 흔들리는 것이지."

여기서 말하고자 하는 것도 무심(無心)의 경지이다. 단, 그런 수준에 도달하기 위해서는 오랜 수련(修練)과 꾸준한 노력이 필요한 것이다.

조화에 유의(留意)하라

삶을 잘 보양(保養)한다는 것은 양떼를 치는 일과 같으며, 뒤떨어지는 양을 보면 이를 채찍질하는 것이라고 한다(달생편).

선양생자 약목양연 시기후자이편지
善養生者, 若牧羊然, 視其後者而鞭之.

'양생(養生)', 즉 생(生)을 보양(保養)한다는 것은, 주어진 생명을 보전한다는 뜻이다. 알기 쉽게 말하면 장수(長壽)의 비결이라고 해도 좋을 것이다. 그것은 양(羊)을 기를 때의 요령과 똑같다고 한다.

양을 기를 때는 항상 양떼가 흐트러지지 않도록 유의하지 않으면 안 된다. 그러기 위해서는 어떻게 하는 것이 좋을까? 무리에서 뒤떨어지려는 양에게는 채찍질을 가해서 무리로 몰아넣어야 한다. 건강을 유지하여 생명을 보전하는 것도 이것과 똑같다고 한다.

여기서 말하고자 하는 것은 전체의 조화(調和)를 생각하라, 즉 밸런스에 유의하라는 점이다. 바꾸어 말한다면 한쪽에 치우치지 말라는 뜻이며 도를 지나쳐서는 안 된다는 말이다. 그렇다면 이 말은 현대의 의학이론(醫學理論)과도 합치되는 주장이 아니겠는가.

예컨대 요즈음 떠들고 있는 몸과 마음의 조화 말이다. 우리들 현대인은 사회의 사나운 조류(潮流) 속에서 갖가지 스트레스를 받으며 살아가고 있다. 그러자니 아무래도 마음이 흔들리기 쉽고, 그것이 육체에도 파급되어 몸에도 이상을 가져오게 된다. 그러므로 몸의 건강을 관리하기 위해서는 마음의 건강관리에 유의하며 조화를 회복해야 한다.

장자가 말하는 '약목양연(若牧羊然)'이란 바로 이런 조화 있는 삶을 강조한 말이다.

성욕(性慾)과 식욕(食慾)을 자중하라

사람이 가장 두려워해야 할 일은, 잠자리 위에서와 음식 먹는 동안이다. 이런 일에 대해 경계해야 함을 알지 못하는 자는 잘못을 저지르게 마련이다(달생편).

인시소취외자 임석지상 음식지간 이불지위지계자과야
人之所取畏者, 衽席之上, 飮食之閒. 而不知爲之戒者過也.

'임석지상(衽席之上)'이란 성욕(性慾), 즉 섹스이다. 그러므로 '인간으로서 신중히 대처해야 할 일은 성욕과 식욕, 이 두 가지이다. 그런데 이것을 경계할 줄 모르는 사람이 있다. 그것은 실로 큰 잘못이다'라는 의미가 될 것이다. 이것 또한 '양생(養生)'을 위한 충고이다.

앞에서도 말한 것처럼 '양생'의 비결은 여러 가지 면에서 균형을 취하는 일이다. 균형이 무너지는 것은 '지나치게 하는 것'에서 기인(起因)되는 경우가 많다.

성욕이든 식욕이든, 인간이라면 누구나 가지고 있는 욕망이다. 평범하기에 그만 지나치는 수가 많다.

그런데 이를 긴 안목으로 본다면 '양생'을 하는 데 큰 영향을 준다. 그런 줄 알고는 있지만 여간해서는 절제하지 못하는 것이 인간의 약점인지도 모른다.

공자(孔子)도 '군자(君子)에게는 삼계(三戒)가 있다'고 강조하고 다음과 같은 말을 하고 있다.

"아직 혈기(血氣)를 억제하지 못하는 청년시대에는 색욕(色慾)을 자중한다. 혈기왕성한 장년시대에는 투쟁욕을 자중한다. 혈기가 쇠퇴해 가는 노년기(老年期)에는 물욕(物慾)을 자중한다."

'목계(木鷄)'야말로 이상적 인간상

멀리서 바라보면 마치 나무로 만든 닭 같습니다. 그 덕(德)이 온전해진 것입니다(달생편).

망 지 사 목 계 의 기 덕 전 의
望之似木鷄矣. 其德全矣.

옛날 기성자(紀渻子)라는 투계용(鬪鷄用) 닭 사육사(飼育師)가 있었다. 왕은 이 기성자에게 닭을 한 마리 주면서 투계용으로 훈련시키도록 명했다. 10일이 지나자 왕이 기성자에게 물었다.

"어떤가? 그 닭은 투계용으로 쓸만하겠나?"

"아직 훈련이 덜 되었나이다. 살기(殺氣)가 아직도 등등하며 자꾸 적(敵)을 찾고 있사옵니다."

그로부터 다시 10일이 지난 날, 왕이 또 물었다.

"아직 싸울 수 없나이다. 다른 닭에게 신경을 쓰고 있으며 닭을 보면 금방 투지(鬪志)를 보이옵니다."

또 10일이 지나서 왕이 묻자 기성자는 대답했다.

"역시 안 되겠나이다. 다른 닭을 아직도 노려보고 있사옵니다."

그리고 10여 일이 또 지났을 때 왕이 묻자 이번에는 이렇게 말했다.

"이제 되었나이다. 모든 닭이 울어대도 전혀 개의치 않고 그저 바라만 보고 있사옵니다. 흡사 목계(木鷄)와 같으니 덕을 온전히 갖추었다고 보아야겠나이다. 다른 닭들은 대드는 일이 없고 슬슬 도망을 치옵니다."

내면에 덕을 갖추고 있으면 비상 사태가 일어나더라도 이 목계처럼 끄떡도 하지 않게 된다. 이것이 이상적인 인간상이라는 뜻이다.

인생에 불변(不變)의 것은 없다

만나면 헤어지고, 이루어지면 파괴되며, 모가 나면 깎이고, 신분(身分)이 높아지면 비방을 받으며, 무슨 일을 해놓으면 어딘가 결점이 생기고, 현명하면 모함을 받으며, 어리석으면 속는다(산목편).

합즉리 성즉훼 염즉좌 존즉의 유위즉휴 현즉모 불소즉기
合則離, 成則毁. 廉則挫, 尊則議. 有爲則虧, 賢則謀. 不肖則欺.

만났는가 하면 헤어지고, 성공했는가 하면 실패한다. 날카로운 것은 금방 무디어지고, 지위가 높아졌는가 했더니 금방 떨어진다. 무슨 일을 하려고 하면 방해를 받고, 현명하면 모함을 받으며, 어리석은즉 속임수에 당한다. 이것이 우리가 살고 있는 인간사회의 현실이라고 말한다. 사실이 그러하다.

이 세상 모든 것은 항상 변화한다. 일정불변(一定不變)의 것이라고는 단 한 가지도 없다. 1, 2년 동안에는 그 변화가 눈에 띄지 않을는지도 모른다. 그러나 10년이 지나고 보면 상당히 변해 있고, 30년쯤 지나면 금석지감(今昔之感)이 있다.

그렇다면 승진했다고 해서 기뻐 날뛸 것도 못되며, 좌천당했다고 해서 비관할 일도 아니다. 변화에 따라 일희일비(一喜一悲)하는 것은 그다지 현명한 생활태도가 아니다.

하지만 현실의 변화에 휘말리어서 기뻐하고 슬퍼하며 살아가는 것이 또한 우리네 인생이리라. 그런 때에 그러한 자신을 냉정한 눈으로 바라볼 수 있는 또 한 사람의 자신이 있다면 조금이라도 여유가 있는 생활을 해나갈 수 있을 것이다. 이런 사람이야말로 달인(達人)이라고 할 수 있다.

앞서지도 말고, 처지지도 마라

나아갈 때는 앞장서지 않고, 물러설 때는 꽁무니에 처지지 않는다(산목편).

진불감위전 퇴불감위후
進不敢爲前, 退不敢爲後.

선두에 서지도 않고 후미(後尾)에 처지지도 않으며 중간에 서서 자기의 페이스대로 달리는 것, 그런 생활태도가 이상적(理想的)이라고 말했다. 왜 선두에 서면 안 되는 것일까? 몇 가지 이유를 생각해 볼 수 있다.

첫째는, 선두를 양보하지 않으려면 아무래도 한계를 넘는 노력을 해야 한다. 무리를 해가며 노력하다가는 지치고 만다. 그렇게 되면 장속(長續)할 수 없을 뿐 아니라, 레이스를 중도에서 포기하고 말 수도 있기 때문이다.

둘째는, 선두에 서면 원치 않더라도 남의 눈에 띄게 된다. 눈에 띄면 적(敵)의 표적이 되어 집중포화(集中砲火)를 맞게 된다. 그 결과 제일 먼저 쓰러지고 만다.

셋째는, 적(敵)은 외부뿐만 아니라 내부에도 있다. 무서운 것은 외부의 적보다도 오히려 내부에 있는 라이벌이다. 너무 선두에 오래 있으면 이 내부의 적에게도 속아서 당하게 마련이다.

이상과 같은 이유로 '나아갈 때는 앞장서지 말라'고 한 것이다.

그럼 꽁무니에 서면 또 왜 나쁜가? 이것은 두말할 것도 없이 지나칠 만큼 성적이 나쁘면 비판의 대상이 되어, 처신(處身)이 궁해지게 마련이다.

요컨대 남의 눈에 띄지도 않고 뒤떨어지지도 않는, 그런 생활태도를 취한다면 어느 시대에도 유유히 살아갈 수 있다는 말이다.

유능한 사람일수록 궁해지기 쉽다

곧은 나무는 먼저 벌목(伐木)되고, 단 우물물은 먼저 말라 버린다(산목편).

직목선벌 감정선갈
直木先伐, 甘井先竭.

'직목(直木)'은 쪽 곧은 나무를 가리킨다. 이렇게 좋은 나무는 좋은 목재(木財)가 될 것이므로 우선적으로 베어지게 된다. 이와 마찬가지로 좋은 물이 솟는 우물물은 먼저 마르게 된다.

인간도 이와 같다는 것이다. 남달리 뛰어난 능력을 가지고 있으면 그 능력으로 인하여 일을 많이 하게 되므로 먼저 낡아지게 된다는 말이다.

역설로 말해서 불행히도 능력이 있다면 그것을 가급적 숨기고 남에게 띄지 않도록 하라고 《장자》는 말했던 것이다. 이것 또한 진리의 일면(一面)이라고 말할 수 있겠다.

장자는 '의태(意怠)'라는 새를 예로 들고 있다.

이 새는 날개만 파닥거릴 뿐 혼자서 날지를 못하니 언뜻 보기에도 아주 무능하게 보인다. 다른 새들의 도움이 있어야 날아오를 수 있고, 엉덩이를 얻어맞아야 겨우 되돌아올 수 있다. 날아갈 때는 앞장서려고 하지 않고 물러설 때도 후미(後尾)에 서려고 하지 않는다. 먹이를 먹을 때도 절대로 앞을 다투려고 하지 않고 동료들에게서 떨어지는 일도 없으며 위해(危害)를 가하는 일도 없다.

좀 과장된 예이기는 하지만 현대에도 어쨌든 유능한 사람일수록 모함을 받기 쉽다는 것은 깊이 명심해 둘 필요가 있다.

다시 말해서, 유능한 사람일수록 적을 만드는 예가 많다는 점을 늘 염두에 두고 신중히 행동하는 자세가 필요하다 하겠다.

억지로 공명(功名)을 구하지 마라

스스로 공(功)을 자랑하는 자는 (오히려) 공을 잃고, 공을 이룬 뒤 물러나지 않는 자는 몸을 망치며, 명성(名聲)을 이루고 거기 (그대로) 머무는 자는 욕을 보게 된다(산목편).

자벌자무공 공성자타 명성자휴
自伐者无功, 功成者墮, 名成者虧.

'자신의 능력을 자랑하는 사람은 성공하지 못한다. 성공한 사람은 남의 모함을 받게 된다. 명성(名聲)을 얻은 사람은 비난을 받게 된다.'

동(動)하면 반동(反動)이 있다는 말이다. 이것 또한 인간사회에 있는 불변의 진리인지도 모른다.

그렇다면 다음과 같은 생활방법을 배울 필요가 있겠다.

먼저 자신의 능력을 함부로 드러내지 아니한다. 능력이 있는 사람일수록 겸허한 자세로 초연한 생활을 하라는 말이다. 그렇게 살아가면 반대로 성공과 명성이 저절로 굴러들어온다는 뜻이기도 하다. 인생이란 본디 그런 것인지도 모른다.

다음으로 성공을 했다거나 명성을 얻은 후에는 빨리 물러날 것을 고려해야 한다는 것이다. 노자도 '공을 이루고 물러나는 것은 하늘의 도(道)이다'라고 말한 바 있다. 우물쭈물하고 있다가는 애써 이루어 놓은 것까지 모조리 잃고 마는 수가 있다.

《장자》에 의하면 '도'를 터득한 인물의 처세는 '자취를 남기지 않고 권세를 버린 채, 공명(功名)에 마음을 두지 않는다. 그렇게 하니까 남을 책망하는 일이 없고 남이 책망할 일도 없다'고 하였다. 이것이 바람직한 생활태도일 것이다.

이해관계만 앞세우지 마라

이익(利益)으로 맺어진 사람이란 일단 위급한 일을 만나면 서로 버리게 되는 법이다(산목편).

이 리 합 자　박 궁 화 환 해 상 기 야
以利合者, 迫窮禍患害相棄也.

이익이나 타산(打算)에 의해 맺어진 사람은 역경이나 곤경(困境)을 당하게 되면 등을 돌리고 만다는 말이다. 이것 또한 인간학(人間學)의 정수(精髓)라고 해도 좋을 것이다.

우리는 여러 가지 인간관계를 맺으면서 사회생활을 영위해 나가고 있다. 그 중에서도 가장 비중을 크게 차지하고 있는 것이 이해관계인지도 모른다. 업무상의 인간관계는 모두가 이 이해관계로 맺어진 것이리라.

물론 이해관계가 나쁘다는 말은 아니다. 나쁘기는커녕, 이 이해관계가 자연스럽게 이루어지지 않으면 사회생활을 제대로 영위할 수가 없을 것이다.

그러나 이해관계에는 한계가 있다. 이해(利害)가 일치될 때에는 그 관계가 잘 이루어져 나가지만 일치되지 아니하면 무너지고 만다. 그처럼 미묘한 것이다. 그러나 그것이 이해관계의 본질이다. 그 점을 잘 이해하고 있지 못하면 인간관계의 대응(對應)에 있어서 오류를 범하고 만다.

난처한 일이 생겼을 때 거래상의 상대방에게 도움을 청하는 사람이 있다. 도움을 주지 않으면 그런 사람일수록 원한을 품기도 한다. 이런 일은 상대방에게 심리적 부담만 줄 뿐 효과가 있을 리 만무하다. 우정(友情)과 이해관계를 혼동하는 일은 인간학(人間學)의 기초도 모르는 사람이다.

담담한 교제가 이상적이다

군자(君子)의 교제는 담백하기 때문에 친분(親分)이 두터워지고, 소인(小人)의 교제는 달콤하므로 (쉽게) 끊어진다(산목편).

군자지교담약수 소인지교감약례
君子之交淡若水, 小人之交甘若醴.

이 말 또한 잘 알려져 있는 말이다.

군자의 교제란 마치 물처럼 담담한데 소인의 교제는 '예(醴)', 즉 감주처럼 끈끈하다는 뜻이다. 장자는 다시 이렇게 덧붙이고 있다.

"군자는 담담함을 가지고 친분을 돈독히 맺으나 소인은 달콤하게 맺었다가 하찮은 일로도 교제를 끊는다. 까닭없이 맺어진 것은 까닭 없이 떨어져 나가게 마련이다."

이 또한 진리라고 말할 수 있겠다. 왜 물과 같이 담담한 교제를 좋은 교제라고 하는가? 그것은 두말할 것도 없이, 그렇게 맺는 교제라야만 오래 지속되고, 또 깊은 교제를 할 수 있겠기 때문이다. 이것에 비하여 감주처럼 달콤하고 끈적끈적한 교제는 금방 그 사이가 벌어지고 오래 지속되지를 못한다.

인간관계에서 어려운 것은 교제하는 방법이다. 우인관계(友人關係)인 경우라면 너무 가까이 지내도 좋지 못하고 너무 소원하게 지내도 좋지 못하다. 너무 자주 만나지 않음으로써 소원해지면 그것은 이미 우인관계라고 말할 수가 없을 것이다. 그러나 너무 밀착되어 있는 것도 좋지 않다. 서로 귀찮게 여기다가 멀지 않아서 사이가 벌어지게 되고 말 것이다.

너무 가깝지도 않고 멀지도 않는 교제가 가장 이상적인데, '담약수(淡若水)'는 그것을 가리킨다.

욕심에 눈이 어두우면……

나는 외물(外物)에 사로잡혀 내 몸을 잊고 있었다. 즉 흙탕물을 보느라고 맑은 못을 잊고 있었다(산목편).

오수형이망신 관어탁수이미어청연
吾守形以忘身. 觀於濁水而迷於淸淵.

어느 날 장자가 사냥을 나갔다. 그때 남쪽으로부터 커다란 까치가 날아오더니 장자의 이마를 스치며 가까이에 있는 밤나무 숲에 가서 앉았다.

"거 참, 기묘한 새로다. 큰 날개를 가지고 있건만 제대로 날지를 못하고, 큰 눈을 가지고 있건만 제대로 보지를 못하는 것 같군."

장자는 이렇게 중얼거리면서 그 까치를 겨냥하여 화살을 시위에 매겼다. 그런데 까치는 밤나무 잎에 앉아 있는 사마귀를 노리고 있었다. 그 사마귀는 또 나무에 붙어서 울고 있는 개미를 노리고 있었고……. 사마귀도 까치도 먹이를 잡기에 마음을 빼앗기고 있어서 자신의 몸이 위험에 처해 있다는 것을 모르고 있었다.

'먹이를 노리는 자, 곧 먹이가 된단 말인가? 이익을 추구하는 것은 큰 해독을 가져온다. 위험하지. 위험해.'

크게 깨달은 장자는 화살을 버리고 서둘러 밤나무 숲을 나섰다. 그런데 그 뒤를 쫓아온 밤나무 주인은 장자를 보고 밤도둑이라며 욕설을 퍼부었다. 이때, 장자가 한 말이 앞에서 소개한 말이다.

"나는 외물(外物)에 마음을 빼앗겨서 내 속의 진심을 잊고 있었다. 욕심에 사로잡혀서 진실된 모습을 잊고 있었던 것이다."

은군자(隱君子)에게도 이런 한탄이 있었으니 우리네 범인들이야 더 말할 것이 무엇이겠는가?

현명한 사람일수록 자계(自戒)한다

어진 행동을 하면서도 스스로 어질다는 태도를 없애면, 어디로 가건 어찌 사랑을 받지 않겠는가(산목편).

행 현 이 거 자 현 지 행 안 왕 이 불 애 재
行賢而去自賢之行, 安往而不愛哉.

옛날, 양자(陽子)라고 하는 인물이 송(宋)나라를 여행하다가 어떤 숙사(宿舍)에 머물렀을 때의 일이다. 숙사 주인에게는 두 명의 첩이 있었다. 한 사람은 굉장한 미녀였지만 또 한 명의 첩은 불쌍하다고 느껴질 만큼 추녀(醜女)였다.

그런데 숙사의 주인은 어찌된 일인지 추녀를 몹시 사랑하고 있었다. 이상하게 여긴 양자가 그 이유를 묻자 숙사 주인이 대답했다.

"저 미인은 아름다움을 너무 자랑하기 때문에 오히려 아름답게 보이지가 않습니다. 그러나 이쪽 추녀는 자신이 못생긴 것을 부끄러워하며 공손히 대하는 까닭에 못생겼다는 생각이 들지 않습니다."

이 말을 들은 양자는 제자들에게 '너희도 이 말을 깊이 명심해 두라'고 전제한 다음에 한 말이 위에서 든 말이다.

"행동을 훌륭하게 하면서도 그것을 자랑하지 않는다. 그런 인간이라면 어디에 가든 사랑받을 수 있다."

고 말했던 것이다.

'현(賢)'은 경쟁이 치열한 현실을 살아가는 데 있어 아주 유력(有力)한 무기(武器)가 된다. 그러나 그것을 너무 자랑하다가는 오히려 자신을 해치는 흉기(凶器)가 되고 만다. 현명한 사람일수록 자신을 다스릴 줄 알아야 하는 것이다. 즉 자계(自戒)가 필요하다 하겠다.

상징적인 것과 실질적인 것

군자로서 정녕 그 도(道)를 터득한 자는 반드시 그런 옷을 입지 않으며, 그런 옷을 입는 자라고 해서 꼭 도를 알고 있다고는 할 수 없다(전자방편).

군자유기도자 미필위기복야 위기복자 미필지기도야
君子有其道者, 未必爲其服也. 爲其服者, 未必知其道也.

장자가 노애공(魯哀公)을 알현했다. 애공이 자신만만하게 말했다.

"우리 노나라에는 유자(儒者)가 많소. 모처럼 왔으니 그들과 그대의 학설을 토론해 보시오."

장자가 말했다.

"아니옵니다. 유자가 많다고 할 수는 없나이다."

노애공은 펄쩍 뛰었다. 노나라에서는 거의가 유복(儒服)을 입고 다닌다는 것이었다. 그러자 장자가 반박하고 나섰다.

"유자가 둥근 갓을 쓰는 것은 천문을 안다는 것을 나타내고, 네모진 신을 신는 것은 지리(地理)를 안다는 것을 나타내며, 구슬 달린 허리띠를 띠는 것은 결단력을 나타내는 것이라고 들었나이다. 하오나 그것은 상징일 뿐 실질은 아닙지요."

그리고 장자는 표제어의 말을 한 다음 이렇게 덧붙였다.

"전하, 나라 안에 '군자의 도를 닦지 않고 유복을 입는 자는 사형에 처한다'는 포고령을 내리시오소서."

애공이 포고령을 내리자 5일이 채 안되어 유복을 입는 자는 거의 없어졌고 한 사람만이 유복 차림으로 궁궐 앞에 나타났다. 애공이 그를 중용했던바 그는 종횡무진 자유자재로 도에 입각한 정치를 했다고 한다.

그림의 진수(眞髓)

됐다, 과연 그 사나이야말로 참된 화공(畵工)이다(전자방편).

가의 시진화자야
可矣, 是眞畵者也.

송(宋)나라의 원공(元公)이 온 나라 안의 화가(畵家)들을 모아서 그림을 그리게 한 일이 있었는데 그때 있었던 일이다.

도읍으로 올라온 화가들은 명령에 따라 그 즉시로 정해진 자리에 앉아서 붓을 고르는 한편 물감을 풀어놓고 그림을 그리기 시작했다. 그들은 하나같이 1등으로 뽑힐 그림을 그리기 위해 혼신의 힘을 쏟고 있었다. 회장(會場) 안으로 들어오지 못하고 밖으로 밀려나간 화가가 회장 안에 들어온 화가보다 더 많을 정도로 이 그림 그리기 대회는 대성황을 이루었다.

그런데 정해진 시각이 한참 지나서야 회장에 도착한 화가가 있었다. 그런데도 지각한 이 화가는 조금도 당황하는 기색이 없었다. 즉 그는 아주 태연했으며 오히려 유연한 태도를 취하고 있었다.

이 화가는 물론 회장에 들어오지 못했는데 장외의 자리를 지정해 주자 그 자리에 앉을 생각도 하지 않더니 대기실 쪽으로 유유히 걸어가는 것이었다. 이를 수상히 여긴 원공이 신료(臣僚)를 시켜 엿보게 하였던 바 그 지각한 화가는 어찌된 일인지 옷을 모두 벗어 버리고 두 다리를 쩍 벌린 채 잠을 자고 있더란 것이다. 그 말에 감탄하여 원공이 엉겁결에 한 말이 표제어의 말인데 원공은 요즘 말로 행위예술을 터득하고 있었던 것 같다. 결코 외형에 마음이 사로잡히지 않는 예술, 그것을 찬탄했던 것이다.

'불사지사(不射之射)'의 수준을 목표로……

(자네가 쏘는 화살 솜씨는 뛰어나기는 하지만) 그건 유심(有心)의 활솜씨이지, 무심(無心)의 활솜씨가 아니야(전자방편).

시사지사 비불사지사야
是射之射, 非不射之射也.

어느 때, 열어구(列御寇)가 '도(道)'를 터득했다고 하는 백혼무인(伯昏無人) 앞에서 활을 쏘아 보았다. 자신만만했던 그는 활시위를 힘껏 당겼다. 그 자세는 가히 일품이어서 보기에도 균형이 잡혀 있었고 쏘는 대로 화살은 과녁에 적중했다. 그렇건만 안색(顔色)은 조금도 변하지 않았다. 그러나 백혼무인은 고개를 저으면서 '그것은 유심(有心)의 활솜씨이지, 무심(無心)의 활솜씨가 아니다'라고 말한 다음, '어때? 나와 함께 저 바위산으로 올라가서 깊은 골짜기를 내려다보며 다시 한 번 활솜씨를 보여주지 않겠소?'라고 말했다. '사지사(射之射)'란 활을 쏜다는 것을 의식한 유심의 활솜씨, '불사지사(不射之射)'란 활 쏘는 것을 의식하지 않는 무심의 활솜씨란 의미이다.

그런데 열어구가 백혼무인을 따라 바위산에 올라가 보니, 발을 붙일 만한 곳이 없다. 몸은 낭떠러지 위에 반쯤 떠 있는 상태이며 활시위를 당길 처지가 못 되었다. 열어구는 무의식중에 낭떠러지 위에 엎드린 채 식은땀을 흘렸다. 그것을 보자 백혼무인은 이렇게 말했다.

"자네 솜씨는 아직도 멀었어."

그 인간의 진가(眞假)가 평가되는 것은 이상사태가 발생하거나 위기에 처했을 경우이다. 그런 때에 동요되어 힘을 발휘하지 못한다면 비난을 면하기 어려울 것이다.

오는 것은 막지 말고, 가는 것은 잡지 마라

나는 저절로 찾아오는 것을 물리치지 못하고 또 물러가는 것을 멈추지 못하는 것이라 생각하오(전자방편).

오이기래불가각야 기거불가지야
吾以其來不可卻也, 其去不可止也.

은자(隱者)인 견오(肩吾)가, 현인(賢人)으로 소문이 자자한 초(楚)나라의 손숙오(孫叔敖)에게 이런 질문을 하였다.

"선생께서는 세 번이나 초나라 재상(宰相)을 지내셨으나 그때마다 격별히 기쁜 표정을 지으신 일이 없었고, 또 그 지위에서 물러나실 때도 특별히 슬퍼하지 않으셨다고 들었습니다. 나는 사실 그 말을 듣고 의심했습니다만 이렇게 만나뵙고 보니 조금도 동요되지 않으심을 확인할 수 있겠습니다. 대체 어떤 마음가짐으로 계시기에 그렇게 초연하시온지요?"

손숙오가 대답했다.

"내가 남보다 나은 점이 무엇 한 가지나 있겠소이까? 다만 나는 저절로 찾아오는 것을 물리치지 못하고 또 물러가는 것을 멈추지 못하는 법이라고 생각할 뿐이외다. 즉 이해득실(利害得失)은 내가 마음대로 하지 못하는 것이라고 생각하므로 걱정하지도 않고 기뻐하지도 않았지요."

내가 뭐 남보다 훌륭한 점이 있겠는가? 지위나 명성(名聲)이 찾아오는 것을 거절하지 않았을 뿐이고, 또 그것이 사라진다고 해서 그것을 억지로 붙잡으려고 하지 않았을 뿐이다. 찾아오는 것이건 사라지는 것이건 모두 자기자신과는 무관한 것으로 생각하고 그렇게 대처하며 살았다. 대충 이런 의미일 것이다.

망아(忘我)의 잠

몸은 시든 나무와 같고 마음은 불꺼진 재와 같다(지북유편).

형약고해 심약사회
形若槁骸, 心若死灰.

설결(齧缺 : 隱者인 王倪의 제자)이 피의(被衣 : 王倪의 스승)에게 도(道)에 대해서 물었다. 피의가 대답했다.

"우선 온몸에서 힘을 쭉 빼고 네 눈길을 한곳에 집중하거라. 그렇게 하면 저절로 몸에 조화가 갖추어질 것이니라. 그런 연후에 이것저것 분별하는 생각을 지워 버리고 네 태도를 바르게 하면 만유(萬有)의 실상이 저절로 감지되어 터득할 수 있을 것임이야. 그것이 곧 도와 일치되고 도의 작용과 합치된 상태인 것이다. 갓 태어난 송아지와 같은 마음이 되는 것, 게다가 왜 그렇게 되었는지 전혀 의식하지 않는 상태가 바로 그것이란다……."

이야기가 채 끝나기도 전에 설결은 벌써 꾸벅꾸벅 졸더니 이내 잠이 들고 말았다. 피의는 빙그레 웃으면서 크게 만족하고 흥얼흥얼 노래를 부르며 그 자리를 떠났다.

"몸(모습)은 시든 나뭇가지와 같고 마음은 불이 꺼져 식은 재와 같도다.
형체(形體)를 모두 버리고 참됨으로 돌아가야지
있는 듯 없는 듯 아련하게 멍하니 속이 텅빈 공동(空洞)같이
밑바닥도 모르는 사람. 사람이면서도 그러나 사람이 아니로다."

허심무아(虛心無我)의 경지를 설명한 대목이다.

인생이란 한순간에 지나지 않는다

사람이 이 천지(天地) 사이에 살고 있는 시간이란 마치 준마(駿馬)가 벽(壁)의 틈새를 언뜻 지나가는 순간 같다(지북유편).

인생천지지간 약백구지과극 홀연이기
人生天地之閒, 若白駒之過郤, 忽然而已.

'백구(白駒)'는 흰 말이고, '극(郤)'은 극(隙)과 같으며, 벽의 틈새 혹은 문의 틈새를 의미한다. '인생여백구극과(人生如白駒隙過)'란 말은 《장자》의 이 문장이 그 출전(出典)이다.

20대쯤에는 누구나 인생은 이제부터이며 아직 앞길이 양양하다고 생각한다. 그런데 50대가 되어 자신의 인생을 뒤돌아보면, 지나간 날들이 앞으로 살아갈 날들보다 훨씬 많다는 생각이 들어, 자신도 모르게 경악하고 만다. 그런데 60대, 70대가 되면 인생이 한순간임을 더욱 실감할 것임에 틀림없다.

《장자》에 의하면 인간이 이 세상에 있는 것은 어디까지나 가짜 모습, 변화(變化)되는 한 과정에 지나지 않는다.

그러므로 살아 있다고 해서 기뻐할 일도 아니고 죽는다고 해서 슬퍼할 일도 아니다. 무(無)에서 태어났다가 무(無)로 돌아가는 것이 인생이니 말이다. 그러나 여기까지 달관(達觀)하기란 결코 쉬운 일이 아니다. 어차피 거기까지 달관하지 못하는 우리로서는 나름대로 받은 인생, 이 짧은 인생을 나름대로 터득한 생활태도에 의해 살아가려고 한다. 그러나 좀더 깊이 생각해 보면 장자의 말이 이해될 듯도 하다.

바르게 죽기 위해서라도 무위자연(無爲自然)의 생활방법을 생각해 봄직도 하지 않은가.

'인지(人知)'를 초월한 것이 있다

지극한 말이란 무언(無言)의 말이며 지극한 행위란 무위(無爲)의 행위이다. (인간의) 지혜로 알 수 있는 것을 모두 알려고 한다면 곧 그것은 천박한 지혜가 될 뿐이다(지북유편).

지언무언 지위무위 제지지소지 즉천의
至言無言, 至爲無爲, 齊知之所知, 則淺矣.

하는 말에 깊은 의미를 부여하려고 하면, 말로 그것을 표현할 수 없게 된다. 행위를 최고의 레벨로 높이려면 작위(作爲)를 버리지 않으면 안 된다. 지식도 인간이 이해할 수 있는 범위에 한정되면 아무래도 그 바닥이 얕게 된다. 대충 이런 의미의 말이다.

'지언(至言)'이라든가 '지위(至爲)'라는 말을 썼을 때, 장자의 머릿속에 있었던 것은 분명 '무위자연(無爲自然)'의 도(道)이다. 그것을 말로는 설명할 수 없는 것이며, 또 작위를 거부하는 것임은, 지금까지 여러 차례 설명해 왔었다. 굳이 이것과 비슷한 예를 찾는다면 종교적(宗敎的) 깨달음을 들 수 있을 것이다. 또 일을 하는 데 있어, 감을 잡는다든가 비결 따위도 우리가 흔히 하는 말이지만 설명하기 어려운 점이 있는데, 이 또한 이것과 가까운 것인지도 모르겠다.

'조화(造化)의 묘(妙)'라는 말도 있다. 이 세상에는 인간의 힘을 초월한, 어떤 것의 의지(意志)가 작용하고 있는지도 모른다. 그런 것을 인정하느냐 인정하지 않느냐는 별도로 하고, 인지(人知) 속에서 만족하고 있는 한, 바닥이 낮은, 즉 천박한 지식밖에 가질 수 없는 것은 사실이다.

그렇게 되면 인간으로서의 그릇까지도 그 크기가 작아짐은 물론, 깊이도 얕아지게 된다.

일계(日計)보다는 연계(年計)를……

하루 이틀로 보아서는 별로 큰 일을 한 것 같지 않은데, 한 해의 일로 보니 놀라운 성과를 올리고 있다(경상초편).

일 계 지 이 부 족　세 계 지 이 유 여
日計之而不足, 歲計之而有餘.

'무위자연(無爲自然)'의 도(道)를 터득한 노담(老聃)의 제자 중에 경상초(庚桑楚)란 인물이 있었다. 스승의 가르침 중 일단(一端)을 배운 그는 북쪽 땅 외루(畏壘)란 마을에 가서 자리잡고 살았다.

그때 그는 똑똑한 척하는 하인과 어진 척하는 하녀는 모두 내보내고, 추하게 생기고 어리석은 자들만을 데리고 살았다. 그런데 이상한 일은 그의 덕(德)에 감화를 받아서인지 외루 마을은 눈에 띌만큼 풍요해져 갔다. 이를 기뻐한 마을 사람들은 입을 모아 이렇게 말했다고 한다.

"경상자(庚桑子)가 처음 왔을 때는 매우 색다른 분이라며 우리는 놀랐었소. 우리가 하루 이틀로 보아서는 별로 큰일을 한 것 같지 않은데 한 해의 일로 보니 놀라운 성과를 올리고 있구려. 아마 그분은 성인(聖人)에 가까운 분일 것이오."

처음 그 마을에 왔을 때는 괴짜라고 생각했었는데 이제는 그분의 덕택으로 마을에 이익이 생기게 되었다. 그날그날의 일로 보아서는 대단치 않은데 1년 단위로 생각해 보니 이익이 많이 올랐다. 마치 그분은 성현(聖賢)과 같은 분이시다라고 했던 것이다.

이 또한 시사성이 많은 이야기이다. 인생이란 하루하루의 결산을 볼 것이 아니라. 1년, 10년, 나아가서는 일생의 결산에 대처하며 살아가야 한다.

있지 않을 자리에 있게 되면……

수레를 입에 넣을 만한 큰 짐승도 홀로 산을 떠나면 그물이라는 재난(災難)을 면하지 못하고, 배를 삼킬 정도로 큰 물고기도 뛰어올라 물을 잃고 뭍에 오르면 조그만 개미라도 그를 괴롭힌다(경상초편).

> 함거지수 개이난산 즉불면어망고지환 탄주지어 탕이실수
> 函車之獸, 介而離山, 則不免於罔罟之患. 呑舟之魚, 碭而失水,
> 즉의능고지
> 則蟻能苦之.

'함거지수(函車之獸)'란 수레를 입에 넣을 정도로 큰 짐승을 의미한다. 그토록 큰 짐승이라 하더라도 홀로 산을 내려오면 그물에 걸려 잡히고 만다고 했다. '탄주지어(呑舟之魚)'란 배를 한 입에 삼킬 정도의 큰 물고기이다. 그런 물고기일지라도 물에서 뛰어나오면 금방 개미의 먹이가 되고 만다고 했다.

이 말이 의미하는 바는 두말할 것도 없이 그 어떤 인물이더라도 처신(處身)을 잘못하면 가지고 있는 능력을 발휘하지 못할 뿐 아니라 자신의 몸까지도 위태롭게 만든다는 뜻이다. 장자는 다시 이렇게 덧붙이고 있다.

> "그러므로 새와 짐승은 될 수 있는 한 높은 곳으로 도망쳐 가고, 물고기와 거북은 가급적 깊은 곳으로 몸을 숨겨서 안전을 꾀한다. 인간도 그와 같아서 주어진 생명을 보전하려는 사람은 가급적 남의 눈에 뜨이지 않도록 그 몸을 숨기려고 애쓴다."

내가 아니면 안 된다고 생각하고 앞으로 나서려고 애쓰는 사람은, 위험 속에 몸을 내맡기고 있는 것인지도 모른다. 《열자(列子)》라는 책에도 '큰 물고기는 세류(細流)에서 놀지 않는다[呑舟之魚 不遊枝流]'라는 말이 있다.

작은 일에 얽매이지 마라

당신의 몸을 온전히 하고, 목숨을 편히 간직하며 이런 저런 일을 바쁘게 생각하지 말아야 하오(경상초편).

전여형 포여생 무사여사려영영
全汝形, 抱汝生, 無使汝思慮營營.

인생을 여유있고 마음 편안하게 살아가려면 어떻게 하는 것이 좋을까? 이 질문에 대하여 경상자(庚桑子)라는 은군자(隱君子)가 대답한 말이 위의 말이다.

그대의 육체를 보전하고, 그대의 생명을 평안히 보전하며 쓸데없는 일을 이것저것 바쁘게 생각하지 않는 것이 좋다는 말이다. 평범하다고 하면 아주 평범한 어드바이스인데 '여사려영영(汝思慮營營)'이란 한 구절이 돋보이지 않는가.

우리가 날마다 노하거나 기뻐하거나 슬퍼하며 깊이 생각하고 그 생각에 얽매이는 것은, 모두 다 그렇지는 않다고 하더라도 그 대부분은 1주일이나 1개월쯤 지나면 깨끗이 잊어버리고 마는 하찮은 일인 수가 많다.

나중에 생각해 보면 그처럼 하잘것없는 일에 얽매어 있었던 것에 대해 반성하지 않을 수 없게 된다. 그리고 그처럼 감정에 얽매어 있었던 일이, 그 얼마나 마음의 건강에 마이너스 영향을 주었는가를 생각하게 만든다.

도대체 우리는 왜 이다지도 하찮은 일, 쓸데없는 일에 구애를 받고 살아가는 것일까? 그것은 역시 일면적(一面的)인 가치관에 얽매어 있기 때문일 것이다. 그것에서 벗어나기 위해서는 때로 현실을 초월하여 유구(悠久)한 천지(天地)에 마음을 돌릴 필요가 있다.

'인(仁)'이나 '의(義)'에 얽매이게 되면……

어질지 못하면 남을 해치게 되고, 어질면 오히려 제 몸을 염려하게 된다. 불의(不義)한 짓을 하면 다른 사람을 손상하게 되고 의(義)로우면 오히려 제 자신을 근심하게 된다(경상초편).

불인즉해인 인즉반수아신 불의즉상인 의즉반수아기
不仁則害人, 仁則反愁我身. 不義則傷人, 義則反愁我己.

'인(仁)'과 '의(義)'는 유가(儒家)가 주창한 인륜(人倫)의 규범이다. 알기 쉽게 말하면 '인'이란 남에 대한 동정 혹은 연민의 정이고, '의'란 인간으로서 마땅히 행하지 않으면 안 되는 올바른 도이다. 이런 것들이 결여되어 있으면 당연한 일이겠지만, 남을 해치거나 남에게 손상을 주는 결과가 된다.

그런데 그런 것을 가지고 있는 경우 어찌하여 내 몸에 염려가 생기고 내 몸을 근심하게 만든단 말인가?

'인'을 가지고 있으면 곤경에 처한 사람을 보는 경우 도와주고 싶다는 생각이 들 것임에 틀림없고, '의'를 가지고 있으면 정도(正道)를 벗어나는 일을 하는 사람을 볼 경우, 바로잡아 주어야겠다는 생각이 들 것이다. 그러나 대부분의 사람은 갖가지 사정이 있어서 그것을 실행하기가 어렵다. 그런 딜레마 속에서 자기 주장만 내세운다면 결국 '자신에게 걱정거리가 생기고 근심거리가 생긴다'는 말이다.

이것이 우리 인간의 실정이라고 해도 과언이 아니다.

노장(老莊)이라 하더라도 반드시 인의(仁義)를 전면적으로 부정하는 것은 아니다. 다만 그것에 사로잡혀서 쓸데없는 생각을 하며 마음을 괴롭히는 것은 몸을 보전하는 데 도움이 되지 못한다는 말을 한 것이다.

외계(外界)의 움직임에 몸을 맡긴다

가도 어디로 가는지를 모르고 머물러 있어도 무엇을 하겠다는 생각이 없다. 모든 것을 있는 그대로의 것에 순응(順應)하여 물결치는 대로 따라간다. 이것이 양생(養生)의 도(道)이다(경상초편).

행부지소지 거부지소위 여물위사 이동기파 시위생지경이
行不知所之, 居不知所爲. 與物委蛇, 而同其波, 是衛生之經已.

'위생(衛生)'이란 양생(養生)과 같다. 주어진 삶을 보전한다는 뜻이다. '경(經)'이란 불변(不變)의 진리이다. 그러므로 위의 구절을 의역하면 다음과 같다.

'걸어가더라도 어디로 가는 것인지, 목적의식(目的意識)이 없고, 앉아 있어도 무엇을 하려고 하는 것인지 사려분별(思慮分別)을 가지지 않는다. 단, 외계(外界)의 움직임에 몸을 맡긴 채 조금도 거역하지 않는다.'

어떤 큰 것의 의지(意志)를 받아들이고 자연의 리듬에 맞춰서 살아가는, 그런 생활태도를 가리키는 것 같다. 이것을 좀더 구체적으로 말한다면 어떻게 될까? 《장자》는 다음과 같이 지적하고 있다.

첫째, 자신의 페이스를 투철하게 지키고 그것을 잃지 않도록 할 것. 둘째, 점(占) 따위에 의존하지 않더라도 어떤 것이 길(吉)하고, 어떤 것이 흉(凶)한지, 근본 원리를 파악하고 있을 것. 셋째, 자신이 가지고 있는 능력의 한계를 깨닫고 위험한 일에 손을 대지 말 것. 넷째, 남을 책망한다거나, 남에게 의존하지 말고 어디까지나 자신을 의지할 것. 다섯째, 얽매이지 말고 어리석은 사람처럼 무욕(無慾)으로, 또 어린아이처럼 무심(無心)히 행동할 것.

포용력이 없는 인간은 곤란하다

남을 받아들일 수가 없으면 누구와도 친해지지 못하고, 친한 자가 없으면 남이 된다(경상초편).

불능용인자무친 무친자진인
不能容人者無親, 無親者盡人.

남을 포용해 나가지 못하는 사람은 친애(親愛)의 정(情)이 결여되어 있다. 친애의 정이 결여되어 있는 인간이란 남을 용서할 줄 모르고 괴롭힌다는 말이다.

현대에도 이런 타입의 인간이 적지 아니하다. 그런 사람일지라도 능력이 뛰어나거나, 운세(運勢)가 좋으면 일시적인 성공을 거둘 수 있을는지는 모른다. 그러나 결국은 남에게 미움을 받는다든가 경원당하거나 하여 그 성공은 오래 지속되지 못할 것이다.

그렇다면 포용력을 몸에 익혀야겠는데 그렇게 하려면 어떻게 하는 것이 좋을까? 장자는 이렇게 말하고 있다.

"무심한 자는 사물이 그 안에 들어갈 수 있지만, 사물에 대립(對立)하여 가로막는 자는 그 자신조차도 마음속에 받아들일 수가 없으니, 어찌 남을 받아들일 수 있겠는가."

남에 대하여 자신을 겸허하게 할 수 있다면 모든 인간이 사모하고 따를 것이다. 반대로 남에 대하여 벽을 쌓으면 자신의 몸조차도 받아들일 수가 없다. 그러니 어찌 남을 포용하겠느냐는 것이다.

알기 쉬운 예를 든다면, 남과 대화를 나눌 때, 먼저 상대방의 의견에 귀를 기울여 경청한다. 이 정도의 일이라면 누구든지 할 수 있을 것이 아닌가. 그런데 이것이 바로 포용력의 제일보인 것이다.

가장 중요한 것은 마음가짐이다

자기 몸에 해를 입는 것은 음양(陰陽)의 작용만큼 크지는 않다. (음양은) 천지와 함께 있는 것이므로 도망가 있을 곳이 없다. (더구나) 이는 음양이 해를 끼침이 아니고 (자기) 마음이 스스로 그렇게 시키는 것이다(경상초편).

구막대어음양 무소도어천지지간 비음양적지 심즉사지야
寇莫大於陰陽, 無所逃於天地之間. 非陰陽賊之, 心則使之也.

'구(寇)'는 적(敵)이다. 무엇이 인간의 적이냐고 묻고, 음양(陰陽)의 조화(調和)를 해치는 것만큼 큰 적은 없다고 했다.

그런 사태가 되면 이 넓은 세계 어디로도 도망칠 수 없게 된다는 것이다.

옛날, 중국인은 이 세상에는 음과 양의 두 가지 '기(氣)'가 있으며 그 조화 위에 세계가 성립되어 있는 것으로 생각했었다. 그러므로 조화가 붕괴되면 큰일이 나는 것이다. 자칫하면 세계의 종말(終末)이 올지도 모른다. 따라서 이것이 최대의 '구(寇)', 즉 적이라고 했던 것이다.

그러나 장자에 의하면 이야기가 또 달라진다. 음양의 부조화(不調和)는 분명 인간을 해치는 대적(大敵)이다. 그러나 그 근본을 더듬어 보면 음양의 '기'가 인간을 해치는 것이 아니고 실은 자신의 마음이 동요될 때 그렇게 되는 것이라고 한다. 중요한 것은 무엇보다도 마음가짐이라는 말이다.

그렇다면 어떤 사태에도 당황하지 않으며 평상시의 마음으로 대처하려면 어떻게 하는 것이 좋을까?

두말할 것도 없이 무위자연(無爲自然)의 대도(大道)를 터득하는 것, 그것 이상은 없다고 한다.

형식에 구애받지 마라

지극한 예(禮)는 남과 구별을 세우지 않고, 지극한 의(義)는 사물과 구별을 짓지 않으며, 지극한 지(知)는 모의(謀議)하지 않고, 지극한 인(仁)은 새삼스런 친근(親近)함이 없으며, 지극한 신(信)은 금옥(金玉)을 저당잡히는 일이 없다(경상초편).

지례유불인 지의불물 지지불모 지인무친 지신벽금
至禮有不人, 至義不物, 至知不謀, 至仁無親, 至信辟金.

'최고의 예(禮)는 남이라는 것을 의식하지 않는다. 최고의 의(義)는 대상을 차별하지 않는다. 최고의 지(知)는 모의를 하지 않는다. 최고의 인(仁)은 친애(親愛)의 정(情)을 나타내지 않는다. 최고의 신(信)은 증거가 될 문서를 필요로 하지 않는다.'

알기 쉽게 의역하면 이런 의미이다.

'지례유불인(至禮有不人)'에 대해서 장자는 이런 예를 들고 있다. 가령 시장(市場)의 북적거리는 인파 속에서 남의 발을 밟았다면 어떻게 할 것인가? 대개의 사람은 '실례했습니다'라고 말하며 공손히 사과할 것임에 틀림없다. 그런데 그 밟은 발이 형(兄)의 발이라면 가볍게 문질러 줄 뿐일 것이며, 부모의 발이라면 꼭 사과의 인사를 하지 않아도 될 것이다. 최고의 예란 이처럼 형식 따위에 사로잡히지 아니하며, 자연히 서로 통하는 것이 있으면 그것으로 족한 것인지도 모른다.

또 '지신벽금(至信辟金)'의 '금(金)'이란 서약의 표시로 사용되는 황금 제품이다. 약혼식 때 교환하는 금반지 같은 것이라고 할 수 있다. 신뢰할 수 없는 상대방으로부터라면 그것을 몇 개씩 받아도 소용이 없다. 반대로 상호 신뢰하는 사이라면 그것을 교환할 필요가 있겠는가.

애민(愛民)은 해민(害民)의 시작

백성을 사랑한다는 것은 백성을 해(害)치는 시초이다. 의(義)를 위해 전략(戰略)을 그만둔다는 것은 전쟁을 일으키는 근원이 된다(서무귀편).

애 민 해 민 지 시 야 위 의 언 병 조 병 지 본 야
愛民害民之始也. 爲義偃兵, 造兵之本也.

위(魏)나라 무후(武侯)라는 임금이 서무귀(徐无鬼)라고 하는 도(道)를 터득한 사람에게, '선생을 오랫동안 보고 싶어했소. 나는 백성을 사랑하고 의(義)를 위해 전략을 그만두려고 하는데 그게 가능하겠소이까?' 라고 물었던바 서무귀는 '안 됩니다'라고 말한 다음에 한 말이 위에서 든 구절이다.

백성을 사랑한다든가 의를 위하고 평화를 위한다는 말은 듣기에는 그럴 듯하다. 그러나 결과는 어떻게 될까? 틀림없이 백성들을 해치고 전쟁을 불러일으키고 말 것이 아닌가. 그런 허울 좋은 말은 입밖에 내지도 말라며 무후의 기만성(欺瞞性)을 예리하게 찔렀던 것이다.

그러면 위정자(爲政者) 된 자는 어떤 자세로 정치에 임하는 것이 좋단 말인가? 서무귀는 다음과 같이 말을 이어 나가고 있다.

"전하께서 만약 백성을 위하려는 마음을 그치지 않고 지니신다면 부디 마음속의 성실성을 잘 다스리시어 천지 자연의 참모습에 순응하며 어지럽혀지지 않도록 하소서. 그러면 백성들은 죽음으로부터 모면하게 될 것이니 전하께서 전략을 그만두실 필요가 없지 않겠나이까?"

무엇보다도 먼저 자신의 본성을 바르게 하고 무위자연(無爲自然)의 경지에 도달하라는 말이다. 그렇게 하면 평화는 스스로 찾아온다는 것이다.

해로운 것은 제거해야 한다

천하를 다스리는 방법이란 말을 기르는 것과 무엇이 다르겠는가! 그저 말을 해(害)**치는 것을 제거하는 일뿐이다**(서무귀편).

부위천하자 역해이이호목마자재 역거기해마자이이의
夫爲天下者, 亦奚以異乎牧馬者哉. 亦去其害馬者而已矣.

옛날, 황제(黃帝)가 중신(重臣)들을 이끌고 구자산(具茨山)에 사는 대괴(大隗)를 찾아갔다. 도를 터득했다는 이 대괴에게서 가르침을 받기 위해서였다. 그러나 길을 찾을 수가 없었던 그는 대괴를 만나지 못했다.

때마침 말에게 꼴을 먹이고 있던 동자(童子)를 만나서 길을 물으니 그 동자는 대괴를 아노라고 대답했다. 이 동자는 도를 터득하고 있음에 틀림없다고 생각한 황제가 동자에게,

"부디 천하를 다스리는 방법을 듣고 싶소이다."

라며 머리를 숙였다. 그러자 동자는 사양했지만 황제가 되풀이 물으니 하는 수 없이,

"대저 천하를 다스리는 것도 말을 기르는 것과 같다."

라며 설명한 말이 위에서 든 구절이다.

"천하를 다스리는 방법도 말을 기르는 것과 다를 게 무엇이겠소? 말의 본성을 해롭게 하는 장해 요소를 제거하면 되는 것이오."

황제는 머리를 몇 번이나 조아리고 동자와 헤어졌다. 이 동자야말로 실은 대괴 바로 그 사람이었다.

'일리(一利)를 얻는 것은 일해(一害)를 제거하는 것만 못하다.'

라는 말은 원(元)나라의 명재상(名宰相)인 야율초재(耶律楚材)가 한 말이려니와, 장자가 하고자 한 말도 바로 이런 사상과 다름이 없었던 것이다.

스스로 현명함을 내세우지 않는다

스스로 현자(賢者)라 하며 남을 내려다본다면 사람들을 따르게 할 수가 없지만, 현인(賢人)이면서도 남의 아래에 있다면 사람들이 저절로 따르게 된다(서무귀편).

이현임인 미유득인자야 이현하인 미유부득인자야
以賢臨人, 未有得人者也. 以賢下人, 未有不得人者也.

제(齊)나라의 명재상(名宰相)인 관중(管仲)이 임종(臨終)을 맞으려 할 때, 제나라 환공(桓公)이 문병을 하고 후계자 인사(人事)에 대해서 의견을 제시해 달라고 부탁을 했다. 이때 관중은 습붕(隰朋)이란 인물을 천거하고 그 이유를 다음과 같이 설명했다.

"습붕이 좋을 것이니이다. 그의 사람 됨됨이는 위에 있는 자를 잊고, 밑에 있는 백성을 따라 행동하옵니다. 자기가 황제(黃帝)만 못하다는 것을 부끄러워하고 자기보다 못한 자를 불쌍히 여기니이다. 덕(德)을 남에게 나누어 주는 자를 성인(聖人)이라 하고 재물(財物)을 남에게 나누어 주는 자를 현자(賢者)라 하옵니다. 스스로 현자라 하며 남을 내려다본다면 사람들을 따르게 할 수 없지만, 현인이면서도 남의 아래에 있다면 사람들이 저절로 따르게 되옵니다. 그런 사람은 나랏일에 대해서도 자질구레한 것은 듣지 않고 집안일에 대해서도 하찮은 것을 보지 아니하나이다. 그러니 습붕이 합당할 것이옵니다."

현명하기는 하지만 겸허한 태도로 임하면 천하 사람들의 지지를 모을 수가 있다. 습붕이라는 인물은 실로 그러한 사람이니 그가 재상의 적임자라는 말이다. 관중의 말은 맞는 말이었으나 환공은 관중의 말을 받아들이지 않았다가 나라를 어지럽게 했다.

'불언(不言)의 언(言)'이란?

공자(孔子)가 말했다. "저는 말 없는[不言] 말[言]이란 것을 들어본 적이 있습니다."(서무귀편)

왈 구야문불언지언의
曰, 丘也聞不言之言矣.

'구(丘)'란 공자(孔子)의 이름이다. 그 공자가 초(楚)나라에 갔을 때의 일이다. 초왕(楚王)이 잔치를 열고 정치의 비결에 대한 의견을 말해 달라고 했다. 그러자 공자는 '구야문불언지언의(丘也聞不言之言矣)' — 즉 나는 불언의 언이란 말을 배운 적이 있다고 전제한 다음, 그것을 정치의 장(場)에서 실천했던 두 사람의 예를 들고 있다.

한 사람은 시남의료(市南宜僚)이다. 초나라 중신이었는데 백공승(白公勝)이 반란을 일으켰을 때 그를 마음대로 조종했으며 백공승의 사자(使者)를 적당히 구슬려서 무마했다는 것이다. 그 덕택에 다른 중신들도 난(難)을 면할 수 있었다고 한다. 또 한 사람도 역시 초나라 중신인 손숙오(孫叔敖)이다. 이 두 사람은 편안히 잠을 자고 적당히 행동하면서도 계책을 써서 외적(外敵)을 물리쳤었다. 그들의 덕택으로 초나라 백성들은 평화로운 생활을 즐길 수 있었다고 한다.

이 두 사람은 모두 막중한 책임이 있는 자리에 있으면서도 유난하게 목청을 돋우어서 부하들을 질타한 것도 아니며 상대방을 말로 설득한 것도 아니다. 그렇건만도 큰일을 해냈다. 공자에 의하면 이것이야말로 '불언(不言)의 언(言)'이요, 그 전형(典型)이라는 것이다.

'말을 잘하는 것은 말을 하지 않는 것과 같다'는 말도 있다. 때로는 웅변보다도 침묵이 설득 효과를 내는 수도 있는 것이다.

수다를 떨면 역효과가 난다

개는 잘 짖는 개를 좋다고 하지 않고, 사람은 말 잘하는 것을 현명하다고 하지 않는데, 하물며 크다고 할 수는 없다(서무귀편).

구불이선폐위량 인불이선언위현 이황위대호
狗不以善吠爲良, 人不以善言爲賢, 而況爲大乎.

이것 또한 능변(能辯)보다 오히려 불언(不言)의 가치를 인정한 말인데, 개 짖는 것에 비유한 것이 재미있다.

명(明)나라 때 여신오(呂新吾)라는 사람이 그의 저서(著書)인 《신음어(呻吟語)》 속에서 인물 됨됨이의 순위를 매겼었다.

' '침심후중(沈深厚重)'인 자, 이를 제1등의 자질(資質)로 본다. '뇌락호웅(磊落豪雄)'인 자, 이를 제2등의 자질로 본다. '총명변재(聰明辯才)'인 자, 이를 제3등의 자질로 본다.'

다시 말하면 다음과 같다.

제1등은, 침착하고 묵직하며 깊이가 있는 인물.

제2등은, 적극적이고 작은 일에 구애받지 않는 인물.

제3등은, 머리가 잘 돌아가고 말을 잘하는 인물.

《장자》에서 말하고자 하는 것도 따지고 보면 이 말과 같은 말인지도 모르겠다.

잘 짖는 개란 때로는 이웃에게 불편을 주기 쉬운데 말을 잘 한다고 나불거리는 사람도 이와 같다고 할 것이다. 그리고 능변인 사람은 아무래도 가볍다는 인상을 주기 쉽다. 그렇게 되면 주변 사람들로부터 신뢰받기가 어려워지지 않겠는가.

좁은 세계에서 벗어나야 한다

덧없는 안일에 만족하는 자는, 돼지에 생기는 이와 같다. 거칠고 긴 털이 난 곳을 골라 살며 그곳을 스스로 넓은 궁전(宮殿)이나 커다란 정원(庭園)이라 생각한다(서무귀편).

유수자 시슬시야 택소렵 자이위광궁대유
濡需者, 豕蝨是也. 擇疏鬣, 自以爲廣宮大囿.

'유수자(濡需者)'란 밖에 광대(廣大)한 세계가 있다는 것을 모르고 먹고 마시며, 울고 웃으며, 일상적인 생활 속에 파묻혀 있는 인간을 가리킴이다. 《장자》에 의하면 이것은 돼지에 붙어서 피를 빨아먹고 사는 이[蝨]와 같다는 것이다. 왜냐하면 털이 더부룩하게 나있는 등에 붙어서 살며 마치 그곳이 궁전이라도 되는 것처럼 생각하고 태평(太平)을 즐기고 있기 때문이다.

하지만 그것은 어디까지나 순간적인 평안에 지나지 않는다. 이윽고 백정이 와서 돼지를 잡고 불을 지르면, 돼지도 그리고 이도 모두 타버리고 말 것이다. 대상황(大狀況)이 변하면 소상황(小狀況)의 평안 따위는 순식간에 사라지고 마는 법이다.

인간도 이와 같아서, 좁은 세계의 부귀영달(富貴榮達)에 안주하며, 광대한 세계에 눈을 돌리지 않는 한, 참평안은 얻을 수가 없다. 거기에 '유수자(濡需者)'의 위험이 있다고 장자는 말하고 있다.

중류(中流) 환상(幻想)에 사로잡혀 있으면서도 만족하고 있는 우리는 어쩌면 돼지에 생기는 이보다도 더 못난 사람인지도 모른다. 광대한 세계에서 노닐며 마음의 여유를 가지고 싶지 아니한가.

'와우각상(蝸牛角上)'의 싸움

임금께서는 달팽이라는 것을 아시겠지요?(즉양편)

유소위와자 군지지호
有所謂蝸者, 君知之乎.

위(魏)나라 혜왕(惠王)이 제(齊)나라를 공격하려고 했을 때의 일이다. 도(道)를 터득한 대진인(戴晋人)이란 사람이 혜왕을 만나서 말했다.

"전하께서는 달팽이를 알고 계시나이까?"

"알고 있소. 그게 어떻게 되었다는 게요?"

혜왕이 되묻자 대진인이 말했다.

"그 달팽이 왼쪽 뿔에는 촉씨(觸氏)라는 자의 나라가 있었고, 오른쪽 뿔에는 만씨(蠻氏)라는 자의 나라가 있었는데 서로 영토 싸움을 그치지 않고 있었나이다. 어떤 때는 격전(激戰)을 15일씩이나 끌었고, 사망자가 몇만에 이른 후에야 겨우 퇴각을 했다고 하더이다."

"농담도 어느 정도껏 해야지……."

"결코 농담이 아니니이다. 그 증거로 지금부터 아뢰는 말씀을 잘 들어 주소서. 전하께서는 이 우주의 상하(上下) 사방(四方)에 끝이 있다고 생각하시니이까?"

"끝이 없겠지……."

"그렇다면 어심(御心)을 그 무궁한 세계로 돌리시고 유유자적하실 경우, 이 지상의 나라들은 있는 것인지 없는 것인지 알 수 없는 존재에 불과할 것이 아니겠나이까? 그런 나라 속에 위나라가 있고 위나라 안에 도읍 대량(大梁)이 있나이다. 대량 속에는 전하께서 살고 계시고요, 그렇다면 전하와 만씨와 무슨 차이가 있겠나이까?'"

위왕은 그 말에 망연자실했다고 한다.

육지에 가라앉다

세속에서 멀리 떨어져 있는 채 세속과 함께 있음을 깨끗하다고 여기지 않는다. 이는 마치 육지 속에 몸을 가라앉힌 것과 같다(즉양편).

방차여세위 이심불설지구 시육침자야
方且與世違, 而心不屑之俱, 是陸沈者也.

공자(孔子) 일행이 초나라로 유세차 갔을 때, 어느 날 의구(蟻丘)에 있는 여관에 머물렀는데 이웃집 지붕 위에서 웬 부부와 하인인 듯한 자들이 그들을 살펴보고 있었다. 공자의 제자 자로(子路)가 성을 냈다.

"무례한 것들 같으니라구!"

그러자 공자가 조용히 말했다.

"가만두어라. 입은 것은 허름하지만 저들은 현인(賢人)일 것이다. 그들의 이름은 세상에서 잊혀진 지 오래일 게고……. 하지만 내면(內面)은 속세에 등을 돌리고 허(虛)에 안주하고 있지. 이것을 육지에 잠겨서 산다고 하는 게야. 어쩌면 시남의료(市南宜僚 : 초나라의 賢人)의 무리일 게다."

"그렇다면 찾아가서 불러오겠습니다."

"쓸데없는 일이야. 시남의료라면 나를 심히 경계할 것임에 틀림없어. 내가 초나라 도읍까지 가면 초왕에게 그를 등용하라며 권할 것이라고 생각할 테니까. 나를 가리켜 말 많은 사람이라고 생각하겠지. 그리고 나같은 관직(官職) 추종자의 말 따위는 듣는 것만으로도 귀를 더럽혔다고 생각할 위인인데 어찌 나를 만나려고 하겠는가? 자로야, 너는 그들이 아직도 저 집에 있을 것으로 생각하느냐?"

자로가 그 집에 가보니 과연 한 사람도 남아있지 않았다고 한다.

분쟁의 씨앗을 만들지 않아야……

명예나 치욕이 내세워지게 된 뒤로 사람들은 근심 걱정을 보게 되고, 재화(財貨)**가 모이면서** (**부유한 자가 나와**) **사람들은 다툼질을 보게 되었다**(즉양편).

영욕립 연후도소병 화재취 연후도소쟁
榮辱立, 然後覩所病. 貨財聚, 然後覩所爭.

노담(老聃)의 제자인 백구(柏矩)가 제(齊)나라를 방문했을 때, 시장(市場)에서 형(刑)이 집행되어 매달려 있는 시체를 보았다. 그는 시체를 어루만지면서 하늘을 우러러 울었다. 그리고 다음과 같은 말을 하였다.

"아아, 천하에 큰 재앙(災殃)이 있는데 그대가 먼저 그것을 만났구나. 도둑질을 한 게 아닌가? 사람을 죽인 게 아닌가? 명예나 치욕이 내세워진 뒤로, 사람들은 근심과 걱정을 보게 되고 재화(財貨)가 모이면서 사람들은 다툼질을 보게 되었다. 지금의 위정자(爲政者)는 사람들이 괴로워하는 것을 내세우고 사람들이 아귀다툼하는 것을 모아놓은 채, 사람들의 몸을 쉴 사이 없이 괴롭히고 있는 것이다. 이런 꼴을 당하지 않겠다고 해보았자 될 수 있겠는가?"

천하에 재앙의 그물이 쳐져 있고, 그것에 제일 먼저 걸려든 것이 너로구나. 위정자는 도둑질하지 마라, 사람을 죽이면 안 된다며 그럴 듯하게 말하고 있다. 그러나 귀천의 차별을 하고 나서부터 괴로움은 시작되었고, 재물을 중히 여긴 데서부터 분쟁이 일어났다. 괴로움과 분쟁의 씨앗을 놓아둔 채 백성들을 단속하는 것이 오늘날의 정치이다. 이렇게 되어서야 죄인이 생기는 것도 당연하지 아니한가.

분쟁의 씨앗을 뿌려놓고 법망을 좁히는 것은 죄인만 늘릴 뿐이다. 근본을 바로잡지 않는 한, 악순환은 멎지 않는 법이다.

책임은 자신에게 돌리라

옛날의 군주(君主)**는 이득**(利得)**을 백성에게 있게 하고 손실은 자기에게 있게 하며, 올바름은 백성에게 있다 하고 부정**(不正)**은 자기에게 있다고 여겼다**(즉양편).

고지군인자 이득위재민 이실위재기 이정위재민 이왕위재기
古之君人者, 以得爲在民. 以失爲在己. 以正爲在民, 以枉爲在己.

옛날의 제왕(帝王)은 성공했을 경우 그 공을 모두 백성에게 돌리고, 실패했을 경우에 그 책임은 자기가 졌었다. 또 바르게 한 일은 백성이 한 일로 돌리고, 잘못된 일은 모두 자신이 떠맡았다고 하는 것이다.

어느 시대이든 이런 태도가 윗사람으로서 바람직한 자세일 것임에 틀림없다. 그러나 장자는 '오늘날에는 그렇지가 않다'라고 전제하고 다음과 같은 비판을 가하고 있다.

"사물(事物)을 감추어 두고 어리석다며 나무라고, 매우 어려운 일을 시켜 놓고 감히 해내지 못하면 벌주기를 서슴지 않으며, 무거운 일을 맡기고는 이겨 내지 못하면 벌을 주고, 먼 길을 가게 한 다음 도착하지 못하면 형벌을 내린다."

까다로운 규범(規範)을 강제로 만들어 놓고 그것을 모른다며 백성들을 나무라고, 귀찮은 일을 시켜 놓고 그것을 실행하지 않는다며 벌을 주고, 무거운 책임을 지워 놓은 다음 그것을 해내지 못한다며 처벌하고, 기준을 너무 높게 세워 놓고 그것을 달성하지 못한다며 나무라기만 한다.

대충 의역하면 이상과 같은 의미가 되겠는데 이렇게 해가지고서야 어디 군주를 위한, 군주에 의한 정치이지, 백성들을 위한 이상적인 정치라고 할 수 있겠는가.

재물을 중시(重視)하면 도둑이 는다

힘이 모자랄 때도 속이고, 지력(知力)이 부족될 때도 속이며, 재물(財物)이 모자라면 훔치게 되는 법이다(즉양편).

역 부 족 즉 위　지 부 족 즉 기　재 부 족 즉 도
力不足則僞, 知不足則欺, 財不足則盜.

힘이 부족되면 속이게 된다. 지식이 모자라면 거짓말을 하게 된다. 재물이 부족되면 훔치게 된다. 인간이란 자칫하면 이런 방향으로 흐르기 쉽다는 말이다.

맹자(孟子)는 백성에게 항산(恒産)이 없으면 항심(恒心)이 없음을 말하면서 망민(罔民)의 정치를 비난했다. 장자와 관점이 약간 다르기는 하나 백성의 비행(非行)이 빈곤에서 비롯된다는 점은 일맥상통한다.

그러므로 힘이나 지식이나 재물이 중시(重視)되는 사회에서는 속임수와 거짓말과 도둑질이 끊임없이 일어나게 된다. 뒤집어서 말한다면 거짓과 속임수와 도둑질을, 이 사회에서 몰아내기 위해서는 힘과 지식과 재물에 가치를 인정하는 구조를 바꾸면 된다는 이야기이다. 이상(理想)을 따지자면 분명 그럴는지도 모르겠다.

장자에 의하면 그것이 곧 정치의 과제(課題)라고 했다.

그런데 현실의 정치는 어떠한가? 오로지 힘과 지(知)에 의해 모든 일을 해결하고자 한다. 그러므로 힘이 약한 사람이나 지력(知力)이 뒤지는 사람은 대항을 하기 위하여 거짓이라든가 속임수만을 쓰려고 한다. 또 이것저것 재물이 중시되는 물질만능(物質萬能)의 사회가 되어 사람들의 욕망을 자극하면, 욕구불만(慾求不滿)만 증대될 뿐이다. 그 결과 범죄행위가 자꾸 늘어나는데 그것 또한 이상한 일이 아니다.

장자의 말은 정확하게 사회의 모순을 지적하고 있다.

자신을 새롭게 변화시켜라

거백옥(蘧伯玉)은 나이 육십에 육십 번 변화(變化)했다. 처음에는 옳다고 했던 일도 나중에는 잘못이라고 물리쳤던 것이다(즉양편).

거백옥행년육십이육십화 미상불시어시지 이졸출지이비야
蘧伯玉行年六十而六十化. 未嘗不始於是之, 而卒詘之以非也.

거백옥(蘧伯玉)은 공자(孔子)와 같은 시대의 사람으로서 위(衛)나라의 중신(重臣)이었다. 그는 인격이 훌륭했었던 사람 같다.

그에 대하여 공자는 '군자(君子)로다. 거백옥은……'이라고 칭찬한 다음, 그 이유를 '도(道)가 있는 시대에는 출사(出仕)했었다가 도가 없어졌다고 판단되면 물러나서 그 재지(才知)를 밖으로 드러내지 않았다'고 말하고 있다.

그 거백옥의 사람 됨됨이를 약간 다른 각도에서 설명한 것이 다음에서 든 장자의 코멘트이다.

"그는 60세가 되기까지 60번이나 자신의 생활태도를 바꾸었다. 처음에는 올바르다고 긍정했던 것이라도 나중에 잘못이라고 알았을 때, 틀리지 않았다고 부정한 일은 한 번도 없었다."

라고 하였다.

한편 《회남자(淮南子)》라는 고전(古典)에는 '거백옥(蘧伯玉)은 나이 50이 되었을 때 49년 동안의 비(非)를 알았다'란 말이 있는데 표현하고자 하는 말은 공자 · 장자나 마찬가지이다. 즉 이 사람은 '날마다 새롭게 되려는' 각오를 가지고 매년 자신을 새 사람으로 만들어 나갔다는 말이다. 자신을 채찍질하여 스스로 진보하고 발전해 나간 사람이었 던 것이다.

변화에 몸을 맡긴다

모든 것은 순서를 따라 서로 다스리고, 운행(運行)**의 작용으로 서로 구사**(驅使)**한다. 궁극에 이르면 돌아오고, 끝나면 시작한다**(즉양편).

수서지상리 교운지상사 궁즉반 종즉시
隨序之相理, 橋運之相使. 窮則反, 終則始.

'수서지상리(隨序之相理)'란 음양(陰陽)의 변화, 사계(四季)의 이변(移變)이 질서있게 이루어지는 것을 가리킨다. 또 '교운지상사(橋運之相使)'란 두레박들의 반복운동(反覆運動)이 규칙 바르게 이루어지는 것을 말한다. 그러한 변화라든가 운동이란 것은 갈 곳까지 가면 다시 원점으로 돌아오고 끝이 나면 다시 처음으로 되돌아온다. 이 세상 모든 일도 이와 같아서 유위전변(有爲轉變)하게 마련이다. 인생 또한 이러한 법칙에서 예외일 수가 없고…….

《역경(易經)》이라고 하는 고전(古典)에도 '궁즉변(窮則變)이요, 변즉통(變則通)'이라는 말이 있다. 궁하면 변하고, 변하면 통한다는 뜻이다. 인생살이가 변화 속에서 이루어진다고 보는 것이 중국인의 일반적인 인식이었던 것 같다.

화(禍)가 변하여 복(福)이 되고 또 복이 변하여 화가 되며, 왔는가 생각하면 사라져 간다. 때로는 격렬하게, 때로는 서서히 만물은 유전(流轉)하고 멈추는 법이 없다. 《장자》에 의하면 그러한 변화상(變化相)은 일단 누구에게든 감득(感得)되지만 그러나 변화를 가져오는 근본적인 이법(理法)은 용이하게 파악할 수가 없다는 것이다.

그렇다면 주체성(主體性)을 가지고 그러한 변화에 몸을 맡기며 살아가는 생활태도가 바람직스러운 것인지도 모르겠다.

나이 60에 60번 변하다

공자는 나이 60에 이르기까지 60번이나 자기 생각을 바꾸었다네(우언편).

공 자 행 년 육 십 이 육 십 화
孔子行年六十而六十化.

언젠가 장자가 논적(論敵)인 혜자(惠子)에게 한 말의 서두가 표제어이다. 장자는 이렇게 이어나가고 있다.

"……공자는 처음에 옳다고 했던 것도 나중에는 그르다고 부정했었어. 그런즉 지금 옳다고 여기는 것은, 지난 59년 동안에는 그른 것으로 생각했을지도 모를 일이 아닌가?"

"그것은 공자가 자신의 뜻을 달성시키기 위해 노력하고, 학문을 좋아했기 때문일 것일세."

혜자가 반론을 제기하자 장자가 말했다.

"공자는 그런 작위(作爲) 따위는 벌써 버리고 있는 것이야. 그런 까닭에 그는 결코 영리한 체하는 논의(論議) 따위는 하지 않는 것이라네. '인간의 능력은 원래부터 도(道)에 의해 주어진 것이다. 이 영묘한 천부의 본성으로 되돌아가서 무심히 살아간다면 언동은 저절로 바르게 된다'고 한 그의 말이 무엇보다도 그의 처세방식을 대변해 주고 있네. 공자는 호오시비(好惡是非)를 말하지 않고도 사람들을 심복(心服)케 하고, 대립되는 것을 없애어 천하를 바로잡은 게야. 그런즉 우리는 도저히 그를 따를 수 없을 것이네."

혜자의 궤변적 논법에 대한 장자의 공격이다. 여기서 한 가지 특이한 것은 장자가 공자에게 경복(敬服)하고 있다는 점이다. 《장자》에는 공자를 비판하는 내용으로 일관되어 있는데 말이다.

증자(曾子)도 속물

황새라든가 참새, 모기 · 등에 따위가 눈앞을 스쳐 지나가는 것으로밖에 여기지 아니한다(우언편).

여관작문맹상과호전야
如鸛雀蚊虻相過乎前也.

효자(孝子)로 이름이 높은 증자는 벼슬길에 두 차례 나갔었다. 그런데 두 번째 벼슬할 때, 그의 마음은 첫 번째 벼슬할 때와 마음이 같지 아니했다. 그는 고백했다.

"부모님이 생존해 계실 때 내가 첫 번째로 벼슬길에 나갔는데 그때는 불과 3부(三釜)의 녹봉을 받았습니다. 그래도 마음은 즐거웠었습니다. 그런데 그후 다시 벼슬할 때는 녹봉이 3천종(三千鍾)이나 되었습니다. 그렇건만 마음이 즐겁기는커녕 슬펐습니다. 부모님이 작고하신 후였었거던요."

이 말을 전해 들은 한 제자가 스승 공자에게 물었다.

"증삼(曾參) 같은 자도 녹봉에 사로잡혀 있는 것일까요?"

그러자 공자가 대답했다.

"그렇다. 그는 이미 봉록에 사로잡혀 있는 게야. 대저 마음이 사로잡혀 있지 않은 자라면 슬프게 느꼈을 리가 있겠느냐? 외물(外物)에 사로잡혀 있지 아니한 인물은 자기가 받는 봉록이 3부(三釜)이건 3천종(三千鍾)이건 간에 그런 것 따위에 신경을 쓰지 않는 법이야!"

그리고 맺은 말이 표제어의 구절이다. 일일삼성(一日三省)을 했다는 증자도 받는 봉록에 사로잡히어 비락(悲樂)의 정에서 벗어나지 못했다. 결국 외물에 마음이 사로잡혀서는 안된다는 교훈의 대목이다.

충성한다고 반드시 신임받는 것은 아니다

사람들의 군주(君主)된 자는 누구나 다 그 신하가 충성스럽기를 바라지만, 그러나 충성스런 자가 반드시 군주의 신임을 받는다고는 할 수 없다(외물편).

인주막불욕기신지충 이충미필신
人主莫不欲其臣之忠, 而忠未必信.

'이 세상의 군주된 자치고 그 신하에게 충성을 요구하지 않는 사람은 없다. 그러나 신하가 충성을 다한다고 해서 반드시 신임을 받게 되는 것은 아니다.'

라는 의미이다.

《장자》에 의하면 '외물(外物)은 의지할 바가 못 된다'고 하였다. '외물(外物)'이란 지위(地位)라든가 명성(名聲) 혹은 부(富) 등 자신의 밖에 있는 일체의 것을 가리킨다. 그런 것은 믿을 바가 못 된다는 것이다. 물론 충(忠)도 그 중의 하나이다. 믿을 만한 것이 못 되는 것을 믿는다는 것은 아주 서투른 처세임은 두말할 나위도 없다.

이 충(忠)은 현대의 조직(組織) 속에서도 경시(輕視)할 수 없는 문제 중 하나이다. 톱(top)이 부하의 충성심에 기대를 걸고 싶어지는 마음은 현대에서도 변함이 없다. 그러나 그것이 믿을 만한 것이 못 될 바에야 그런 것을 기대하지 않더라도 그 조직을 유지해 나갈 수 있는, 그런 조직을 성립시켜 나가는 것이야말로 바람직스런 일이라 하겠다.

입장을 바꾸어 부하 쪽에서 말한다면, 자기는 자기이고 조직은 조직이라는 식으로 어디까지나 거리를 두고 업무에 임하는 것이 조직생활의 정도(正道)인지도 모른다.

기대할 수 없는 것은 기대하지 마라

나는 늘 나와 함께 있던 물을 잃었기 때문에 있을 것이 없는 것이오(외물편).

오득두승지수연활이
吾得斗升之水然活耳.

장주(莊周 : 장자)는 집안이 가난했었다. 그래서 어느 때 감하후(監河侯)라는 제후를 찾아가서 돈을 좀 꾸어 달라고 부탁했다. 감하후는,

"알겠소. 곧 내 영지(領地)에서 세금이 올라오게 될 것이오. 그 세금이 들어오면 3백 금을 꾸어 주리다."

라고 대답했다. 그러자 장주는 안색을 바꾸어,

"제가 어저께 이곳으로 오던 도중, 누군가 나를 부르는 소리를 들었습니다. 사방을 두리번거리자 수레바퀴 자국에 붕어 한 마리가 있었는데 입을 뻐끔거리면서 괴로워하더군요. '어떻게 된 거냐, 붕어야?' 라고 제가 묻자, '나는 동해(東海)에서 사명을 띠고 온 해신(海神)의 사신입니다. 몇 되의 물을 좀 주십시오. 이대로 있다가는 금방 죽어 버리고 말겠습니다'라고 대답하는 것이었습니다. '알겠다. 나는 지금 오월(吳越)의 왕을 만나러 가는 길이다. 돌아오는 길에 양자강의 물을 듬뿍 떠다가 주마'라고 제가 말했더니 붕어는 이렇게 말하는 것이었습니다. '지금 나에게 필요한 것은 약간의 물입니다. 시간이 그처럼 걸리게 되면 건어물(乾魚物) 상점에 가서 나를 찾아 주십시오'라고 말입니다."

라고 말했다 한다.

이 우화(寓話) 속에 숨겨진 교훈은 '기대할 수 없는 것은 기대하지 말라'는 것이리라. 인간은 주어진 조건 속에서 최선을 다해야 하는 것이다.

인간의 지혜에는 한도가 있다

신귀(神龜)는 원군(元君)의 꿈에 나타날 수 있었지만, 여저(余且)의 그물을 피할 수는 없었다. (그의) 지력(知力)은 일흔두 번의 점(占)에 어긋남이 없었지만, 창자가 도려내지는 재앙을 피할 수는 없었다(외물편).

신귀능견몽어원군 이불능피여저지망 지능칠십이찬이무유협
神龜能見夢於元君, 而不能避余且之網. 知能七十二鑽而無遺莢,
불능피고장지환
不能避刳腸之患.

송(宋)나라 원군(元君)이라는 왕이 어느 날 밤 꿈을 꾸었다. 머리를 풀어 산발한 사나이가 원군에게 호소했다.

"저는 재로(宰路)의 강에 사는 거북인데 장강(長江)의 신(神)의 명령으로 황하(黃河)의 신(神)에게 사신으로 가던 도중, 여저(余且)라고 하는 어부에게 붙잡혔습니다. 제발 구해 주십시오."

그래서 요나라에 명령을 내려 여저라고 하는 사람을 찾았고 사실을 확인했던바, 그는 흰 거북을 잡았노라고 대답했다. 곧 그 거북을 바치게 한 원군은 이 거북을 어떻게 해야 좋을지 물어보았다. 점복사(占卜師)가 점을 쳐보니 '죽여서 갑라(甲羅 : 등딱지)로 점을 치면 좋다'는 점괘가 나왔다. 그래서 거북을 죽여 가지고 그 갑라로 점을 쳤는데 72회나 점괘가 적중했다고 한다.

이 이야기 다음에 코멘트한 것이 위에서 든 구절이다. '원군(元君)의 꿈속에 현몽할 만큼 신통력이 있었던 거북이지만 여저의 그물을 피할 수는 없었고, 72회나 점을 맞히는 예지능력(豫知能力)을 가지고 있었지만 그 자신이 죽는 화를 면할 수는 없었다.'

처지는 쉽게 바뀐다

비록 서로가 임금이 되고 신하가 된다 하더라도, 그것은 일시적인 일에 지나지 않는다. 세상이 바뀌면 서로 깔보는 일이 없어지게 된다(외물편).

수상여위군신 시야 역세이무이상천
雖相與爲君臣, 時也. 易世而無以相賤.

현재의 시점(時點)에서 말한다면 군주와 신하 사이에는 엄연한 신분의 차이가 존재한다. 그러나 그것은 일시적인 시(時)의 세(勢)에 따라서 그렇게 되었을 뿐이다.

가령 혁명이라도 일어나서 세상이 뒤집어지는 날에는 그런 신분의 차이는 금방 뒤집어지고 만다. 그러니 신분이 낮다고 해서 경멸할 일이 아니라는 것이다.

이런 일은 시간을 재는 척도(尺度)를 길게 하는 경우, 반드시라고 말해도 좋을 만큼 일어날 수 있는 일이다. 특히 현대는 조류(潮流)의 변화가 격심하기 때문에 공수(攻守)의 입장을 바꾸는 데는 그다지 긴 시간이 필요치 않을는지도 모른다.

당장은 승자(勝者)로서 세(勢)를 타고 있지만 그 세가 끝나고 흐름이 바뀌면, 순식간에 패자(敗者)의 입장으로 전락하게 된다. 득의만면(得意滿面)해서 사람들을 깔볼 여유가 없는 것이다.

《장자》의 교훈에 의하면, 신분의 고저(高低)나 빈부귀천도 큰 입장에서 보면 본질적으로는 차이가 없다는 것이다. 그처럼 간단히 뒤집어지는 것이라면 그런 일에 우쭐대거나 기가 죽는 것은 결코 현명한 생활태도가 아니다. 지위가 높아도 교만하지 않고, 낮아도 비굴하지 않으며 담담하게 살아갈 일이 아니겠는가.

부드러움 속에서도 주체성(主體性)을……

지인(至人)만이 속세(俗世)에서 유유자적할 수 있으며 어느 한쪽으로도 치우치지 않고 세상 사람들과 순응해서 살며 스스로를 잃지 않는다(외물편).

지인내능유어세이불벽 순인이불실기
至人乃能遊於世而不僻, 順人而不失己.

지인(至人)이란 앞에서도 말했거니와 무위자연(無爲自然)의 도(道)를 터득한 이상적(理想的)인 인간상(人間像)이다. 그런 인물은 어떤 사회에 몸을 두고 있더라도 항상 자기 페이스를 지키며 한눈을 파는 일이 없다. 주변 사람들과 협조하면서도 주체성(主體性)을 잃는 일이 없다는 것이다.

'순인이불실기(順人而不失己)' — 이 얼마나 멋지고 옳은 이야기인가.

공자(孔子)도 《논어(論語)》 속에서 '군자(君子)는 화이부동(和而不同)하고, 소인은 동이불화(同而不和)니라'고 말했다. '군자는 협조성이 풍부하지만 영합하지 않는다. 소인은 이와 반대여서 영합은 하지만 참다운 의미의 협조성은 결여되어 있다'는 말이다. 즉, 주체성이 있느냐 없느냐에 따라 군자와 소인이 구별된다는 것이다. 장자가 말하려고 하는 것도 이와 비슷하다.

참다운 주체성이란, 필요치도 않은 데서 자아(自我)를 내세운다거나 이의(異議)를 제기하는 것이 아니다. 주체성이란 내면(內面)에 자기 세계를 가지는 일이다. 그런 사람이야말로 실은 협동심에 있어서도 인색하지 않은 법이다.

지인(至人)이라고까지는 말할 수 없더라도 인생에 달관(達觀)한 사람은 대인관계가 모두 부드럽다. 이 부드러움을 배울 일이다.

여유를 가지고 살아가라

쉬면서 천지 사이에서 유유히 소요하고 마음을 한가로이 자득(自得**)하고 있소이다. 어찌하여 천하 따위를 일삼겠소이까(양왕편).**

소 요 어 천 지 지 간　이 심 의 자 득　오 하 이 천 하 위 재
逍遙於天地之閒, 而心意自得. 吾何以天下爲哉.

옛날 선권(善券)이라는 사람이 순(舜)임금으로부터 천하를 물려주겠다는 말을 듣고 사퇴했을 때 한 말이다. '나는 넓은 천지 사이에서 유유자적하며 느슨한 마음으로 살고 있소이다. 그러한 나에게 천하를 물려주시겠다니 나로서는 실로 귀찮은 일이외다'란 뜻이 되겠다. 선권은 그렇게 말한 다음 깊은 산속으로 들어갔다고 한다.

당(唐)나라 때의 시인(詩人)인 가도(賈島)는 〈심은자불우(尋隱者不遇)〉라는 제목의 시를 지어 남겼다.

松下問童子 '송하 문동자'하니
言師採藥去 '언사 채약거'라
只在此山中 '지재 차산중'이리나
雲深不知處 '운심 부지처'라
(소나무 아래에 있는 동자에게 물으니
선생님은 약초를 캐러 갔다는구나.
지금 이 산속에 있는 게 분명한데
흰구름이 짙게 깔려 있는 곳을 모르겠구나)

선권의 생활태도는 이 시에서 노래한 은자(隱者)의 이미지가 떠오르게 한다. 공명부귀만의 세계는 어쩐지 숨통이 막힐 것 같다.

재물(財物)로 인해 몸을 망치지 마라

정말로 생명을 존중하는 자는, 비록 부귀하다 하더라도 의식주(衣食住) 때문에 몸을 다치게 하지는 않고, 비록 가난하고 천한 자라 하더라도 이득(利得)을 위해 몸을 괴롭히지는 않는다(양왕편).

능 존 생 자 　수 귀 부 불 이 양 상 신 　수 빈 천 불 이 이 루 형
能尊生者, 雖貴富不以養傷身, 雖貧賤不以利累形.

진짜로 생명을 존중하는 사람은, 가령 부귀한 지위에 있더라도 생활의 수단 때문에 생명을 해치는 일 따위는 하지 않고, 빈천한 지위에 있다 하더라도 이욕(利欲) 때문에 몸을 괴롭히는 일을 하지 않는다는 뜻이다.

장자는 그 전형적인 예로서 대왕단보(大王亶父)를 들고 있다. 이 사람은 주왕조(周王朝)의 시조(始祖)로 불리는데, 서안(西安) 땅 서쪽 빈(邠)이라는 지방을 다스리고 있을 때 이웃 이민족(異民族)의 공격을 받았다.

전쟁을 싫어했던 그는 모피(毛皮)와 비단을 보내어 화의(和議)를 청했으나 상대방은 받아들이지 않았다. 그는 다시 가축과 주옥(珠玉)을 보냈는데 그래도 받아들이지 않았다. 왜냐하면 상대방은 영토(領土)에 야심을 두고 있었기 때문이다. 그것을 알게 된 그는 '생명의 수단인 영토 때문에 백성의 생명을 희생시킬 수는 없다'며 빈(邠) 땅을 떠났다. 그러자 그의 덕(德)을 사모하던 빈 땅의 백성들은 모두 그의 뒤를 따라 기산(祁山) 기슭으로 가서 새 나라를 만들었다고 한다.

장자는 이런 예를 든 다음, '그러나 요즘 사람들은 고위고관(高位高官)에 있으면 모두 이(利)를 탐내어 그 몸을 망친다'고 덧붙이고 있다.

본말전도(本末顚倒)의 어리석음

성인(聖人)의 행동은, 반드시 무엇을 한다는 것과 어떻게 한다는 것을 미리 알고서 시작한다(양왕편).

성 인 지 동 작 야 필 찰 기 소 이 지 여 기 소 이 위
聖人之動作也, 必察其所以之與其所以爲.

'기소이(其所以)'란 무엇 때문에 하는지 그 목적을 가리키는 말이고, '소이위(所以爲)'란 그것을 실현하기 위한 수단을 뜻한다. 성인이란 항상 목적과 수단의 밸런스를 생각하고 본말전도(本末顚倒)의 어리석은 짓은 하지 않는다는 뜻이다.

그런데 현대의 인간은 쓸데없는 일로 인하여 귀중한 생명을 희생시키며 돌보려고 하지 않는다. '오오, 슬픈 일이로다'라며 장자는 한탄하고 있다.

예컨대 세상에서 아주 귀히 여기는 '수후(隨侯)의 보석'을 새총에 넣어서 저 높은 하늘을 나는 참새를 쏘아 떨어뜨리려고 하는 사람이 있다고 치자. 사람들은 그를 바보 같은 놈이라며 비웃을 것임에 틀림없다. 왜냐하면 목적을 달성하기 위한 수단에 사용되는 '수후의 보석'에 비하면, 사냥감인 참새의 가치가 너무 없기 때문이다.

더구나 인간이 지니고 있는 생명의 가치는 '수후의 보석'보다 훨씬 더 귀중하다. 그런데도 '속세(俗世)의 군자(君子)는 대부분 그 몸을 위험하게 하고, 생명을 버리면서까지 재물을 탐낸다'며 장자는 개탄하고 있다. 불과 30평 정도의 집 한 채를 소유하기 위하여 일생 동안 악착스럽게 일을 해야 하는 우리들의 생활방법도 장자가 보기에는 '오오, 슬픈 일'임에 틀림없을 것 같다.

주체성(主體性)이 없으면 신뢰받지 못한다

자양은 스스로 나를 알아준 게 아니라, 남의 말을 듣고 내게 곡식을 보내준거요. 그러니까 내게 죄(罪)를 주려고 할 때도 역시 남의 말을 듣고 할 것이오(양왕편).

군비자지아야 이인지언이견아속 지기죄아야 우차이인지언
君非自知我也. 以人之言而遣我粟. 至其罪我也. 又且以人之言.

도를 터득한 열어구(列御寇 : 列子)가 빈곤한 생활을 하다가 몹시 지쳐 있었다. 그것을 목격한 사람이 정(鄭)나라의 실력자인 자양(子陽)에게,

"그처럼 도를 터득한 분이 나라 안에 살고 있으면서 몹시 빈곤하게 지내고 있습니다. 그대로 내버려두면 선생의 명예를 위해서도 좋지 않을 것 같습니다."

라고 말했다. 자양은 곧 부하에게 명하여 식량 등속을 보냈다. 그런데 열어구는 정중하게 이를 거절했다. 심부름꾼이 돌아간 다음 부인이 원망스럽다는 듯 푸념했다.

"저는 도를 터득한 사람의 처자(妻子)가 되면 모두 편안한 생활을 할 수 있다고 들었습니다. 그런데 지금 우리가 굶주리고 있다는 말을 들은 그분은 자신의 잘못을 깨닫고 곡식을 보내준 것입니다. 그런데 당신은 받지 않았습니다. 우리의 가난이 어찌 천명(天命)이 아니라고 할 수 있겠습니까?"

이때 열어구가 한 대답이 위에서 든 구절이다. '상대방은 나를 이해해주지 못한다. 남에게서 듣고서야 곡식을 보내준 거다. 사정이 변하면 나를 죄인으로 몰게 될 때도 남의 말을 듣고 할 것임에 틀림없다'는 말이다. 주체성이 없는 상대는 신용할 수 없다는 의미의 말인 것이다.

억지로 명리(名利)를 구하지 마라

만족할 줄 아는 자는 이욕(利慾) 때문에 스스로를 번거롭게 하지 않고, 자득(自得)함을 깨달은 자는 이득(利得)을 잃어도 두려워하지 않으며, 정신의 수행(修行)을 쌓은 자는 지위가 없어도 부끄러워하지 않는다(양왕편).

지족자 불이리자루야 심자득자 실지이불구 행수어내자 무
知足者, 不以利自累也. 審自得者, 失之而不懼. 行修於內者, 無

위이부작
位而不怍.

공자(孔子)의 제자인 안회(顔回)는 이미 도를 터득한 경지에 달하여 있었는데 그 생활은 아주 빈곤하였다. 그것을 보다 못한 공자는,

"회(回)야, 너도 한번 사관(仕官)을 해보는 게 어떻겠느냐?"

라고 권했던바 안회는,

"아닙니다. 그저 겨우 먹고 살아갈 만한 전답(田畓)은 제게도 있습니다. 그것이면 즐겁게 살아갈 수 있으니 벼슬 따위를 할 생각은 추호도 없습니다."

라고 대답하였다. 그 말을 들은 공자가 감탄하며 한 말이 앞에서 인용한 구절이다.

'족한 줄을 알고 있는 사람은 이익에 눈이 어두워서 자신을 괴롭히는 따위의 짓은 하지 않는다. 유유자적하는 것을 터득한 사람은 가령 재산을 잃었다 하더라도 이를 괴로워하지 아니한다. 덕을 많이 몸에 지니고 있는 사람은 지위 따위가 없더라도 그런 일에 신경을 쓰지 않는다.'

라는 뜻이다. '너야말로 그 말에 맞는 사람이다'라며 공자는 애제자(愛弟子)의 성장을 기뻐했다고 한다.

항상 즐거운 마음가짐을……

옛날의 도(道)를 터득한 자는 궁해도 즐기고, 통(通)해도 즐겨서, 그 즐김에 궁도 통도 없는 것이었다(양왕편).

고지득도자 궁역락 통역락 소락비궁통야
古之得道者, 窮亦樂, 通亦樂, 所樂非窮通也.

'궁(窮)'이란 역경(逆境)을 뜻함이고 '통(通)'이란 순경(順境), 즉 무엇이든 마음먹은 대로 되는 상태이다. 순경에 처해 있든, 역경에 처해 있든 간에 '도(道)'와 동화(同化)하면서 있는 그대로의 인생을 즐기는 것이 도를 터득한 사람의 생활태도라고 한다.

장자는 그런 생활태도를 취했던 사람으로 허유(許由)와 공백(共伯) 등 두 사람을 꼽는다. 허유는 요(堯)임금이 왕위(王位)를 물려 주겠다고 했을 때, 이를 사양하고 기산(箕山) 속에 들어가서 숨어 살았다. 또 공백은 주(周)나라 여왕(厲王)의 섭정(攝政)이 되었다가 선왕(宣王)의 옹립 때 큰 공을 세웠는데도 깨끗이 그 지위에서 물러났으며, 구수산(丘首山)에 은거했다.

두 사람 모두 '도'를 터득하여 유유자적한 생활을 보냈던 인물로 알려져 있다. 우리들의 경우는 어떠한가? 도저히 그럴 수는 없을 것 같다. 권세의 자리에 앉아 있는 동안에는 목에 힘을 주며 살기가 일쑤인데, 일단 퇴직하고 물러나면 그 순간 어깨가 처지거나 미련을 떨쳐 버리지 못한 채 살아가며, 현세를 비관한다.

이런 생활태도라면 노장파(老莊派)로부터 크게 비판을 받아도 할 말이 없을 것 같다. 적어도 출처진퇴(出處進退)의 한계만은 깨끗이 하고 살아갈 일이다.

난세(亂世)에는 출사(出仕)하지 마라

옛날의 선비란, 잘 다스려지는 세상에서는 정치를 맡기도 하지만, 어지러운 세상에서는 절의(節義)를 굽혀서까지 살려고 하지 않았다(양왕편).

고지사 조치세불피기임 우난세불위구존
古之士, 遭治世不避其任. 遇亂世不爲苟存.

잘 다스려지는 시대에 태어났다면 앉을 만한 지위에 앉아서 주어진 책임을 다해 낸다. 그러나 혼란한 시대에 태어났으면 타협까지 해가면서 일시적이나마 벼슬살이를 하지 않는다. 이것이 선비된 자의 생활태도라고 하였다.

우리나라도 그러했지만, 문무양반(文武兩班) 중 문관우위(文官優位)를 고수해 왔던 중국에서는 선비 사(士) 자(字)를 쓰면, 무관(武官)을 지칭하는 것이 아니라 일반적인 지배계급을 가리키는 것이었다. 그 선비들, 혹은 지배계급의 사람들로서 출처진퇴의 원점(原點)이 되었던 기준이 위에서 든 구절이다.

옛날, 수양산(首陽山)에서 굶어 죽은 백이(伯夷)와 숙제(叔齊) 등의 형제가 있었다. 그들은 무력(武力)으로 은(殷)나라를 토벌했던 주무왕(周武王)을 보고는, 주나라 녹(祿)을 먹지 않겠노라며 수양산에 들어가 은거했다. 이 두 사람이 한 말이 바로 위에서 든 구절이다.

실제적으로 보통사람으로서 이런 행동을 취하기란 여간 어려운 것이 아니다.

그러나 백이 · 숙제 시대 이후로 이민족(異民族)의 왕조(王朝) 따위를 섬기지 않으며, 끝까지 절조(節操)를 지키고 살아갔던 사람들이, 이 말에서 크게 격려를 받았던 것은 사실이다.

칭찬해 주는 사람은 주의하라

얼굴을 맞대고 남을 칭찬하는 자는, 또 돌아서서는 헐뜯기를 좋아하는 자라고 하더구먼(도척편).

호면예인자 역호배이훼지
好面譽人者, 亦好背而毁之.

얼굴을 마주한 자리에서 상대방의 칭찬을 잘하는 사람은 돌아서서 험담도 아주 잘한다는 말이다.

《장자》뿐만 아니라 일반적으로 중국의 고전(古典)은 인간학(人間學)의 보고(寶庫)라고 한다. 이 중국 고전들은 인간학의 원리원칙을 날카롭게 지적하고 있는 점에 그 특징이 있다.

다만 어느 시대에나 해당되는 원리원칙이란 본디 평범하다면 평범한 것이어서, '뭐야? 그런 것쯤이야 누가 모를까?'라는 생각이 들게 마련이다. 그러나 씹으면 씹을수록 감칠맛이 난다. 그러한 맛을 알게 되기까지는 어느 정도의 인생체험을 필요로 하게 되는 것인지도 모르겠다. 위에서 인용한 말도 그런 말 가운데 하나이다.

물론 이렇게 말했다고 해서 상대방을 칭찬하지 말라는 것은 아니다. 칭찬한다는 것은 인간관계의 윤활유(潤滑油)와 같은 것이다. 또 인간이란 질타를 받을 때보다 칭찬을 받았을 때, 일을 더 열심히 하려는 마음이 생기는 법이다. 그러므로 칭찬을 많이 해주는 것은 어느 모로나 좋은 일이다.

그러나 험담은 못쓴다. 험담이란 반드시 돌고 돌아서 상대방의 귀에 들어간다. 그렇게 되면 오히려 역효과가 날 수밖에 없으니, 혼낼 일은 본인을 상대로 혼내야 하는 것이다.

무치(無恥)한 사람이 부자가 된다

부끄러움을 모르는 자가 부자(富者)가 되고, 말 많은 자가 출세를 하오. 무릇 세상에서 명예와 이익이 큰 자란, 거의가 다 부끄러움을 모르고, 말 많은 자들이라오(도척편).

무치자부 다신자현 부명리지대자 기재무치이신
無恥者富, 多信者顯. 夫名利之大者, 幾在無恥而信.

부끄러움을 모르는 사람이 돈을 모으고, 말 잘하는 사람이 높은 자리에 오른다. 부자가 되거나 높은 자리에 오르는 것은 거의가 부끄러움을 모르는 사람들이라는 말이다. 부자나 높은 자리에 앉아 있는 분들은 다소 신경이 거슬리는 말일는지 모르겠지만 현실 사회에는 분명 그런 일면(一面)이 있다는 것을 인정하지 않으면 안 된다.

공자(孔子)의 제자인 자장(子張)과, 현실주의자(現實主義者)인 만구득(滿苟得)이 논쟁을 벌이고 있을 때다. 먼저 자장이 이렇게 주장을 말했다.

"자신의 행위가 올바르지 못하면 남에게 신용을 얻을 수가 없소. 신용을 얻지 못하면 벼슬자리에 나아갈 수도 없지 않겠소? 그런 지위에 오르지 못하면 이익도 생기지 아니하오. 그러므로 행위를 바르게 하는 것이 선결문제외다."

과연 정통파(正統派) 유가(儒家)다운 주장이었다.

이 말에 대하여 만구득이 반박했던 말이 위에서 든 구절이다. 그를 속물(俗物)이라고 비판하기는 쉽겠지만 그 나름대로의 설득력을 가지고 있는 것은, 사회의 현실을 날카롭게 비판하고 있기 때문임에 틀림없다.

이기면 충신, 패하면 역적

어느 것이 나쁘고 어느 것이 좋은가? 성공한 자가 우두머리가 되고, 실패한 자가 꼬리 되기 마련이다(도척편).

숙악숙미 성자위수 불성자위미
孰惡孰美. 成者爲首, 不成者爲尾.

'무엇이 악(惡)이고 무엇이 선(善)이란 말이냐? 성공하면 윗자리에 앉게 되지만 실패하면 아랫자리에 앉게 된다.'

는 의미이다. 이것 역시 현실에서 기승하고 있는 힘의 논리(論理)를 설명한 말이다. '이기면 충신(忠臣)이요, 패하면 역적'이란 말과 비슷하다.

사람들은 어쩌면 패자(敗者)에게 동정할는지도 모른다. 그러나 동정을 하면서도 승자(勝者) 앞에 꿇어 엎드리지 않을 수 없다. 왜냐하면 그렇게 하지 않을 경우 살아남을 수가 없기 때문이다. 이것이 엄연하고 냉혹한 현실이다.

이러한 권력정치는 정치세계의 전매특허(專賣特許)만은 아니다. 인간이 있는 곳이라면 어느 사회에서도 볼 수 있는 일이다. 세계의 역사는 그 사실을 여러 가지로 시사하고 있다.

그럼 선악(善惡)의 구별 따위가 필요없지 않겠느냐고 할는지 모르지만 그것은 모르고 하는 말이다. 왜냐하면 선악의 분명한 구별로 제동을 걸지 않는다면 권력정치는 끝간 데를 모르게 확대되어, 결국은 사회 그 자체를 붕괴시키고 말 것이기 때문이다.

선악의 구별은 때로 힘의 논리 앞에서 이따금 무시된다. 그러나 무시당하기 때문에, 억울함을 견뎌내며 한층 더 소리 높여 부르짖지 않으면 안 되는 것이다.

이익과 명성(名聲)에 사로잡히지 마라

소인(小人)은 **재물**(財物)을 좇고, **군자**는 **명예**를 좇는다(도척편).

소 인 순 재 군 자 순 명
小人殉財, 君子殉名.

소인은 재산이라든가 이익을 위해서라면 자신을 희생하는 일도 사양치 않는다. 이에 비해서 군자는 명예와 명성을 위하는 일인 경우 자신을 희생시키고 돌보지 않는다.

그렇다면 소인은 쓸모가 없는 인생을 보내는 것이고 군자는 가치있는 인생을 보내는 것이냐 하면, 그렇지 않다.

장자는 다음과 같이 말하고 있다.

"언뜻 보기에는 소인인 경우 이익을 추구하고 군자는 명예를 추구하는 등, 그들이 추구하는 대상은 다르지만 외물(外物)에 사로잡혀 있으면서 그것을 이루고자 하여 자신을 괴롭히고 있다는 점에서는 다를 바가 없다. 그런 생활태도는 어차피 '불쌍한 생활'이 될 것임에 틀림없다."

그럼 어떤 생활태도가 바람직한 것인가?

장자에 의하면 자신의 본성(本性)을 지키고 '도(道)'와 일체화(一體化)되어 허심(虛心)으로 살아가는 것이 이상적이라고 말한다. 좀더 구체적으로 말한다면 다음 두 가지만 마음에 새기고 있어도 훨씬 이상에 접근할 수가 있을 것이다.

첫째, 주체성(主體性)이 있는 생활태도를 가질 것.

둘째, 유연하게 살며 외물(外物)에 사로잡히지 말 것.

이 두 가지는 언뜻 보기에는 모순되는 것처럼 보일는지 모르지만, 실은 주체성이 있는 사람이어야 유연하게 살아갈 수 있는 것이 아니겠는가.

속물(俗物)의 생활태도

사람이란 결국 누구나가 명예를 찾아 일어나서 이득(利得)을 좇게 마련이다. 일단 그가 부유(富裕)해졌다면 사람들은 그에게 모이고, 모이면 고개를 숙이며, 고개를 숙이면 그를 공경하는 셈이 되는 것이다(도척편).

인졸미유불흥명취이자 피부즉인귀지 귀즉하지 하즉귀지
人卒未有不興名就利者. 彼富則人歸之, 歸則下之, 下則貴之.

'인졸(人卒)'이란 세상의 일반대중을 의미한다. 그런 사람들은 명예를 좇고 이익을 좇지 않는 사람이 없다.

그럭저럭해서 돈을 모으면 그의 주변에는 사람들이 모여들어서 아첨하고 재잘거리게 마련이다.

그렇게 많은 사람들이 떠받들면 그 누구도 기분 좋아하지 않을 사람이 없다. 그러므로 보통사람이라면, 아무래도 명예와 이익을 찾아 헤매게 된다는 것이다.

그러나 장자는, 그런 무리들은 속세(俗世)에서 얕은 가치관을 가지고 그것에 사로잡혀 사는 속물이라고 말한다. 속물이 속물되는 이유는, 뜻이 낮고, 마음 밖에 넓은 세계가 있다는 것을 모르는 점에 있다.

물론 현실을 살아가기 위해서는 명예와 돈은 없는 것보다 있는 편이 좋다.

장자 역시 그런 것들을 전면적으로 부정하지는 않는다. 저절로 굴러들어오는 것이라면 고맙게 받아들일 일이다. 그러나 중요한 것을 희생시키면서까지 추구할 가치는 없다는 것이다.

중요한 것이란 두말할 것도 없이 하늘로부터 받은 자신의 인생을 뜻하는 것이다.

지위와 재산을 자랑하지 마라

형세(形勢)**는 천자**(天子)**가 된다 해도, 그 귀한 지위로 사람들에게 오만히 굴지 않으며, 천하의 부**(富)**를 얻었다 해도, 그 재물로 사람들을 희롱하지는 않는다**(도척편).

세위천자 이불이귀교인 부유천하 이불이재희인
勢爲天子, 而不以貴驕人, 富有天下, 而不以財戲人.

천자(天子)와 같은 지존(至尊)의 지위에 있더라도 권세를 함부로 부리며 으스대지 않는다. 또 천하의 부(富)를 긁어모은 부호라 하더라도 그 부를 자랑하며 남을 얕잡아보지 말라는 말이다. 이것이 '도(道)'를 터득한 사람이 취하는 생활태도라는 것이다.

장자를 본받으려고 애쓰는 인물은 대부분 청빈(淸貧)한 생활을 하라는 이미지로 받아들이고 있는데, 실은 꼭 그렇지만은 않다. 다만 그는 부와 명예에 구애받지 말라고 말했을 뿐이다.

부와 명예에 구애받지 않기 때문에 자신의 인생을 희생해서까지 악착스럽게 그것을 추구하지는 않는다. 그러므로 대개는 청빈한 생활을 하게 되는 것이다. 그러나 그런 속에서도 그들은 유유히 인생을 즐길 수 있게 된다. 이와는 반대로 지위나 돈이 저절로 굴러들어온다면 어떻게 해야 하는 것일까?

장자에게 묻는다면 당연히 받아들이라고 대답할 것이다. 그러므로 장자다운 생활을 영위하는 사람이라 하더라도 때로는 천자 혹은 부호가 되지 않는다는 법은 없다. 그러나 그런 것은 자신의 본질과는 아무 상관도 없는 것이다. 그러므로 가령 그런 것이 굴러들어왔다고 하더라도 자랑할 바는 조금도 못 된다는 말이다.

남아도는 것은 고생의 씨앗

평탄하게 균형을 유지하는 것이 행복이고, 넘쳐서 남아돌아가는 생활은 생명을 해치는 것이며, 그 중에서도 재물(財物)**이 심한 것이다**(도척편).

평위복 유여위해자 물막불연 이재기심자야
平爲福, 有餘爲害者, 物莫不然, 而財其甚者也.

'과유불급(過猶不及)', 즉 '지나친 것은 미치지 못함만도 못하다(《論語》)'고 했다.

미치지 못하는 것도 곤란하지만 넘치는 것 또한 곤란하다. 밸런스가 잡혀서 과불급(過不及)이 없는 것이 이상(理想)인데 지나치면 어쨌든 마이너스 면만 많아지게 된다.

이것은 인생의 모든 면에 적용되는데 특히 재산에 대해서는 대개가 그러하다고 볼 수 있다.

현대에도 가진 자의 고민은 심각한 것 같다.

어설프게 남아도는 자산(資産)이 있으면 누구든 그것이 줄어드는 것을 싫어한다. 가급적이면 늘리고 싶어한다. 그 결과 투자다, 신탁(信託)이다 하며 고생을 하고 마음을 끓인다. 그 때문에 소비되는 에너지는 보통이 아니다.

쓸데없는 자산을 많이 자식들에게 남겨 주었다고 하자. 복수상속인(複數相續人)이 있으면 유산상속(遺産相續)을 둘러싸고 반드시 싸움이 일어난다고 했다. 고생 끝에 자식들에게 남겨 준 재산인데 그것이 골육상쟁(骨肉相爭)의 씨가 된다면, 죽어가는 사람도 마음이 편할 리 만무하다.

자산(資産) 따위는 의 · 식 · 주 생활에 큰 불편만 없다면 그것으로 족하게 생각하는 것이 현명한 인생태도라 하겠다.

재산을 모았으면, 의미있게 사용하라

재물이 모여도 함부로 쓰지 않고, 재물을 쌓는 데에만 열중하기를 그치지 않으며, 마음속은 번민(煩悶)으로 막히면서도 더욱 재산을 모으려고 하기를 그치지 않는 것은 걱정거리라고 할 만하다(도척편).

재적이무용 복응이불사 만심척초 구익이부지 가위우의
財積而無用, 服膺而不舍, 滿心戚醮, 求益而不止, 可謂憂矣.

재산을 듬뿍 모은 다음, 꼭 움켜 쥔 채 쓸 줄을 모르고, 매일 마음 평안할 때도 없이 그것을 늘리기 위해 이익을 추구하며 뛰어다닌다. 이것은 스스로 자신을 괴롭히는 일이나 다름없다는 말이다.

돈이라고 하는 것은 모으기보다도 쓰기가 어렵다고 한다. 분명 이 말은 진리인 것 같다.

우리들 주변에도 운이 좋아서 세(勢)를 타고 거금(巨金)을 손에 쥔 사람이 적지 아니하다. 그러나 이런 사람일수록 실은 돈을 잘못 쓰는 자가 적지 아니하다.

그런 점을 생각해 볼 때 돈을 쓸 줄 아는 사람은 화교(華僑)라는 생각이 든다. 그들은 적수공권(赤手空拳)으로 외국에 뛰어들어, 그야말로 손톱이 다 닳도록 열심히 일해서 자산을 증식시켜 나간다. 그런 사람일수록 돈을 꼭 움켜 쥐고만 있는 사람이 많다. 함부로 돈을 쓰는 일이 없는 것이다.

그런데 화교들은 돈을 듬뿍 저축한 만년(晩年)에 이르러서는 자신의 고향이라든가 학교 등지에 돈을 기부한다. 그들 모두가 그렇다는 것은 아니지만 그런 사람이 적지 않다. 어떤 의미에서는 그런 사람들이야말로 인생의 달인(達人)인지도 모른다.

인간에게는 여덟 가지 결점이 있다

사람에게는 여덟 가지의 허물이 있다(**어부편**).

인 유 팔 자
人有八疵.

인간에게는 대개 다음과 같은 여덟 가지의 결점이 있다고 한다.

첫째는 총(摠)이다. 자신이 해야 할 일도 아닌데 중뿔나게 나서는 것이다. 즉 쓸데없는 참견이다.

둘째로는 영(佞)이다. 묻지도 않았건만 먼저 나서서 의견을 개진하는 것이다. 즉 수다스러움이다.

셋째는 첨(諂)이다. 상대방의 의견에 맞장구를 치면서 영합한다. 즉 아첨하는 일이다.

넷째로는 유(諛)이다. 시비(是非)의 분별도 하지 않고 떠들어 대는 일이다. 즉 알랑거림을 일컫는 것이다.

다섯째로는 참(讒)이다. 남의 험담을 마구 하는 것이다. 즉 시샘하는 일이다.

여섯째는 적(賊)이다. 사람들 사이를 틀어지게 만드는 일이다. 즉 친한 사람 사이를 이간시키는 것이다.

일곱째는 특(慝)이다. 악한 일을 좋다 하고 선한 일을 나쁘다 하여 사람들을 악하게 만드는 일이다.

여덟째는 험(險)이다. 선악(善惡)에 관계없이 다 받아들이되 안색(顔色)을 살펴가며 상대방이 좋아하게끔 장단을 맞추는 것이다.

한두 가지는 누구나 가지고 있는 결점일 것이다. 장자는 '이것들은 밖으로는 사람들을 어지럽히고, 안으로는 자신을 손상시킨다'고 말했다.

빠지기 쉬운 네 가지 결점

일에는 네 가지의 결점이 있다(어부편).

사 유 사 환
事有四患.

어느 사람에게든지 일을 할 때에 빠지기 쉬운 네 가지의 결점이 있다고 한다.

첫째, '호경대사(好經大事), 변경이상(變更易常), 이계공명(以挂功名)', 즉 즐겨 큰일을 하려고 하고 함부로 변경하며 모든 일을 자신의 공명(功名)으로 삼으려고 하는 것.

둘째로는 '전지천사(專知擅事), 침입자용(侵入自用)', 즉 교활한 지혜를 휘두르면서 멋대로 행동하고 남에게 침해(侵害)하여 자신의 이익을 꾀하는 것.

셋째는 '견과불경(見過不更), 문간유심(聞諫愈甚)', 즉 잘못인 줄 알면서도 고치지 아니하고 충고를 받고도 개과천선하지 않으며 과오를 더욱 쌓아 나가는 것.

넷째로는 '인동어기즉가(人同於己則可), 부동어기(不同於己), 수선불선(雖善不善)', 즉 상대방이 나와 꼭 같은 짓을 하고 있으면 잘한다고 칭찬하고, 틀리는 일을 하고 있으면 잘못이라고 비방하는 것.

이러한 결점들을 가지고 있는 한, 사회인으로서도 올바른 인간관계를 맺어 나갈 수가 없다. 가능한 한 빨리 고치고 싶은 일들이다. 그러나 그것이 쉽지가 않다.

남의 잘못을 지적하기는 쉽지만 내 잘못을 발견하기 어려운 것이고, 발견하더라도 고치기란 그렇게 쉬운 일이 아니다.

연장자(年長者)에게는 경의를 표하라

윗사람들을 만나 공경하지 않음은 예의를 잃은 것이고, 현인(賢人)을 만나 존경하지 않음은 인(仁)이 아니다(어부편).

우장불경 실례야 견현부존 불인야
遇長不敬, 失禮也. 見賢不尊, 不仁也.

나이가 손위인 연장자를 만났을 때 나름대로의 경의(敬意)를 표하지 않는 것은 예(禮)에 위반된다. 또 현인(賢人)과 만났을 때 상대방을 존중하지 않는 것은 인(仁)에 위반된다는 말이다. 공자(孔子)가 한 말이라면서 《장자》에 인용된 구절이다.

《맹자(孟子)》에 나오는 '장유유서(長幼有序)'는 유가(儒家)의 모럴이었는데 연소자가 연장자에 대하여 경의를 표하는 것은 결코 나쁜 일이 아니다. 그러나 그것이 인륜(人倫)의 규범으로 강요당하게 되면 서로가 거북해져서 제대로 대화가 되지 않는 수도 있게 마련이다.

여기서 연장자라든가, 현인이라고 한 것은 그저 나이가 많다든가 머리회전이 잘된다는, 그런 의미만은 아니다. 그보다도 '도'를 터득하고 있는 사람이란 뜻으로 사용되고 있다. 그런 사람이 주변 사람들로부터 추앙받게 되는 것은 당연한 일이다.

요즈음 우리나라에는 '장유유서'가 무너졌다는 비판의 소리가 드높아졌다. 그런 일에 대하여 젊은 층의 무례함을 나무라기는 쉽다.

'장' 쪽이 '도'를 터득하기까지는 못한다 하더라도 후배들에게 추앙받을 만한 인격 도야를 하고 있어야 할 것이다. 그런 연후에도 '장'의 대접을 해주지 않는다면 그때 가서 '유(幼)' 쪽을 나무라는 것이 순서일 것이다.

대접이 너무 융숭해서……

내면의 성실성이 아직 다 녹아 퍼지기도 전에 그것이 외형으로 나타나서 위광을 뿜음으로써 사람들의 마음을 짓누르고 노인을 제쳐둔 채 나를 존중케 하였으니 더욱 화가 미칠 것이다(열어구편).

내성불해 형설성광 이외진인심 사인경호귀로 이제기소환
內誠不解, 形諜成光, 以外鎭人心, 使人輕乎貴老, 而整其所患.

열여구(列禦寇 : 列子)가 제(齊)나라 군주를 만나러 떠났다가 생각이 바뀌어 도중에 돌아오는 길에 백혼무인(伯昏瞀人 : 楚나라의 賢人)을 만났다. 백혼무인이 어찌된 일이냐고 묻자 열어구는 대답했다.

"실은 놀란 일이 있었기 때문입니다. 길을 가다가 열 집의 음식점에서 음식을 사먹었는데 그 중 다섯 집에서는 주인이 다른 손님을 제쳐놓고 저에게 와서 주문을 받으려고 했습니다."

"그게 무슨 상관이야? 놀랄 일이 아니잖나?"

"아마도 제가 자부심을 버리지 못하고 있었기 때문에 밖으로 자신감이 넘쳐서, 저를 대단한 인물로 보고 그랬을 것입니다. 그렇듯 제 외모가 주인을 위압하여 먼저 온 노인 손님도 제쳐놓고 저를 우대했으니 부끄럽기 그지없었습니다. 대저 음식점 주인은 손님을 눈여겨보았다가 뛰어난 사람이라면 장차 이용하겠다는 야심을 가지고 있지 아니합니다. 그런 음식점 주인도 그러하거늘 일국의 군주라면 저를 보고 어떻게 하겠습니까? 정치에 지쳐 있는 군주인지라 저를 보면 틀림없이 정사를 맡기려고 할 것입니다. 그러기에 놀랐고 이처럼 되돌아온 것입니다."

백혼무인은 고개를 끄덕였다고 하거니와 무위자연을 즐기는 도가(道家)의 면모가 드러나는 대목이다.

교자(巧者)와 지자(知者)는 불행하다

일솜씨가 교묘한 사람은 애써 수고하고, 아는 것이 많은 사람은 걱정이 많다(열어구편).

교 자 노 이 지 자 우
巧者勞而知者憂.

'교자(巧者)'란 솜씨가 좋은 사람, 재주가 많은 사람을 가리킨다. 재주 좋고 솜씨가 좋은 만큼 쓰일 데가 많아서 그만큼 지치게 마련이다. 본문 중 '노(勞)'란 바로 그런 이미이다.

또 지자(知者)는 정황(情況)을 읽을 수 있어서 앞일을 내다본다. 앞일을 짐작하므로 이러지도 저러지도 못하며 고민할 것이니 평안한 마음을 가질 틈이 없다. 그 결과 한 번밖에 없는 이 인생을 즐길 여가도 없이 죽도록 근심 속에서 살아간다. 이 얼마나 불행스런 인생이냐며 장자는 개탄하고 있는 것이다.

교자(巧者)와 지자(知者)에게는 분명 그런 일면(一面)이 있다는 사실을 인정하지 않을 수 없다.

그렇다면 어떻게 살아가는 것이 바람직할까? 장자는 이 이야기에 이어서 다시 '무능한 사람은 아무것도 밖에서 찾지 않고 배를 불리며 만족하게 살아간다'고 말했다.

'무능한 사람'이란 세속적(世俗的)으로는 무능하다는 딱지를 달고 있지만, 실은 '도'를 터득한 인물이다. 그러한 인물은 이 세상에서 무엇 한 가지 찾으려 하지 않으며 배만 부르게 하고, 배만 부르면 유유자적하는 자유의 세계에서 노닌다는 것이다. 과연 이 말대로라면 어느 쪽이 현명하고 어느 쪽이 행복한지 알 수 있을 것 같다.

상대적인 것에 구애받지 않는다

성인(聖人)은 필연(必然)으로 여기지 않기 때문에 마음속에는 다툼이 없다. 범인(凡人)은 필연적인 일이 아닌데도 필연적으로 여기고 행동하는 까닭에 마음속에는 다툼이 많다(열어구편).

성인이불필 고무병 중인이불필필지 고다병
聖人以不必, 故無兵. 衆人以不必必之, 故多兵.

'필(必)'은 이 경우 '도(道)'와 합치된 절대의 진리이다. 그러므로,

'성인은 절대의 진리이더라도 그것을 절대라며 고집하는 일이 없으므로 싸우지를 않는다. 그런데 보통 사람은 상대적인 진리에 불과한 것을 절대적이라고 고집하므로 항상 싸움이 되는 것이다.'

라는 의미가 될 것이다.

어느 시대이든 전쟁은 상호 '정의(正義)'의 대결이요 충돌이다. 단, 그 '정의'란 이쪽의 일방적인 주장이지 상대방에게는 또 상대방의 '정의'가 있다.

그러므로 '정의'라고 우겨대기는 하지만 그것은 어차피 상대적인 것에 지나지 않는다.

상대적인 것을 절대적인 것마냥 주장하고 따르고 사로잡히는 데에 인간의 어리석음과 비극이 있는 것이다.

성인(聖人)이란 '도'를 터득한 인물이다. 그러므로 항상 절대적인 입장에 몸을 두고 있다.

더구나 그 성인의 처세는 지극히 유연해서 자기 입장을 자랑하지 아니한다. 우리도 그런 처세를 취하려고 노력한다면, 어려운 현실을 쉽게 살아나갈 수 있게 될 것이다.

인간감별법(人間鑑別法)

사람의 마음이란 산천(山川)보다도 험하고 하늘을 알기보다도 어려운 것이다(열어구편).

인심험어산천 난어지천
人心險於山川, 難於知天.

어째서 사람의 마음을 아는 것이 하늘을 아는 것보다도 어려운 것일까? 하늘에는 춘하추동(春夏秋冬), 아침과 저녁이라는 식으로 일정한 주기(週期)가 있는 데 비해서, 인간은 용모(容貌)로 가장하며 그 속마음을 밖으로 나타내 보이지 않기 때문이라고 한다. 장자는 상대방을 분별하는 아홉 가지 항목을 들고 있다.

첫째, 먼 곳으로 심부름을 보내서 상대방의 충성심을 확인해 본다.

둘째, 가까이에서 일을 시켜 보아 그 사람의 됨됨이를 관찰한다.

셋째, 귀찮은 일을 담당케 함으로써 상대방의 능력을 확인한다.

넷째, 약속을 자주 바꾸어 그것을 지켜내는지의 여부를 확인해 본다.

다섯째, 뜻밖의 질문을 던져서 상대방의 식견(識見)을 확인한다.

여섯째, 돈을 주어 봄으써 상대방의 마음 씀씀이가 어느 정도인가를 관찰해 본다.

일곱째, 위험에 빠져 있음을 알려서 상대방의 절조(節操)를 확인해 본다.

여덟째, 술을 듬뿍 먹게 함으로써 상대방이 사회인으로 갖춰야 할 것을 갖추고 있는지 관찰한다.

아홉째, 여인(女人)과 함께 있도록 시켜서 상대방이 어느 정도 호색(好色)하고 있는지를 관찰한다.

윗자리로 갈수록 겸허하게……

정고보(正考父)는 선비로 임명되자 등을 굽히고, 다시 대부(大夫)로 임명되자 허리를 굽히며, 또다시 경(卿)에 임명되자 부복(俯伏)하여 울타리를 따라 달려갔다(열어구편).

정고보일명이우 재명이루 삼명이부 순장이주
正考父一命而傴, 再命而僂, 三命而俯, 循牆而走.

정고보는 송(宋)나라의 현인(賢人)으로서 공자(孔子)의 조상이라고도 한다. 그는 처음 사관(仕官)하여 하급관리(下級官吏)가 되었을 때 꼽추처럼 등을 구부리다가, 다시 배명(拜命)하여 상급관리로 임명되자 한층 더 낮게 허리를 굽혔으며, 또 배명하여 중신(重臣)으로 발탁되었을 때는 얼굴을 숙인 채 남의 눈을 피하여 담장 옆으로만 다녔다고 하는 말이다. 즉 지위가 올라갈수록 처신(處身)을 잘했고 또 겸허했었다는 것이다. '벼이삭은 익을수록 고개를 숙인다'고 했던가…….

그런데 장자에 의하면 세상 일반사람들은 자칫하다가는 이와 반대되는 행동을 한다는 것이다.

'상민(常民)이 선비에 임명되면 자랑하고, 대부(大夫)에 임명되면 수레 위에서 춤을 추며, 경(卿)에 임명되면 큰아버지의 이름까지 들먹이며 거만해진다.'

즉 하급관리에라도 임명되는 날에는 명함 돌리기에 바쁘고, 상급관리에 임명되면 기뻐서 날뛴다. 그러다가 중책을 맡게 되면 저의 백부(伯父) 이름조차도 이랑곳하지 않고 부른다는 말이다. 어디 관리뿐인가? 우쭐대기 좋아하는 현대인들은 이른바 좀 성공했다 하면 이런 식으로 변한다. 그래 가지고야 어찌 그 지위를 오래 유지할 수 있겠는가?

영달(榮達)을 보증하는 조건

사람이 궁지에 빠지는 데에는 여덟 가지의 원인이 있고, 통달(通達)하는 데에는 반드시 세 가지 원인이 있다(열어구편).

궁유팔극 달유삼필
窮有八極, 達有三必.

인간이 궁지에 빠지게 되는 원인이 여덟 가지 있고, 이와 반대로 영달의 조건이 되는 세 가지가 반드시 있다는 말이다.

먼저 궁지에 빠지는 원인을 열거하면 다음 여덟 가지이다.

1. 생김새가 아름답다(준수하다).
2. 수염이 많이 났다.
3. 키가 크다.
4. 몸집이 통통하다.
5. 위세가 좋다.
6. 생김새가 수려하다.
7. 용기(勇氣)가 있다.
8. 결단력이 뛰어나다.

이 여덟 가지 항목은 보통 장점(長點)으로 치게 마련이지만, 그런 것으로 인하여 도리어 궁지에 빠지게 되는 수가 많다고 한다. 또 영달을 보증하는 세 가지의 조건을 들어 보면 다음과 같은 것들이다.

1. 자신의 의견에 고집을 내세우지 않고 상대방의 의향에 따른다.
2. 대상(對象)에 따라 행동하며, 무리를 하지 않는다.
3. 겁쟁이처럼 행동하며 철저하게 신중을 기한다.

모두가 장자적(莊子的) 세계의 처세법임은 두말할 나위도 없다.

장자의 임종(臨終)

그것을 한쪽에서 빼앗아서 다른 쪽에 주다니 어찌 편견이 아니겠는가(열어구편).

탈피여차 이불평평
奪被與此 以不平平.

장자의 임종 때 제자들이 장사를 후히 지내겠다고 하자, 그가 말했다. "천지가 내 관곽(棺槨)이고 해와 달은 한 쌍의 내 옥(玉)이다. 또 별은 내 구슬들이고 만물은 내게 준 선물들이라고 생각한다. 내 장례를 위한 도구 중 갖추어지지 않은 것이 없거늘 무엇을 더 준비하겠느냐? 내가 죽거든 이대로 아무 데나 팽개치거라."

그러나 제자들은 그럴 수가 없다고 했다.

"그러면 까마귀와 솔개가 시신을 파먹을 텐데요."

"그래, 땅위에 팽개치면 새들이 파먹겠지. 그러나 땅속 깊이 묻은들 땅강아지나 개미가 파먹지 않겠느냐."

그리고 장자가 한 말이 표제어의 말이다. 장자는 말을 이었다.

"……그렇다고 해서 공평케 한다며 작위(作爲)를 해도 참된 공평은 얻지 못하는 것이다. 또 자연에 순응코자 하여 작위를 해도 참된 순응을 얻지는 못한다. 자기자신의 어짊을 믿는 자는 지혜를 가동시킴으로써 도리어 사물에게 지배당하지만 성지(聖知)의 소유자는 다만 무심히 사물에 응할 뿐이다. 그런데 이런 도리를 모르는 자는 자기 판단을 고집하며 작위를 부리고 언제까지나 속박에서 해방되지를 못하니 어찌 슬픈 일이 아니겠느냐?"

도인(道人) 장자의 최후다운 이야기이다.

'도(道)'를 따르기만 하면……

인지(人知)라는 불공평한 척도(尺度)로 사물을 공평하게 하려는 이상, 그 공평은 결코 참된 공평이 아니다. 자연스런 감응(感應)에 의하지 않고 인지(人知)의 마음으로 사물에 응하는 이상, 그 감응은 참된 감응이 아니다(열어구편).

이불평평 기평야불평 이부징징 기징야부징
以不平平, 其平也不平. 以不徵徵, 其徵也不徵.

불공평(不公平)함을 가지고 공평하게 하려고 해도, 그 공평이 진짜 공평이 될 수는 없다. 불확실한 근거를 가지고 검증(檢證)하려고 해도 그 검증은 확실한 것이 될 수 없다는 말이다. 이 또한 틀림없는 말이다.

그렇다면 사물을 정말로 공평하게 다루고 또 확실하게 검증하려면 어떻게 하는 것이 좋은가?

장자에 의하면 '도(道)'와 일체화(一體化)하되 '도'가 가지고 있는 광대무변(廣大無邊)한 덕(德)을 터득하는 길밖에 없다고 한다.

몇 번이고 되풀이해 온 것처럼 '도'는 무(無)라고밖에 말할 수 없는 존재인데 그것이 없으면 만물이 만물로 성립될 수가 없다. 그토록 큰 기능을 하고 있는 것이 '도'이건만, 있어도 있는 것 같지 않고 아주 겸허하여 자랑하지 않는다.

그러므로 '도'와 일체화하면 스스로 공평해진다는 말이다. 또 인간의 지혜 따위는 어차피 상대적인 것에 지나지 않으며, 절대적인 기준이라고 한다면 '도'말고는 없다. 이 '도'를 따르기만 한다면 모든 것을 확실하게 검증할 수 있다는 것이다.

해 설

-《노자》와 《장자》에 대하여-

원류(源流)**로서의 노장사상**(老莊思想)

중국 사회에는 예부터 유교(儒敎)와 도교(道敎) 등 두 가지 교(敎)가 있었으며 이것이 중국인들의 의식(意識)과 생활을 지탱해 주었다. 공자(孔子), 맹자(孟子)를 시조로 하는 유교는 인륜(人倫)의 규범으로, 인(仁)·의(義)·예(禮)·지(智)·신(信) 등의 덕목(德目)을 설파하면서, 사회를 이끌어 나갈 엘리트의 마음가짐으로 삼았었다. 이는 이른바 바깥의 도덕(道德)이며 원칙적인 도덕이라고 해도 좋다.

그러나 이렇게 해야 한다, 또는 저렇게 하는 것이 맞는다는 등의 바깥쪽 도덕만 가지고는 이 세상이 아무래도 숨막힐 듯한 괴로움의 도가니가 되기 쉽다. 이러쿵저러쿵 이상론(理想論)만 내세운다고 해서 되는 것은 아니다. 요는 주어진 현실에서 자족(自足)하며 인생을 즐기고 좀 더 여유만만한 생활을 하고 싶다는 바람이 생기게 된다는 말이다. 그러한 민중(民衆)의 원망(願望)을 지탱해 온 것이 도교였다. 그런 의미에서 도교는 민중의 사상(思想)이며 중국 사회의 저변(底邊)을 받쳐 주던 사상이었다.

도교에는 여러 가지 사고방식과 갖가지 풍습이 섞여 있지만 그 원류(源流)를 더듬어 올라가면 노장사상(老莊思想)에 이어진다. 노장사상이란 노자(老子)와 장자(莊子)가 주장했던 사상이다. 그들을 한 마디로 '도가(道家)'라고 부른다.

노장사상의 특징은 '도가' 또는 '도교(道敎)'으로 불리는 말이 시사하듯이, 만물의 근원인 '도'의 존재를 인정하고 있는 일이다.

《노자(老子)》에 의하면, 만물의 근원에 만물을 만물로서 성립시켜 주고 있는, 어떤 '존재(存在)'가 있다고 한다. 그것이 곧 '도'이다. '도'는 무(無)로밖에 설명할 수 없는 존재인데 그것이 있음으로써 비로소 만물이 생겨난다. '도'는 그만큼 큰 일을 하고 있으면서 자기를 주장하는 일은 전혀 없다.

그리고 그 존재방법으로서 무심(無心), 무욕(無慾), 무위(無爲), 유약(柔弱), 겸허(謙虛), 질박(質朴), 사양(辭讓) 등의 덕목(德目)을 체현(體現)하고 있다. 우리네 인간도 이러한 '도'의 존재를 내 것으로 만들 수만 있다면 이 치열한 경쟁의 현실 속에서 스무스하게 살아 나갈 수 있다고 본다.

《노자》의 주장은 대략 다음과 같이 요약할 수 있다. 노자는 사회적 약자(弱者)의 입장에서 현실을 응시(凝視)하고 '도'를 발견함으로써 약자의 입장으로 돌아서며 그것에서 현실을 살아 나가는 영지(英知)를 이끌어 낼 수 있다는 것이다. 이에 대하여 장자도 또 '도'의 존재를 인정하고 그것에서 자기 주장을 전개(展開)했는데, 그런 점에서는 노자와 입장을 같이하고 있다. 그러나 목표하는 방향은 노자와 아주 다른 점도 있다.

장자는 말한다 — '도'라고 하는 큰 관점(觀點)에 서게 되면 선(善)이다, 악(惡)이다, 시(是)다, 비(非)다 하더라도 본질적(本質的)인 차이는 없다. 그런데 세상 사람은 세속(世俗)의 가치관(價値觀)에 사로잡혀서 쓸데없는 일에 구애되며 악착같이 살아가고 있다. 단 한 번밖에 주어지지 않는 것이 인생이다. 세속의 가치관을 초월해서 좀더 느슨하고 자유로이 살아가야 할 것이 아니겠느냐고.

어떤 의미에서 이것을 초월의 사상(思想)이며 또 자유인의 사상이라고 말해도 좋을는지 모르겠다.

노자형(老子型)**과 장자형**(莊子型)

이처럼 《노자》와 《장자》를 노장사상(老莊思想)이란 말 한 마디로 뭉뚱그려서 부르기는 하지만 그 설명하는 방향은 다르다. 물론 양자(兩者)의 차이는 그것뿐만이 아니다.

《노자》는 처음부터 끝까지 과묵(寡默)한 편이다. 전편(全篇)이 잠언집(箴言集)이라고 할 수 있으며 도처에 독백(獨白)과 같은 말들이 나열되어 있다. 그것은 마치 광막(廣漠)한 대륙(大陸)의, 또는 대지(大地)의 바닥 깊숙한 곳에서 솟아올라오는 고독한 외침과도 같다.

이것에 비하여 《장자》는 대단한 요설(饒舌)이다. 우화(寓話)를 교묘하게 인용하면서, 이래도 이해가 안 가느냐는 식으로 다그치는 인상이다. 그 유연하고 분방한 어구 구사는 실로 대단한 문학(文學)이라고 말할 수도 있겠다.

이 차이는 아마 그 저자(著者)인 노자와 장자의 개성(個性)에서 연유되는 것이리라. 일찍이 어느 학자는 공자와 이 둘을 의사(醫師)에 비유하여 공맹형(孔孟型), 노자형(老子型), 장자형(莊子型)의 세 가지 타입으로 분류한 일이 있었다. 그 분류는 대단히 재미있는 바가 있기에 그 일부를 다음에 인용해 보기로 한다.

공맹형(孔孟型) 의사 — 보기에는 아주 성실한 의사이다. 용모로부터 복장까지 모두를 갖추고 있고, 환자를 대함에 있어서도 예의가 바르며 말수도 적다. 또 주의력이 자상하고 요점(要點)을 정확하게 물으며 어떤 환자가 그 의사를 보더라도 대번에 신뢰와 경의(敬意)를 가지게 되는 좋은 의사이다.

노자형(老子型) 의사 — 대범하고 유화(柔和)하며 거북스럽지 않고 세련된 신사(紳士)이다. 풍채에 별로 신경을 쓰지 않으면서도 어딘지 어색한 점은 없다. 대체적으로 환자를 언제나 어린이처럼 보살피는데 특별한 태도를 보이는 일은 없다. 그러나 더러는 진지한 표정으로 응답하면서 환자의 의표(意表)를 보기 좋게 찌르기도 하는, 그런 의사이다.

의사이면서도 약을 많이 주지는 않는다. 약을 많이 주지 않는다기보다는 오히려 환자를 진단하려고 하지 않는다. 의사 이상이라고 할까, 의외라고나 할까? 어쩐지 의사 냄새가 풍기지 아니하는, 활달한 면을 느끼게 해준다.

장자형(莊子型) 의사 — 좀 거칠게 환자를 다루는 의사이다. 텁수룩한 머리에 넥타이는 비뚤어지게 매고 외모를 꾸미지 않는 타입의 의사이다.

'뭐라구요? 약? 약은 함부로 먹는 게 아닙니다. 약은 독(毒)이라니까요. 영양분(營養分)? 그런 건 필요없습니다. 당신은 지금 쇠고기다, 뱀장어다 그렇게 맛있는 것을 너무 많이 먹기 때문에 병에 걸린 겁니다. 당신은 약도 먹지 말고 영양분도 좀 덜 섭취해서 살을 빼야겠어요. 그게 치료방법입니다.'

'며칠이나 있으면 나을 수 있겠습니까?'

'글쎄요. 곧 낫겠지요 뭐. 대단한 증세는 아닙니다. 인간이란 하찮은 병(病)쯤은 앓고 있는 편이 오히려 좋을는지도 모르죠. 핫하하하……'

어디까지나 입이 걸다. 그러나 사람은 아주 착하고 선하다. 무골호인이기는 하지만 무엇인가 응축되어 있는 말을 내뱉을 경우에는 그 말을 무시할 수가 없다.

인간의 타입으로 분류한다면 유교(儒敎), 즉 공맹형(孔孟型)은 어디까지나 정도(正道)이다. 이에 비해서 노장형(老莊型)은 파격(破格)적이라고나 할까. 그 중에서도 특히 장자는 어떤 틀을 깨는 매력을 지닌 인물이 아닌가 싶다.

노자와 장자의 실상(實像)

그렇다면 《노자》라든가 《장자》와 같은 책을 써낸 저자(著者)는 어떠한 인물이었을까? 실은 그것을 잘 알 수가 없다.

일설(一說)에 의하면 《노자》의 저자는 공자(孔子)와 거의 같은 시대에 살았던 노담(老聃)이라고 한다. 당시의 자료로서는 가장 기본적인 자료가 되고 있는 《사기(史記)》는 그의 사적(事跡)을 대략 다음과 같이 기록하고 있다.

노자는 초(楚)나라 고현(苦縣)의 여향(厲鄕) 땅, 곡인리(曲仁里) 사람이다. 성(姓)은 이(李), 이름은 이(耳), 자(字)는 담(聃), 주(周)나라 수장실(守藏室)의 관리(官吏)였다.

공자는 젊었을 때 노자를 만나서 가르침을 청했는데, 노자는 공자의 태도와 처세에 대해서 날카롭게 충고해 주었다. 공자는 고향에 돌아온 다음, 제자들로부터 질문을 받자, 노자를 용(龍)에 비유하며 훌륭한 인물이라고 말했다.

노자는 도(道)와 덕(德)을 닦고, 그 학문은 '재능을 감추고 무명(無名)이기를 취지로 삼았었다'. 오랫동안 주나라의 녹(祿)을 받았었는데 주나라의 덕이 쇠하여지는 것을 보고는 관리직을 사퇴하고 길을 떠나 함곡관(函谷關)에 이르렀다. 그곳에서 함곡관 관장(關長) 윤희(尹喜)라는 인물의 요청을 받고 상하(上下) 두 편의 책을 저술하여 도와 덕에 관한 자신의 설(說) 5천여 마디를 글로 옮겼는데, 그 후로는 어디로인지 자취를 감추었다. 그의 최후를 아는 사람은 한 사람도 없다.

《사기》는 이 밖에도 《노자》의 저자에 대해서 두어 가지의 이설(異說)을 소개하고 '진위(眞僞)는 아무도 알 수 없다'고 못을 박고 있다. 이 당시에도 노자라는 인물은 베일 속에 싸여 있었던 것이다.

《장자》의 저자인 장자(莊子)에 대해서도 불분명한 부분이 많은데 노자보다는 어느 정도 그 윤곽이 뚜렷하다.

장자는 그 이름을 주(周)라 했고 생몰연대(生沒年代)는 분명치 않지만 기원전 4세기 반경의 인물로 추정되고 있다. 송(宋)나라의 몽(蒙) 땅 사람이라고 전해지는데 경력 등에 대해서는 《사기》에 '일찍이 몽(蒙)의 칠원(漆園) 관리인(管理人)으로 있었다'는 기록만 있을 뿐, 그 밖의 자세한 기록은 전해지는 바가 없다. 《장자》에 나오는 기록으로 보아서 그에게는 부인이 있었다는 것, 그리고 제자도 있었다는 것 등을 알 수는 있지만 그것도 실화(實話)인지 아닌지는 확인할 길이 없다.

장주(莊周)도 역시 세상에 나아가 벼슬하는 일 따위를 바람직스럽게 생각하지 않았고, 민간(民間)의 현인(賢人), 재야(在野)의 자유인으로서 생애를 마친 인물인 것 같다.

《노자》이든 《장자》이든, 이것은 대륙(大陸)의 풍토에서 싹트고 자라난 사상이다. 그 저자의 소성(素性)이 분명치 않은 것도 그 대륙의 기질에 어울리는 일로 생각된다.

이 책에 대하여

《노자》는 전문(全文)이 5천4백 자, 81장(章)으로 나뉘어 있다. 중국고전(古典) 속에서는 아주 짧은 쪽에 속한다. 가령 원저자(原著者)로 노담과 같은 인물이 있었다 하더라도 한 사람의 손에 의해 씌어진 것이 아니라 사상을 같이하는 불특정다수(不特定多數)의 사람들에 의해 정리되어진 것 같다.

이 책에서는 그 중에서 70개의 명언(名言)을 선정하여 엮었다.

《장자》는 전문(全文) 6만 5천여 자 —. 내편(內篇) 7편, 외편(外篇) 15편, 잡편(雜篇) 11편으로 이루어져 있는데 장주(莊周) 자신의 손에 의해 씌어진 것은 내편뿐이며, 외편과 잡편은 후세의 가탁(假託)으로 보는 설이 유력하다. 여기서는 그 중 130편의 명언(名言)을 간추려서 실었다.

배열은 《노자》를 앞에 했고 《장자》는 뒤로 했다. 명언을 발췌함에 있어서는 노장사상의 정수(精髓)를 망라(網羅)했음을 밝혀 둔다.

이 책을 통해서 각자의 생활방법에 변화를 일으킬 만큼 마음에 와닿는 바가 있다면 다행이겠다.

색 인(索引)

[노자의 철학사상]

[장자의 철학사상]

노자와 장자의 철학사상

初版 印刷●2002年 12月 1日
初版 發行●2002年 12月 5日

編著者●金 星 元
安 吉 煥

發行者●金 東 求

發行處●明 文 堂
서울특별시 종로구 안국동 17~8
대체 010041-31-001194
전화 (영) 733-3039, 734-4798
(편) 733-4748
FAX 734-9209
Homepage www.myungmundang.net
E-mail mmdbook1@myungmundang.net
등록 1977. 11. 19. 제1~148호

값 10,000원
ISBN 89-7270-703-1 03150